消費は何を変えるのか
環境主義と政治主義を越えて

ダニエル・ミラー
貞包英之 訳

Consumption and Its Consequences
by Daniel Miller

法政大学出版局

This edition is published by arrangement with Polity Press Ltd., Cambridge
through The English Agency (Japan) Ltd.

日本語版への序文

このたびこうして本書の日本語版への序文を書けますことを、嬉しく思っています。わたしが日本の消費に対して関心を持ったのは、現在オックスフォード大学の人類学教授であるインゲ・ダニエルズ氏の日本の家庭についての優れたエスノグラフィー（Inge Daniels, *The Japanese House: Material Culture in the Modern Home*, Berg Pub Ltd, 2010）を指導したことが始まりでした。最近では、ローラ・ハーピオ・カークが日本の都市部と農村部におけるスマートフォンの使用に関する研究（Daniel Miller et al., *The Global Smartphone: Beyond a youth technology*, UCL Press, 2021）をおこなっています。その研究も将来日本語で読めるようになることを期待していますが、その調査を観察するために、わたしは幸運にも二度日本を訪れることができました。訪問中は、日本の伝統的な建築物や庭園の美しさに気を取られましたが、それ以外のときには、日本では贈り物がなお重要さを持ち続けていることや、スマートフォンを使って遠く離れた人を気遣っていることなど、現代の消費に関するいくつかの具体的な特徴を観察できました。

この本のすべての章が、日本社会で何かしらの共感を生んでくれれば、と願っています。消費社会にかんする章では、消費の実践とそれが何をもたらすかは、地域ごとに特殊で、まったく異なっていると指摘しています。日本にもグローバルな影響は及んでいます。ただし季節の変化に対する対応など、ローカルな消費の習慣のなかには、日本社会独自のものが残っています。ジーンズについて書かれた章は、とくに受け入れやすいものと思っています。この章では、社会に適合しようとする際に起こる問題について論じましたが、それは特定の「カルト」ジーンズにかんして当てはまるだけではなく、日本社会の性質について議論される際にいつも中心に置かれてきたものだからです。

この本は気候変動の問題に焦点を当てた会話で始まり、また終わっています。この本が書かれた当時、気候変動が世界的に大きな関心事だったからですが、その後も関心は高まるばかりです。京都議定書で定められたような、将来の世代のため地球の安全を守るのに必要となる目標が、まったく達成できていないからです。しかし読んでいただければ、解決のために消費者の行動を単純に変えようとする人びととは、異なる主張をわたしがしていることをわかっていただけると思います。とくに生産と政治経済学にかかわる、より幅広い問題とその背景に向き合う必要があると、わたしは主張しているのです。わたしはこうした話を意図して会話のかたちで伝えようとしました。ここで主張されていることに同意される人もいれば、そうでない人もいるでしょう。ただ今日、わたしたち誰もがこの会話に参加する必要があることはあきらかなのです。

二〇二二年二月

ダニエル・ミラー

消費は何を変えるのか——環境主義と政治主義を越えて◉目次

凡　例

一　本書はDaniel Miller, *Consumption and Its Consequences*, Polity, 2012の翻訳である。
二　傍点は原書の強調を示すイタリック。
三　『　』は原書の作品名を示すイタリック。
四　「　」は原則として原書の引用符。
五　（　）は原書に準じる。
六　〔　〕は訳者による補足。
七　原注は行間に番号（1、2、3……）を付して巻末に置いた。
八　読みやすさのために段落の内部で適宜改行を加えている。

はじめに

本書は、『もの（*Stuff*）』の続編です。[1]『もの』では、物質文化に関するわたしのこれまでの著作をまとめました。この続刊では、消費にかんするわたしの研究を要約し、それだけではなく、さらに消費が何をもたらすのかが、議論されています。

この本の核心は、消費とは何か、そしてなぜわたしたちは消費するのかという問題を扱うことにあります。ただし三つの章では、消費がこの社会に何を引き起こしているのかをより詳細に論じています。それによってとくに政治経済学について再考し、環境を持続可能なものにするものとして現在、提出されている提案を問い直すためです。『もの』には欠けていた政治と経済に関する多くの問題が、この本では中心に置かれています。わたしはこの本で、現在とくに立場を示すことが重要だと感じていることを論じました。その意味で、この本はより主張の強い本だと感じています。

そのためこの本は、たんに研究の成果をまとめるのとは異なる方法で書かなければなりませんでした。現代の問題は高度に複雑なので、わたしも単純なひとつの立場に固執しているわけではありません。さまざまな立場もそれぞれ強力で説得力があり、またメリットがあります。それを知っておきながら、議論の多様性を捨てて、ひとつの立場だけを支持するふりをすることはおそらくまちがっているのです。

そうしたあやまちを犯さないように、本書の最初の章と最後の章では、マイク、クリス、グレースと名づけられた架空の三人の人物に対話させ、さまざまな意見を出させ、政治的な発言をさせました。三人はそれぞれ結論が出ていないわたしの見解の異なるバージョンを代弁しています。マイクが緑の、つまり環境保全を中心とした視点を、クリスがおもに赤の、つまりマルクス主義を信奉する視点を、グレースが人類学のフィールドワーカーとして貧しい人びとと一緒に暮らしてきた長年の経験を表現していることに、読者はすぐにお気づきでしょう。性格の二つの側面が、なぜクリスとグレースという結婚したカップルとして表現されているのかは自分でもわかりませんが、それはここでは置いておきましょう。

とはいえ、こうした戦略を採用するからには、わたし自身の政治的そしてアカデミックな立場がいかなるものなのかについても、少々述べておく必要があるでしょう。

わたしは質的な調査をおこなうフィールドワーカーで、解釈に信頼を置き、人間や社会的行動に対して量的研究や実験的研究を適用することには疑念を抱いています。心理学、経済学、社会学で使われる疑似科学的な研究には多くの問題があると考えるからです。それらはデータを本来の文脈から切り離し、定量化や実験が可能な単純なものへと歪めてしまうことが多いのです。

こうした立場のせいで、他の「科学者」たちが、わたしの仕事をまったく意味のないものとみているだろうことも承知しています。そうした人びとの立場からみればわたしの扱うデータは、科学的な証明に堪えないものだからです。しかし知識という観点からいえば、わたしはポストモダン的な相対主義者ではありません。人類学は最短でも一年のフィールドワークをして、我慢強く情報を集めるというつらい作業から成り立っています。研究を証拠に基づいた学術的作業と呼ぶに値するものにしたいからこそ、わざわざこんな作業をするのです。その一方で何かを証明しようとすると、たいていは何かを理解することから遠ざかってしまうことも痛感しています。こうした認識論的な問題については、この本ではさらに議論を深めています。

そもそもわたしが政治学を学んだのは、おもにマルクス主義の議論を通してでした。でも煙が充満した部屋のなかで革命的な陰謀を練るというイメージは忘れてください。革命的とはとてもいえない学校で指定された、政治学の初等の教科書三冊のうち一冊が、『共産党宣言』だったのです。それからその背景にあるものに興味が湧きました。今では哲学者のヘーゲル、人類学者のレヴィ＝ストロース、ブルデューがわたしの三大師匠になっています。

その後、学生時代に信じていた社会主義のさまざまな理想にも、多くの問題があることがわかるようになりました。第一に、純粋な批判はほとんどの場合、独りよがりで後ろ向きのものになってしまいます。第二に、現状に対するユートピア的な代替案を提唱しても、同じはめに陥ります。ではどうやって、現代世界のある種の物ごとは不公平であるだけでなく、受け入れがたいと主張できるでしょうか。その最善の方法は、完全ではなくとも紛れもなく実現可能で、あきらかにより良い代替案がすでにあると指摘することだと考えるようになりました。

ですから消費について教えるときにはいつも消費社会のもっとも重要な例として、アメリカではなく、ノルウェーの消費社会を取り上げるよう学生に求めることにしています。というのも、ここ数十年の政治をみた場合に、その例以上に実在する良い例が思い浮かばないからです。

ノルウェーはイギリスやアメリカと同じくらい裕福で資本主義的です。にもかかわらず、社会的平等や社会福祉に世界でたぶんもっとも強く取り組んでいるだけではなく、今日では世界でもっとも裕福な国のひとつとなり、なおそうであり続けています。政治的な優位を維持するために石油による富を浪費するのではなく、それを蓄えておくというノルウェーの政治的知性は、尊敬すべきものです。

個人主義や競争に多くの力を注がなくとも、富が創出できることを実証しているという意味で、ノルウェーは経済学の教科書に挑戦しています。もし他の国々がノルウェーに近づけば、ユートピアが実現されるとまでは言えなくとも、世界は大幅に改善されるでしょう。そして重要なことは、ノルウェーがすでに存在していることなのです。

こうした意味で、本書を読めばわたしが一種の社会民主主義を熱望していることがおわかりでしょう。よりしっかりと資本主義的な取り引きを規制し、平等主義的かつ人間主義的な社会福祉制度をつくり、そして地球の未来と持続可能な環境に対して倫理的な関心を払う、最適かつもっとも現実的な社会を探りたいのです。子どもの未来のために財産を残したいという決まり文句《クリシェ》をくりかえしてもいいかもしれません。結局のところ、わたしはどこまでも楽観主義者です。本書では、世界のほとんどの集団で福祉が一貫して改善されており、これからもそれが続くと考えるのに十分な理由があると主張されています。こうした見方は、皆さんにはまったく不人気で苛立たしいものかもしれませんが。

本書の核となる箇所は、その前後の部分とはまったく異なっていることも述べておくべきと思います。最初の章と最後の章は、消費の結果、引き起こされる問題と提案される解決にかんしてしばしば表明されている政治的、または非政治的なさまざまな意見を議論するように工夫されています。しかしそれに挟まれた章は、まったく別の目的のために書かれています。それらの章では、わたしが二〇年以上のあいだ取り組んできた研究がまとめられているのです。

ひとつにこの本のもくろみは、消費の研究が、道徳的判断や政治的立場の問題に尽くされてしまわないようにすることでした。これらの章では、わたしたちが消費に何をみたいかではなく、ほとんどの消費が実際には何であると考えられるのかについて、アカデミックな基礎を提供しようとしているのです。

関心の中心に置かれるのは、日常の家庭生活で使われるモノです。わたしは議論を、トイレットペーパーやスープの缶を買ったり、擦り切れたジーンズを買い換えたりするレベルに引き戻したいと思っています。さらに車やコンピューター、携帯電話を持つことなど、できてあたりまえと世界中ですでに考えられるようになったあたらしい能力にも関心があります。本書では、消費が積み重ねられることで起こる問題、たとえば消費が気候変動に大きな影響を及ぼしてしまうことや、既存の政治経済学を正当化してしまうことなどについても直接取り上げています。しかしそれらはあくまで結果なのであり、それを原因と混同してはなりません。なぜ消費するのでしょうか。わたしたちが一緒に生活しもっとも気にかけている人びととのかけがえのない関係のなかで、財（goods）がどのような役割をはたしているのかにもっと焦点を絞って、問題を理解したいのです。

たとえばある章では、家庭内での愛を表現し確固たるものにする技術として買い物がどのように利用されているかについて論じています。わたしたちはなぜ似通った服や食べ物などの商品を、大量に消費しているのでしょうか。そのおもな理由のひとつは、消費が関係を事細やかに表現するボキャブラリーになっているからです。たとえばわたしたちは、子どもたちとのようなかけがえのない関係を、商品の消費によって表現します。小説家はひとつの人間関係を描写するために何百ページも費やします。それを考えれば、大切に思う人びとに対してや、または自分自身とのかかわりのなかで求められる微妙なニュアンスを表現するために、多くの多様な商品が必要とされていることも驚くべきことではないでしょう。

別の章では、車の内装からクリスマスのお祝いに至るまで、モノの秩序を通してどのように時間と関係する宇宙論的な考え（cosmological ideas）が表現されているのかを論じています。そうして民族、階級、ジェンダーの区分に基づいたローカルな象徴的システムが探求されます。とはいえおもに議論されるのは差異（difference）ではありませんし、これまでの消費論で支配的だったような身分のちがいや競争（emulation）でさえありません。実際、人びとがなぜ、いかに普通になろうと頑張っているのかについて、わたしは最後に論じています。こうして本書の核となる部分は、消費とは何かについての民族誌的《エスノグラフィック》な調査と結論からできています。だからこそ消費が何をもたらすのかについての意見と議論からなる章からは切り離されているのです。

『もの』に掲載されている二ページに及ぶ謝辞は、この本と共通しているのでくりかえしません。そのなかには、わたしが指導してきた博士課程の学生、ユニバーシティ・カレッジ・ロンドンの人類学部門の同僚、そしてとくに過去にともにプロジェクトをおこなってきた共同研究者の名が含まれています。また同様に、これらのプロジェクトの情報提供者として時間と情報を惜しみなく提供してくれた、多数の人びとにも謝辞は捧げられています。

『もの』に掲載されているこうした名前に、それ以降、知り合った人たちの名を加えたいと思います。この二年間で、物質文化研究（material culture studies）にあらたな仲間が何人か加わりました。レーン・デニコラとルドヴィック・クーピー、社会人類学のレベッカ・エンプソン、博士課程の学生であるニック・ガズビーとティツィアナ・トラルディィ、そしてあたらしくできたデジタル人類学コースの学生たちです。ジュリー・ボッティチェロには、とくに日々の業務でお世話になりました。最後に、この原稿の編集にコメントを寄せてくれた人、あるいは編集を手伝ってくれた人たちがいます。出版社の匿名の読者、レベッカ・エンプソン、トゥロ・キモ・レトネン、トム・マクドナルド、ロクサナ・モロスコ、ラズバン・ニコレスク、ジョン・トンプソン、ハル・ウィルライト、リチャード・ウィルク、そしてとくにシンシア・アイゼンハワーとタニア・ルイスです。出版のための編集に多大な貢献をしてくれたリッキー・バーマンにも、特別に感謝を申し上げます。

第1章　消費の何が悪いの？

三人の対話

会話は、マイクの居心地の良いノース・ロンドンの自宅のキッチンでおこなわれています。

マイクは五〇代後半で、髪の毛は昔は栗色だったようですが、今ではほとんど白髪です。棚に並んでいるオーガニック製品やその他の製品のラベルをみるとすぐに、彼が環境保護主義者の側（green corner）に立っていることがはっきりします。技術やガジェットにもはまっているようです。マイクは環境学の教授です。

クリスは四〇代なかばで、外見はあまり好ましいものとはいえません。ただ顔立ちには、つねに議論で勝ってやろうとする利発さと賢い感じが現れています。少し話を聞けば、クリスがマルクス主義者の側（red corner）に根を生やしていることがわかります。彼は社会学の上級講師です。

三〇代後半のグレースは、スリムで長い髪の魅力的な女性です。フィリピン生まれで、クリスと結婚しています。彼女は人類学の講師です。グレースは笑みを絶やさず、クリスが話しているときはとくに時々ふざけて笑います。

最近マイクは、消費と環境に関する会議でクリスとグレースに出会い、三人ともそれぞれの専門領域において消費についての講座を持っていることを知りました。それでマイクは、クリスとグレースを招待し、議論を続けていくことにしました。プロの学者として、消費に対するそれぞれのアプローチを説明できるよう、できれば授業で使用している古典的な本とあたらしい本を用意して議論することに同意したのです。この最初の対話は、マイクの家でおこなわれています。

マイク：どこからみても紫なんだけど、人工着色料は入っていないんだよね？　おいしいけど、何という名前なのですか？

グレース：ウベですよ。手作りですから、中身は保証します。ウベとは簡単にいえば紫芋のことです。フィリピンでは一般的なデザートで、練乳、バター、砂糖を入れています。ココナッツミルクを加える人もいます。気に入っていただけたようで、良かったです。マニラに住んでいる友人は、外国からお客さんが来ると、いつも最初にファストフード店に連れて行くんですよ。すりおろしたチーズをかけた、ウベを使ったアイスクリームが人気なんです。きっと、エキゾチックな欲望を満たすんですね。

マイク：そうなんだね。でもわたしばかり食べていると悪いので、話を始めましょう。前に会ったとき、三つの話題について話すことにしましたね。今日は、一般的に消費についてで、二回目は消費と気候変動の問題の実践的な解決策について。三回目はわたしたちが教えている消費のコースの内容の比較です。

ということで、まずは消費についてのおたがいの立場をあきらかにすることから始めなければいけないですね。わたしが初めにお話ししますが、正直にいえば、環境学をやっている者のほうが、消費にかかわる議論では優遇されるべきだと思います。消費の原因や意味、本質について好きなだけ議論できますし、わたしもそうしています。でも何を話してもこうした議題は、今では環境問題というひとつの要請に貢献することが期待されています。そしてそうした貢献は、わたしが学究的生活を捧げてきた環境保護の立場からこそできることなのです。

実際には、捧げてきたのは、学究生活以上のものです。ローマクラブという組織が発行した『成長の限界』[(1)]という本について初めて耳にした一九七二年には、わたしはまだ一〇代でした。その本を何とか手に入れられて誇りに思いましたよ。その本は、この星の資源は有限でかけがえがないと示すことで、一般の人に環境運動の核に何があるのかを初めて教えてくれたのです。それでわたしは家族や友人に、これが世界的な警鐘であると伝えようとしました。でもその頃は、いくら説得しようとしても、変人のように扱われただけでした。〔ヒッピーが着るような〕紫のフレアパンツと花柄のシャツを着ていたのも悪かったのかもしれません。

グレース：すみません、花柄のシャツのイメージを摑みたいので、ちょっと待ってくれませんか。写真はないですか？　髪の長さとか？

マイク：写真はみたくないと思いますよ。長髪は似合わず、薬漬けになったようなだらしない格好だったのですから。リンダ・グラントの『最高の時代だった（*We Had it So Good*）』[(2)]というあたらしい小説を読みましたか？　あんな感じだったのです。とにかく、その当時唱えられ始めた環境保護の立場に立つことは、先見の明ではなく、愚かさを示すものと受け取られました。守ろうとしているこの地球とは、別の星に住んでいるように思われたんですよ。
今では髪の毛がなくなった代わりに、環境保護活動家の意見はかなり真剣に受け入れられるようになりました。驚くべきことに、物ごとは逆になったんですよ。今では、アメリカの共和党の政治家が気候変動を信じていないといえば、愚か者か嘘つきのしるしとみられますよね。

クリス：なぜ変わったのだと思いますか？

マイク：たぶんひとつには、議論のポイントが、『成長の限界』でされていたようなものからシフトしたからでしょう。『成長の限界』では、おもに天然資源について議論されていました。資源についての考察は、実際にどれだけの資源が残っているのかという具体的な議論を呼ぶので、複雑になるのです。石油などの天然要素の推定値は過小評価され続け、「オオカミが来た」と叫んでいると聞こえるようになってしまいました。今でも、レアアースと呼ばれているものに、まったく稀少《レア》ではない物質が含まれていることに気づかれると、同様の問題が生じます。でも今日では気候変動に一点集中される場合が多くなっていて、そのおかげで環境保護の立場について説明することも簡単になっています。特定の資源の枯渇よりも、もっと壊滅的な結果をもたらすだろう気候変動の圧倒的な証拠に焦点を絞ったほうが、はるかに議論は容易なのです。

グレース：つまり、地球温暖化というひとつのことについて説得するほうが、より簡単でシンプルということですね。

マイク：そのとおりです。折よく二〇〇七年のＩＰＣＣ〔気候変動に関する政府間パネル〕の第四次報告書とほぼ同じ頃に出されたスターン報告書[3]のおかげで、経済学者が味方になってくれました。わたしの感覚では、一度経済学者を味方につけると、近年の政治家とメディアは何を言っても聴いてくれます。そのおかげで、少なくとも英国ではエビデンスの問題はもうあまり疑われていません。

グレース：それが消費についてのわたしたちの議論にどんな関係があるのですか？

マイク：まあ、わたしにとっては、「消費とは何か」という問題は、難解な、または商業にかかわる問題を学術的に議論することにはもはやおさまりません。アカデミックな探求のなかでも、それはもっとも切迫した問題になっています。すぐに、また持続的に消費を削減することに断固たる姿勢で臨まないといけないのです。わたしたちは実に危険な時期を生きています。中国と南アジアの膨大な人口が、予測されていたよりはるかに短時間でわたしたちと同じレベルの量の消費をするようになることで、環境はまさに破壊されようとしています。それらの国が世界の人口の大きな部分を占め、現在の消費レベルでさえ持続不可能であることを考えると、これは地球環境にとって破局なのです。このままでは子どもたちや孫たちは、この地球、あるいは少なくとも陸地をこれまでより小さくしか受け継げず、きわめて困難な農業の変革に乗り出さなければなりません。ですから、この問題を避けて通れません。消費について話をするために今日ここに集まった以上、その本質的な目的は、まちがいなく消費を減らすことなのです。

というわけで、今日の議論のために二冊の本を持ってきました。ひとつは、マイク・ヒュームの『なぜわたしたちは気候変動を認めないのか（*Why We Disagree about Climate Change*）』で、もう一冊は、ジョージ・モンビオの『地球を冷ませ！――わたしたちの世界が燃えつきる前に』です。[4] 最初の本は消費にほとんど触れていないので、奇妙な選択だと思われるかもしれません。そこでまずは、よりわかりやすいモンビオの立場から始めてみましょう。

グレース：わたしはモンビオの大ファンです。毎日ガーディアン紙を読んでいて、ジョナサン・フリードランドはなぜわたしが今のように考えているのかを理解するのを助けてくれます。モンビオは他のジャーナリストが与えてくれない批判のための材料を教えてくれます。付け加えると、ハドリー・フリーマンも追っかけています。

マイク：ハドリー・フリーマンって誰ですか？

クリス：おもにファッションについて、とてもおもしろく書いていますね。ハドリーは、男性がうっかりジーパンの上にジージャンをコーディネイトしてしまうような罪を犯さないようにしてくれるのです。

マイク：モンビオに話を戻しましょう。モンビオは上下にデニムを重ねて着てしまうことより、少しだけ大きな規模の罪について扱っています。モンビオのまったくの容赦のなさがわたしは好きです。モンビオは、知識から必要な行動への明確な道筋を、常識的な論理に厳格に従いながら引いていくという議論のスタイルをとっています。「そうだったらそれをやらねばならない」という風に、です。そして、結末にはかならずひねりがあります。たとえば誰もが家庭でのエネルギー使用を減らせばよい、と考えるかもしれません。しかし省エネで得られた時間とお金は他のエネルギー効率の悪い活動に使われ、実際にはより大きなエネルギー支出を生むとモンビオは予測します。だからそれぞれの効果が結局はどうなるかを、全体的なエネルギーの節約というはっきりとしたつじつまが合うまで、追求していかなければなりません。そうして初めて妥当で現実的な解決策が得られるのです。
　またモンビオはわたしと同じで、SFから実現可能な科学の着想を得ることが好きです。友人の一人は、子どもの頃にスーパーマンの漫画を読みすぎたせいで、「小さな男の子が地球を救うといった夢のような大きなアイデア」を思い描いていると、わたしをいつも軽蔑しているんですよ。

クリス：じゃあ壁のポスターは、お子さんではなくあなたの仕業ですか。

マイク：そうなんです。とにかく、二〇〇六年にすでにモンビオは、セメントを変えることを主張していました。その当時、生産されていたセメントは、より多くの二酸化炭素を生み出していたので、二酸化炭素を吸収するセメントに変えるように言っていたのです。二〇一一年の今、ノバセムのような企業がその可能性を真剣に検討するようになっています。モンビオの関心の多くはこのように家庭や交通機関に関係しているので、ダジャレを使ってよければ、まったく具体的《コンクリート》な、消費の議論に役立つのです。

クリス：よかった。ダジャレを言ってもいいんですね。

マイク：もちろんです。モンビオはまた、環境に優しくみせかけようとする偽善をうまく暴いています。たとえば、あきらかに環境保全の側の人がエコホリデーといって世界中を飛び回ることで、不必要に二酸化炭素を出しているると指摘したり。

グレース：ベトナムに行って学会で論文を発表したのは、もちろんラフバラ〔イギリス・イングランドの都市〕の学会よりもはるかに関連性が強かったからです。近くにリゾート地があったのは、行ってからわかったことで……

クリス：ちょっといいですか、マイク。正直に言うと、わたしたちもモンビオを読んだことはあるんだけど、もう一人はマイク・ヒュームなんですか?

マイク：モンビオとヒュームと並べるのが好きなんですよ。「相容れぬ二人」のようですけどね。知るかぎりでは、モンビオは科学の訓練を受けていませんが、厳密に科学に従い、統計をよく使います。対照的にヒュームは、どこか他の場所へ旅を続ける科学者のように事態を読み説いていいます。ヒュームは実際には気候変動の科学の第一人者ですが、最近では文化的な生活から切り離された純粋に科学的な仮定に対して、ラディカルな疑問を呈するようになっています。

クリス：ブルーノ・ラトゥールのことを言っているわけではないですよね?(5)

マイク：そう、彼も同じですよね。ヒュームは、気候変動は複雑な変数の組み合わせのなかで生じているにもかかわらず、そのうちのいくつかだけが、科学的と呼ばれるような検証可能な定量分析の対象とされているにすぎないと述べています。ヒュームによれば、ほとんどの気候科学者が、さまざまな変数を広く考慮しなければ、リスクの推定はできないと完全に自覚しているにもかかわらずです。科学者と呼ばれるならば、明確で、再現可能で、検証可能で、決定的な結果を確実に提供しなければならないとみなしているメディアも問題ですが、それと同じくらい科学者自身にも問題があるのです。

グレース：二〇二三年六月一日にバッキンガム宮殿に波が押し寄せてくるというような。

マイク：その種のことです。そのためヒュームは、気候科学の予測は、これとかそれの利害関係のあるグループのレンズを通してその都度、浮かび上がる言説（discourse）とみたほうが良いと提案しています。経済学者はそれを価値の尺度に変え、取り引きのための炭素市場をつくりだします。活動家はそれを根拠に、資本主義システムを非難し革命を起こそうとします。政府はそれを安全保障上のリスクとみなし、テロリズムと同等の世界的脅威として扱います。皆が気候変動という名の言説を、自分の立場からみています。なぜなら結局のところ、それはリスクの一形態であり、人によってリスクの評価は異なるからです。

さらに複雑なのは、気候変動の問題がつねに人びとの置かれた状況に応じて変わることです。低地の太平洋環礁の住人にとって気候変動は緊急の優先事項ですが、海面上昇から守られている内陸の国にとってはそれほど問題ではありません。貧困削減のような別の優先事項と衝突することもあります。

クリス：その通りです。バイオ燃料は環境保護の観点からは魅力的にみえるかもしれませんが、食糧生産の点からみれば、広大な土地を奪うことで食糧の安全保障を脅かしています。あなたがたがやっていることには、あきらかに貧困を増やすものがあるのです。

マイク：そうだと認めましょう。実際、ヒュームもはっきりとそう理解しています。彼の目的は、究極的には環境に関心の高い陣営を責めることではありません。ヒュームがいいたいのは、実際に必要な力を生み出すためには、気候科学はこの種の行きちがいと混乱をみてみぬふりをするのではなく、受け入れる必要があるということです。だからこそ、この二冊の本を持ってきました。わたしはいつも、学生に初めはモンビオを勧めます。彼の本は、環境保護のための活動家を生み出すための力に満ちていますからね。しかし、『成長の限界』以来、統計とグリーンな主張の両方が何度も変わっていくのをみて、歯がゆい思いもしてきました。だからわたしは、モンビオをヒュームで和らげて、科学の料理に疑いの味をふりかけたいのです。

グレース：とてもおもしろいですね。まさにウベに対するあなたの反応と同じですよ。食べたけど、完全に信じたわけではない。

クリス：なかなか抵抗しがたい食べ物だからね。（笑）

マイク：あなたがウベのことを言っているのか、僕が語ってきた比喩的な料理のことを言っているのか、よくわからないけれども、たしかにどちらにも当てはまりますね。

　じゃあクリス、あなたは自分自身をより政治的な動物とみているのでしょう。少しその方向に議論を移しましょう。わたしにとって、気候変動という暗い現象には希望の兆しもあります。それは、現代生活の絶望的な問題、つまり物質主義と過剰消費に対処するための武器を与えてくれるからです。

　正直に言って、わたしは一六歳の息子のことを心配せずにはいられません。息子はほとんど何も考えないまま、物質主義を信奉しているようなのです。コンピューターゲームに没頭し、ギョッとするようなジェルで固めたヘアスタイルをして、最新のスマートフォンに取り憑かれています。庭にジャグジーをつくったり、派手な車を買ったりするあらゆる気まぐれをすぐに実現できるほど給料が良い仕事に就きたいと、ただただ望んでいるのです。息子は信じられないほど高価な男性用香水にのめり込んでいます。それをみていると、自分の息子が騙されやすい馬鹿になったようにさえみえてきて、最低限の敬意さえ消えてしまうのです。

あなたの主張を先取りするつもりはありませんが、クリス、あなたはわたしと同じで、市場システムの下では、製品の成功が消費者のよい生活につながるわけではないと信じているのではないのでしょうか。それは、商業の利益に貢献しているだけのようしかみえないからです。

クリス：たしかにそうですが、いつでも単純に予測できるような人間とも思われたくもないのですが。

マイク：あなたたちがフォローしているというファッションレポーターについては何も知りませんが、ウォーク・イン・クローゼットの製造者を喜ばせるためだけに、わたしたちは馬鹿げた量のあたらしいファッションを消費しているようにみえます。さらに、こうした消費を維持するために、心ない雇用システムをつくりだし、これまでにないストレスや過労を生み出しています。わたしが環境を優先する立場に立っているのは、ひとつには自然に感謝する能力を失い、差し迫った地球の破壊を防げていないと思うからです。でもそれと同時に、世界を悩ませている〔環境保護と過剰な消費という〕二匹のハゲタカを一つの石で仕留めることもできるでしょう。わたしは信心深くはないのですが、自然の生命のなかには超越した何かがあると信じています。週末になると、商品に溢れたこの場所から少し離れ、ハイキングに行き、新鮮な空気以上のものを吸い込みます。鳥の鳴き声や野の花の豊かさ、風景や海鳥が崖の上に舞い上がる様子などに触れ、自然とのつながりを取り戻すのです。

だからモンビオとヒュームの二人がどうちがっていようと、すべての環境保護の思考は、基本的な価値観と倫理を共有する大きなシステムのなかにあるといえます。わたしたちは、環境危機を、救世主のようなもの、つまり人間の基本的な価値観を再考し、ある種の道徳性を復活させるための手段と考えざるをえません。環境危機は、醜く安易な消費主義を撤回し、地球をより良くするだけでなく、人びとの生活をより良くするための一度きりのチャンスなのです。レイヤードの『ハピネス(*Happiness*)』(6)や「イースターリン・パラドックス(Easterlin Paradox)」について書かれた論文を読まれたと思いますが、クリスさんはどのようにお考えですか?

クリス:レイヤードの本は読みましたが、もうひとつは?　SFのようですね。

マイク:ちょっとそう聞こえますね。実際には、一九七〇年代に発表された経済学者リチャード・イースターリンの論文(7)に由来します。彼は一国のなかで調べたわけではないのですが、初めて国々を比較して、より高い収入を得ても幸福のレベルとは、統計的にははっきりとした関係がないことを示しました。こうした研究が所得ではなく、幸せを経済的成功の尺度にしようとするレイヤードなどの経済学者へ道を開きました。(8)これは富が幸福をもたらさないという経験的な知識を、確認しただけのものともいえます。では、「何をいいたいのか」という話を締めくくりたいと思います。わたしが消費を理解したいのは、過剰な消費を抑制する効果的な手段をあみだすためです。第一には地球のためですが、同時にわたしたちの魂のためにです。

グレース:マイク、ありがとうございます。よい議論をできるかどうかと不安に思う必要はありませんでした。なぜなら、わたしはまったくあなたの話に同意できなかったからです。あなたが立場を説明するために、個人的な見解で締めてくれたので、わたしも同様に始めたいと思います。

わたしの来歴についてお話ししましょう。アジアの虎の話は聞いたことはあると思いますが、フィリピンは残念ながらアジアのナマケモノです(9)。経済を発展させるためにフィリピンがしたことは、まったくうまくいかなかったようにみえます。東南アジアの他の国々が躍進する傍らで、フィリピンは取り残されています。わたしの家族も同じでしたが、伝統的にほとんどの家族は、借地の農民として働いていました。農業をするためには、土地を借りなければならなかったのです。ある年、両親はより甘味のあるトウモロコシというあたらしい作物に投資しました。しかし困ったことに、地元の誰もが同じように考えたために、価格が暴落してしまいました。それで翌年、土地を借りるお金はなくなり、農業もできなくなりました。

しかし家族は、すでにわたしへの投資を始めていました。わたしはより良い教育を受けるために、可能な奨学金のほとんどをどうにか手に入れることができました。州立の学校にいた当初は、可能性はかぎられていましたが、勉強はよくするという評判を受けていました。学校は大好きで、こうした場合、ほとんどの子どもは看護を学ぶのですが、奨学金を得ても、そのためのコストは賄えませんでした。だからわたしは看護助手にしかなれませんでした。家族にはわたしを海外に送る余裕はありませんでしたが、よくあるように、親戚たちが協力してくれました。叔父の一人は土地を売ってくれました。二度、詐欺にあいましたが、さらに多くの親戚を巻き込んで、最終的には三度めにようやく本物の代理店に出会い、ロンドンに来ることができました。

これはわたしの話ですが、国民的な規模で当てはまる話でもあります。人口の一〇分の一以上が海外で働いていますが、政府はこれを正式な経済戦略として採用しています。正直にいって、海外の労働者が送り返す送金によって経済はなんとか支えられているのです。一般的に固定観念には侮蔑的なものが多いのですが、ポジティブな意味を持つものもあり、その場合はそれを利用してお金を稼ぐこともできます。フィリピンの女性は、思いやりや忍耐力があり、感受性が高く、従順であると評判です。愛する年老いた親がいても、世話のために仕事を辞められず、老人ホームにも送りたくないという場合、フィリピン人の介護士を雇うことは、それ自体が介護の行為になるとみられています。時間がなくて親に充分に示すことができない思いやりと配慮をきちんと持った人を、注意深く選べるからです。

わたしたちが最高の介護者として評価され、他の国の介護者よりも高い料金を得られることが、フィリピンではよく知られています。海外にフィリピン女性を押し出す要因（push factor）が貧困であるとすれば、引っ張る要因（pull factor）としては、こうしたステレオタイプが売りになります。わたしは幸運な一人で……もっとも幸運な一人になりました。すぐにクリスと出会い、結婚し、教育の世界に戻ることができ、七年後には講師になりました。めったにないコースですね。介護の仕事をしているあいだに、南インドや西アフリカなどから来た何百人もの移民労働者に会いました。その人びとが途方もない犠牲を払い、ほとんどのロンドン人が想像もつかないような苦労をしていることを、わたしはよく知っています。フィリピン人の介護者は直接イギリスに来る機会をほとんど持たず、大多数はサウジアラビアや香港などで働き始めます。殴られたり、レイプされたりしたという話を聞いたら、そこに行きたくはないですよね。さらにわたしとちがって、彼女たちのほとんどはフィリピンに子どもを置いて来ざるをえなかったのです。

イギリスのマスコミは、毎週一回は移民が海で溺死したり、ヨーロッパに入国するために必死になって密閉されたトラックのなかで死んだりしている話を報道しています。なぜわたしたちはこんな目にあっているのでしょう？　わたしたちが世界の最貧層を代表していると思っているかもしれませんが、ちがいます。フィリピンで本当に貧しい人は、国を出るためにお金をつぎ込めません。実際、奨学金が教育の鍵を握っていたという意味で、わたしは特別なケースです。ほとんどの移民の仲間は、私立学校や看護大学、海外就職のための代理店費用や偽造学生ビザなどにお金をつぎ込める下位中流階級出身でした。だから、飢餓や絶対的なモノの欠乏から逃げてきたわけではありません。インドや西アフリカに旅行して、移民を送り出した家に行ったらそれがわかると思います。ほとんどの場合、車はなくともバイクはあります。全員がコンピューターを持っているわけではありませんが、携帯電話は持っていて、大理石ではできていないものの、全員がバスルーム付きのまともな家に住んでいます。

移民は放っておいてもらうことができません。どのくらいわたしが家族からの依頼を受けているか、クリスに尋ねてみてください。ここに来るためのお金を出してくれた親戚は、移住するとすぐにお金をせがんでくるのです。バイクを車に買い換えたい、携帯電話だけではなくパソコンも買いたい、レストランで外食したい、バケーションに出たい、ワイドスクリーンのテレビが欲しい、大きなツードアの冷蔵庫が必要だ、もっとおしゃれな服を着たい。昨日聞いた話では、土地を売って助けてくれた父の兄には、生計を立てるためにジプニー（車体を長くしたようなタクシーの一種）を欲しがっている甥っ子がいるそうです。漏水を続けるボートで移民が不安定に漕ぎ出し、屈辱に苛まれつつ、同時進行で仕事をいくつも引き受けているのは、自分の望みのためだけではなく、多くの場合、何十もの親戚の欲望に応えなければならないからです。思いやりがあって、我慢強く世話をするという人種差別的なステレオタイプのおかげで、わたしは親戚の望みをどうにか満たせたわけですね。

クリス：彼女の場合、評価はふさわしかったというべきですよ。彼女が親友の年老いた両親の世話をしていたときに、わたしたちは出会いました。無私の献身といったものを、わたしはそのときまで目の当たりにしたことがなかったんですよ。わたしはそうした価値観を大切なものとつねづね言っており、グレースは実際にそれを持っていました。だから恋に落ちました。それに彼女は昔も今も素敵ですしね。

グレース：今ならEUパスポートを手に入れることが恋愛の最大のきっかけだったと認めることができます。最初はそうだったけど、でもその後、クリスに恋するようになったのです。

ただし本当に言いたいのは、フィリピン人の友人のほとんどが、こうした家のなかで家事をしていて、みんな同じ結論に達しているということです。イギリス人が消費について本当に考えていることを知りたければ、イギリス人の言うことは無視して、やっていることをみればよいのです。クリスと結婚してから、消費と廃棄物を減らすことが緊急の課題だという話をくりかえし聞きました。でも実際に生活を縮小している人については聞いたことがありません。誰もがまともな家に住んでいます。
たとえばマイク、あなたは立派な家に加え、素晴らしい庭も持っていて、それを楽しんでいますね。あなただけではなくみんなが膨大な数の本、エスニックな調度品、そして、誇示的なグリーン消費財と呼ばれる通常の商品よりもずっと高価な、オーガニック商品やエコラベルのついた商品に囲まれて暮らしています。そうした人びとが、休日のオーストラリアへのフライトでかかる二酸化炭素排出量について話し合っています。マイク、あなたは息子さんの尽きない欲望について文句を言いますが、この世界のほとんどの人が暮らしている場所からみれば、あなたは驚くべきほどに裕福なのです。

マイク：そう、わたしを偽善者だと非難するのは、簡単です。たしかにみんながわたしと同じような消費水準で暮らすべきとはいえません。生活を実際にダウンサイズすることがむずかしいことは認めます。でもこのままでは持続不可能で、わたしを含め、誰もが生活を変えなければならないと心から思っていることは事実です。

グレース：偽善者と非難しようとしたのではないのですよ。そうではなく、わたしが主張したいのは、今日必要とされている変化は、あなたが今主張したこととは正反対だということです。消費が大幅に増えることをあなたは怖がっていますが、わたしはそれが絶対に必要だと考えています。なぜなら、消費とは本質的には何なのかについて考えるときにわたしが重視しているのは、わたしの仲間たちがどういう場所で暮らしているかだからです。
実際、多くの人がフィリピンに戻りたがらないのは、たとえ家や車、服を買う余裕があっても、ロンドンにある基本的なサービスが恋しいからです。次から次に来る移民を帰国させないのは、まず健康であるためのシステム、つまり何よりも国民保健サービス（NHS）です。それから子どもたちに受けさせたいと思っている教育のシステム。交通システム、そして自然が保護された小道で週末にハイキングをしたり、ロンドンの比類のない都市公園で遊べたりすることも魅力的です。インディーズの音楽シーンと劇場もあり、それがプライベートな消費の場としてだけではなく、公共の場として開かれています。インドや中国と同じく、フィリピンにも、病院、学校、道路システム、暖房や照明、メディアシステムなどがあって欲しい、またはあるべきだと思います。それはあなたが消費の対象とみなしていない、あたりまえの基本的な設備です。しかし病院を建設するには、とんでもないエネルギー消費が必要なんですよ。

つまり地球を破壊してしまうとあなたが怖がっている余分な消費のほとんどは、実際には無駄な消費とたやすくいえるようなヘアジェルやジャグジーから来ているわけではないのです。そうしたものは、過剰消費とは到底呼べない基本的なサービスからやって来ます。抑制がますますむずかしくなっているからこそ、それらに向き合う必要があるのです。英国ですでに恵まれた消費の水準で暮らしながらも、地元にMRIスキャナーを誘致したり、年間一人当たり七万三千ポンドかかる皮膚癌のための新薬を開発することをサポートしたくないと思う人はいないですよね。実際、劣った学校を良いレベルに引き上げたり、芸術や博物館を維持するためにさらにお金を使っているのです。安易に広告を敵とみなすべきではありません。わたしがここで挙げた要求は、広告にも、ビジネスにも何の関係もありません。すべて政府の支出です。広告マンや資本家を攻撃することで、自分の価値観はまっとうだと信じることができます。でもエネルギー消費が拡大しているのは、中国やインドの町で誰もがバスターミナルや病院を欲しがり、遅かれ早かれそれを手に入れることによってなのです。

あなたの提案や、お子さんが過剰に消費していると考えていることに対して賛成してもいいですよ。でもフィリピンのわたしの家族が、実際に望んでいるものは何でしょうか？　はっきりとしたモノ、つまりバスルームと庭のあるよくできた家です。熱帯地域ではセントラルヒーティングは必要ないでしょうが、エネルギーを大量に消費するエアコンは必要です。少なくとも一家に一台の車と冷凍庫付き冷蔵庫、また洗濯機も欲しがっています。熱帯にさえ住んでいないのに、あなたは冷凍庫なしでは生活できないでしょう？　また非常に優れた公共交通機関があるのに、車を持っていますよね。

さらに問題になるのは、快適性に対する基本的な要求が国際的に拡がっていることです。社会学者エリザベス・ショーブはその優れた研究[10]で、一週間に洗濯する回数や、洗浄水の適温、あるいはビルの冷房システムの設定温度がどのように当然とみなされるようになったかをあきらかにしています。これらは現代の消費統計の中核をなすものですが、いわゆる基礎的な実用項目の範囲は超えていますよね。

わたしの家族はなぜ、年に一度の休暇や衣類、本、メディアへのアクセスなどの、ごくかぎられた範囲のモノを得る権利を、あなたの家族のように持てないのでしょうか。テレビだけでなく、携帯電話やパソコンも増えているので、フィリピンの人たちも、海外に住むわたしのような家族と連絡を取れるようになっています。今日では、ごく一部を除いて、世界の人口のほとんどが、これらのモノを基本財としてではなく、基本的な人権、また基本的な正義と平等とみなすようになっているのです。

生活を犠牲にまでして将来、送金を得ようとしている人たちは自分が何をしているのかわかっていると、わたしは帰国するたびに確信するようになりました。お湯もテレビもない家に暮らしてきたのに、初めて子どもたちを大学に進学させることができた家族に会いました。こうした子どもたちは、フェイスブックや携帯電話のアプリの変化を、わたしたちがロンドンで話しているように議論したいと思っています。これらの人びとはレディー・ガガやアルマーニのことをロンドンの住人よりも知っていて、時にはチャールズ・ディケンズやマレーシアの人権についてわたし以上に詳しいこともあります。それに親たちは驚喜しています。こんなことが一世代で可能になると夢にも思わなかったからです。こうした年配の親たちと一緒に座って、わたしは喜びのあまり泣きました。せいぜい豊かな食卓から落ちてきたパンくずを集めるしかなかった人びとにとって、これは奇跡です。しかしプロセスはまだ始まったばかりです。だからわたしが危惧するのは、こうした子どもたちが消費者になっていることではありません。まだそうなることができず生きている何億人もの人びと、あなたがみるテレビに映る貧しい人びとに、わたしは関心があるのです。

クリス：はい、でも……

グレース：まだ終わっていませんよ。クリス、わたしは今からマイクではなく、あなたに喋ってもらいたいと思います。わたしは今日のために、二週間内緒で準備していました。「消費者の欲望」を、あなたがみせるたびに見張ってきたのですよ。背中が快適なリクライニングチェア、羽根のないあたらしい扇風機、より手頃なカシミア、歯医者に行っても目立たない歯の詰め物、リチャードとジーンの車でみたようなヘッドライトを灯すタイミングを自動的に決めることができる装置、より大画面のアンドロイド携帯、わたしがいないときに電子レンジで二分で炊けるご飯、より優れた住宅の断熱材をあなたは欲しがりましたよね。あたらしいガジェットを買ってすぐに失望するとか、そんな物を欲しがるなんて馬鹿だったと感じることなどありましたか？　ほとんどないですよね。たとえば二年ほど前に、あなたはUSBスティックからドロップボックスなどのクラウドコンピューティングに乗り換えましたが、いまだにその利点に驚いていますよね。もうUSBメモリを紛失しなくなって、生活はどれほど楽になったでしょうか？

クリス：USBメモリを持ち歩かなくてよくなったのは、二人にとって本当に良かったよね。君が掃除機に吸い込んでしまい、どうしようかと思ったときもあったから。

グレース：それが言いたいことなのです。わたしはクリス、あなたみたいに保守主義者じゃありません。わたしは時々、政治でより過激に主張するあなたみたいな人ほど、実際には保守的だと思うことがあります。クラウドコンピューティングはUSBメモリよりも優れていましたが、買ったすべてのものが優れていたのです。今挙げたリストには暗黙の批判は含まれていません。マイク、わたしの夫は別のときにはもっと批判を受けているんですよ。わたしはたまに車のヘッドライトのスイッチを入れ忘れますが、危険ですよね。カシミアを買ってもいいじゃないですか？　羽根のない扇風機は子どもには安全かもしれませんね。もちろん、それが欲しいと思った本当の理由ですよね？　こうしたものがなくても、たしかに快適に暮らせますが、とはいえそれらが悪いというわけではありません。他が同じとすれば、あたらしい技術は一般的に古いものよりも優れていますからね。

マイク：そうだね。でも、率直に言って、みんなが買っているまったく役に立たない余分なものは非難すべきですよね。電気コショウ挽き器から、すべての装飾品、くだらない服などは無駄にみえないのですか？　誰もそれらを使うことはないし、必要ともしていません。人類学者なら、これらを少なくとも非難するのではないでしょうか？

グレース：環境思想家は人類学を驚くべきほどに理解していないのですね。役に立たないものを買うことは、人類学者が研究してきた伝統的な社会からわたしたちが遠くにいることを示す証しと思い込んでいませんか。真実はその正反対です。非資本主義社会でもっとも大切なことは、実用性に支配されていないということです。物質的な文化は機能的なものになる前に、象徴的なものになりやすいのです。長い長い山芋、装飾されたカヌーの船首、耳たぶを広げるものや、寺院建築について、わたしは教えています。昔からある社会とのつながりをリアルに経験するひとつの方法は、まったく役に立たないものに興味を持っておくことです。役に立たないものは、普通、社会的、象徴的な役割を担っているからです。

アリソン・クラークは、一九五〇年代のいわゆる「テレビでみたような」モノについての論文を書いています。(11) 卵の中身をかき混ぜる器械や、ホイップ・オ・マチック〔テレビの通信販売でよく売られていた手動泡立て器〕、ハ・バ・メイド〔床拭き用モップ〕などについてです。どれも贈り物としてとても人気でした。クリスマスや誕生日のプレゼントなどに最適だったのです。しかし人類学的な概念のなかで、象徴的なモノを贈与すること以上に基本的な概念はありません。

クリス：要約すると……

グレース：わかりました。基本的には二つのポイントに行き着きます。第一に、もし余剰財が何か特定できたとしても、それに当てはまるものはとても少ないということです。消費の増加につながる大部分のものは、基本的なインフラや、今ではあたりまえだと思われているモノだからです。さらに重要なことは、マイク、あなたは二つのまったく異なるものをごちゃまぜにするという大きなまちがいを犯しています。はっきりさせておきますが、わたしは地球を救うための戦いの邪魔をしたいわけではありません。あなたがたに成功して欲しいし、わたしたちも成功したい。しかしあなたがたが消費に大きな影響を及ぼせないのは、消費を減らすことは良いことといいながら、誰もが日常的には矛盾した行動をしていることがおもな理由なのだと思います。消費を減らすことは地球に優しいという意味では良いことだけれど、人びとにとっては良いことではないのです。

マイク：とはいえ減らす必要があり、そのためには何がより必要とされるのかについては、何らかの判断を下さなければなりませんよね。

グレース：でも何よりまず必要なものを決めるための議論と、消費によって騙されていると人びとを非難するための議論を区別しなければなりません。減らさなければならないとされるほぼすべてのものが、実際には人間の幸福に直接的な利益をもたらすか、象徴的な価値を持っているとまず認めましょう。貧困や不平等の感覚を減らすという非の打ち所のない目的のために、それらは心から必要とされているのです。それを認めて初めて、環境についても真剣に話し合えるのではないでしょうか。

気候変動への対処は、現実には、富裕層によって現在基本的なサービスとみなされているものを減らし、より良い健康と教育を得たいと思っている多くの若者の望みを打ち砕くことになるのではないでしょうか。前に会ったときは、エコノミスト誌の『テクノロジー・クォータリー（*The Economist's Technology Quarterly*）』に載った未来の可能性に、大の大人二人がそろってひどく興奮していましたよね。

マイク：新技術によってつくられたガジェットについての記事の半分は、今あなたが話しているような問題を引き起こさずに、膨大な量のエネルギーを節約する方法について書かれていたのです。あなたの議論で、まさに考慮されるべきものですよ。しかし、率直にいいますが、わたしたちを中流階級の偽善者の一員とみていないふりをするのはやめてください。あなたはあきらかに、わたしをグリーン・ヤッピーの類いとみなしています。農産物直売所《ファーマーズ・マーケット》から究極的に環境に優しいフェアトレード商品を探し出し、ディナー・パーティーで消費することを好む人びとのように、です。そうした商品は通常より高いので、誇示的な商品になる。グリーンというのは、特権的な趣味を表現する色でしかない、ということですよね。

グレース：いや、正直、ちがうんですよ。そう言ったのでも、そう考えているわけでもありません。

ちょっと夢中になりすぎたかもしれません。しかし、それは典型的な「英国人」の応答ですよ。この国の人びとは、ある種の気恥ずかしさから、個人的な習慣をみんなが批判的にみていると思いがちなのですよ。せっかくあなたがもてなしてくれたのに、そう受け取られたままでは帰れません。指摘はすべてあなたの議論に関するもので、ライフスタイルについてではないのです。実際、偽善を非難する気はまったくないのですが、それがなぜか正確に説明する必要もあるでしょうね。すみません、少し時間をください。この場合、問題は「消費（consumption）」という言葉にあるのだと思います。

もともと何かを消費するということは、それを使い切ること、実際には、モノを破壊することを意味しています。たとえば、火事が家を喰らい尽くす（＝消費する）というように。二世紀前、消費は結核と結びつけられ、だんだんと消耗していく病気のことを指していました。対照的に生産とは、職人や芸術家の仕事、つまり世界に物を加えることです。わたしはいつもこれにはジェンダーの要素が絡んでいると考えています。クリスが好きな男性プロレタリアは、生産の労働を通して世界をつくり、女性は消費の労働を通して世界を使いはたす。

クリス：それはマルクスの労働についての見方だと思うけど、ジェンダーの観点はそのとおりだと思うよ。

グレース：そうですね。でも、なぜこんな言い方をするのでしょう。生産は本質的に善で、消費は本質的に悪なのですか？

マイク：まあ、産業と資本主義のシステムの影響を考えると……。

グレース：そう考えると思っていましたが、まちがっていますよ。これは古代にも当てはまります。人類学的観点からみてみましょう。古代ギリシアや聖書の世界、または他の古代社会、いずれに目を向けてみても、宇宙論《コスモロジー》は捧げものに基づいてできており、それをどのように実行するかについて、驚くべきほど詳細な注意が払われてきました。これにはいくつかの理由がありますが[12]、ひとつはあきらかに生産と消費の関係を根拠にしています。

実際、これら儀式に用いられる犠牲の多くは、食事をモデルにしています。供え物は火によって「消費」され、その煙は「甘い味」として神々に捧げられ、社会秩序を神聖化するようなやり方で食べられる。たとえば、祭司が自分の分け前を食べ、平民がそれに続く。それから、何が犠牲にされたのかをみると、一般的に聖書では、最初の果物や、生まれたばかりで汚れのない子羊です。ですから、それらによって人間は神こそ真の生産の源としてあると知ることができます。最初の完全な生産物はその創造主に戻され、その残りが人間に消費される。神の介入によって世界がつねに補充されなければ、消費によって世界は使い切られてしまいかねなかったのです。

ですから最初の交換は神との交換で、二番目が他人との交換です。もし自分が育てたものを消費するだけなら、とても小さな円を描くことになってしまいます。だからこそ多くの社会はそれを禁じています。生産したものが他人と交換される。人類学では、相互に負債を返す義務を負わせる交換こそが社会関係の基盤であると教えられます。財が神と交換され、社会的な関係を築くために使われたならば、消費してもよい。もし、このような交換をいっさい経ずにただ消費されるばかりなら、それらの生産物を使って文化的な世界を創造する機会も失われてしまいます。だからこそ、たんなる消費という考え方は、つねに否定的に捉えられてきたのではないでしょうか。これはとくにエキセントリックな見方ではないですよ。過去のすべての社会や、現代のほとんどの社会に共通する考えと思われるからです。

だからマイク、あなたとロンドンの中流階級の友人たちが夕食のテーブルを囲んで、みんながいかに物質主義的で消費しすぎであるかと文句を言っている際にしているのは、何かを実際に消費する前に、自分の正しい道徳的価値観を確認することなのです。より儀礼的なディナー・パーティーでは、食事の前にまさしくそのような会話をしなければなりません。わたしがあなたの偽善を決して批判しないのは、何千年もさかのぼり、おそらくは人間が生きていくためのもっとも基本的な儀式をあなたが実行しているといえるからです。

マイク：いや、まいったな。そう来るとは思わなかった。われわれ中流階級のディナー・パーティーは、まさに浅はかということですね。あなたはそこにやってきて、そのなかにもっとも基本的で古代の儀式的行為をみつける。いや、人類学って素晴らしいね。

グレース：どういたしまして。あなたが感慨に耽っているあいだに、わたしは自分の議論を完成させることにします。言いたかったのは、わたしたちは歴史の始まりから、自分たちが本質的に善で、道徳的であることを確認するために、消費を批判してきたということです。昔、もっと宗教的な時代には、批判は実際の禁欲主義というかたちをとるのが一般的でした。そしてなお今でもそれが、自分自身でさえもコントロールできない消費に対する怒りをぶつける理由になっているとわたしは思います。

マイク：でも消費以外に、環境を破壊しているものがありますか？

グレース：たとえば、わたしはあなたの環境主義的な憎しみが、生産によって世界の資源が破壊されていることに向けられていると予想していました。消費よりも、重工業や産業化した農業の影響などがやり玉に挙げられると考えていたのです。結局のところ、これらが汚染のおもな原因なのです。でもロンドンのディナー・パーティーで環境保護主義についてちょっと会話する場合には、何らかのかたちで罪を認めなければなりません。車のトランクにリサイクルバッグを忘れると、罪を負うのです。地球が熱くなりすぎていることに個人的な責任をとらなければならないからです。

マイク：実際には……

グレース：すみません、まだ質問に答えている途中です。でもすっかり持ち時間を使ってしまい、本も紹介できていないので、話はここでやめましょう。ただここまで話したことが、きっと役に立つと思います。わたしが取り上げる本は、キム・ハンフリーの『過剰——西洋における反消費主義（*Excess: Anti-Consumerism in the West*）』[13]です。ハンフリーが論じている人びとは、マイク、あなたのように、気候変動を金持ち病（affluenza）[14]、つまり過剰消費という罪に屈したことに対する道徳的な報いとみなしがちです。ハンフリーは、こうした立場を取るジグムント・バウマンやジュリエット・ショア[15]などの一連のよく知られている知識人を取り上げていますが、同時にあまり知られていない反消費者活動家のあいだでもフィールドワークをおこなっています。

ハンフリーは過剰消費について、もったいぶって話すだけではなく、実際に何かをしようとしている人たちをあきらかに称賛しています。その主張の内容の多くは、十分にご存知でしょう。それらの人びとは、あなたとよく似た立場を取っています。富が幸福をもたらさず、どれだけ富があれば十分かを決める必要があるとか、アメリカ人が一日に三〇〇〇件の広告をみているとか、消費にいかに中毒性があるかについて、しばしば議論しているのです。その範囲は広く、ケイト・ソーパーのように市民権に代わるモデルを探るより哲学的な議論[16]から、「システム」に対するポストマルクス主義的批判の亜種までが含まれます。気候変動が最優先のアジェンダでなければならず、消費の方法や理由だけでなく、どのくらい消費するのかを緊急に決めなければならないと感じていることで、ハンフリーはあなたと共通しています。

マイク：わたしに似ていますね。でも、あなたがハンフリーを選んだのは、「だが、しかし」ということにあるんですよね。

グレース：まったくその通りです。本を読み終わると、これらの運動に対する偏見は強くなりますから。ハンフリーは、そうした主張がくりかえしに陥っていることを責めるだけではなく、学術的な基礎がないことを認めています。ひとつには多くの人が科学を強く疑っているために、証拠がない主張をしていることが多いのです。実際、ヒュームの本が示唆していたように、気候変動の議論は、消費に対するイデオロギー的な反対の口実や正当化のために使われる傾向があります。消費は資本主義的で下品で、物質主義的なものとして非難されるのです。反消費活動家たちは矛盾した主張をいつもします。経済的自由主義や、それが理想とする個人の無制限な選択を痛烈に批判するわけですが、実はそれと似たような自由主義、つまりビジネスや国家から個人を守るという自由主義の名の下に、そのように批判しているのです。

あなたと同じように、これらの活動家は、過剰消費が続けられている世界を究極的にはわたしたちの人間性を傷つけ、魂をだめにするものとみています。さらにあなた以上に、普通の消費者である大衆を愚かで欺瞞に満ちたものだと軽蔑し、広告や商業的圧力に負けて物を買っていると責めるのです。結局、いつも同じ構図なのでしょう。少数の緑の活動家は、「救われた人びと」で、真実を見抜いた啓蒙された者とされます。しかし、わたしが知るかぎり、多くの人びとが愚かで欺かれているとみなすどんな運動も、それ自体が徹底的に欺かれているのです。

マイク：地球への関心をより広い道徳主義から切り離すべき、という指摘を受け入れたとしても、自然そのものに対する本質的な敬意が失われていることには同意してくれますよね？

グレース：実際には、そういう気持ちは湧きません。これも同じ問題の一部だからです。「自然」という言葉を、文化の外側を指し示すために使うと、神話的かつ牧歌的なものになってしまいます。でも自然環境に近いところに住んでいる人は、自然と調和して生きようとはしていません。その反対です。

数世代前までは、自然に抵抗する手段ははるかに少なく、そのため、平均寿命は非常に短く、その短い人生の多くは病気に悩まされながら送られていました。死は自然で、病気も自然です。ほとんどの自然のプログラムは、ある動物が別の生きた動物を食べることで成り立っています。ダーウィン以来、進化を支える道徳は適者生存であることが知られてきました。どんな道徳的な成り立ちをしていても、人間性のもっとも大きな特徴は、自然を克服するための闘いなのです。

ですから、わたしにとって自然と道徳とはまさにおたがいのアンチテーゼです。といっても、わたしの見解が人類学の典型的なものだとは思わないでくださいね、そうではないんですよ。

マイク：言い過ぎじゃないですか。では、風景はどう？　美しいでしょ？

グレース：風景なんて、とても自然なんていえるものではないですね。真の熱帯雨林の下は、どれほど暗いかご存知ですか？　歩いていて感心する風景のほとんどすべては、人間の耕作の結果で、最近では、しばしばかなり意図的にある種の美的感覚に基づき造形されています。もちろん、大げさにいいたくはありません。わたしも岩にぶつかる波に魅了されます。デヴィッド・アッテンボローを敬愛していますし、種の多様性を保存する道徳的責任を担っていると感じています。

とはいえわたしの価値観は、人間が自然と対抗することでつくりあげた道徳から来ています。いいですか、問題になるのは、あなたが同意してくれるかどうかではなく、いつ環境保護主義が、環境問題、疑似宗教的禁欲主義、そして自然に対するロマンティックな投影の無益な寄せ集めになっていることに気づけるのかということです。普通の消費者はもう気づいていますよ。エネルギー使用量を削減することが本当に優先事項だったら、集中的につくられたスーパーマーケットの食事を購入したほうがいいですね。世帯がそれぞれ食事をつくるよりも、エネルギー効率が高いのですから(17)。でも環境保護主義のメニューに、それは載っていないですよね。

大衆文化に対する古いエリート主義的な嫌悪が、自然と禁欲主義への崇拝につながっているのではないかと思います。マクドナルドの食事に対する理屈抜きの嫌悪によく表現されているように、大衆的な消費は醜く軽薄なものとされています。介護士として働いていた頃にヴィクトリア・ベッカムの偽物のジーンズとスワロフスキー・クリスタルを散りばめたブラウスを着ていましたが、今でもわざとそれを着て出勤することがあります。そのとき、どうみられるか考えてみてください。わたしたちフィリピン人女性は、下品で俗で安っぽいとみられます。ひどい消費は、もちろん下層階級の特徴です。

クリス：階級という言葉が聞こえたようだが？　よかった、それは僕があいだに入ってよいという夫婦間の合意のようなものです。わたしの結婚生活での役割は、「階級」なのです。

グレース：この結婚では、あなたのほうがありきたりな側のほうに立っていますものね。でもたしかに、もうかなりたくさん喋りました。自分でさえ、かなり大言壮語したと感じます。自然についての見方を話すと、誰もがただの変人だとみるんですよ。クリス、後は任せました。

クリス：ああ、討論会の最後の演説者になったのはいつだったか、思い出せないな。まあでもいいよ、僕は今、二人の議論を整理する格好の位置にいる。それに加えて、マイクは目を付けていたウベをもっと食べられるし、グレースはついにビールを飲むことができる。

マイク：ああ、ごめんなさい、ビールを出そうとしていたのですが。

クリス：大丈夫、遠回しに言うつもりはなかったのですよ。ビールはテーブルの上にありますし。ちょっと休憩しましょう。わたしたちを招待してくれてどれだけうれしいか、もう一度だけ言わせてください。わたしたちが二人とも消費について教えているから、こうした話を寝室でやっていると思うかもしれませんが、実際には、家で仕事の話をしてもほとんどが大学業務のどうでもいいことや、政府の予算削減、助成金の申し込みの話なんですよ。学術的な研究やアイデアについてはほとんど話しません。グレースは家では尽きることのない議論をしたくないと考えていると思いますが、今日は家じゃないですから。

二人の話を聞いていて感じたのは、わたしたちは皆、社会科学者でありながら、これまでそんなに社会科学的な話をしていないということです。結局、マイクの議論は、地球という視点からみたら、消費を減らさなければならないという主張になっていて、グレースの話は、地球上の大多数の人からみたら消費を増やさなければならないという議論になっていました。しかしなぜ消費するのかということ自体には、まだ取り組んでいません。消費を社会関係の分析のなかに戻してみましょう。そうすれば、あなたがたの問題点や相違点を整理できると思います。わたしは、グレースが彼女の家庭や家族について述べたことをすべて実際にみてきたので、その証人になれます。彼女は何の誇張もしていません。でも個人的な関係に感情的にかかわりすぎることで、彼女はより分析的な視点を持てなくなってしまっているのです。

グレース：ほら、わたしの夫は、そうやってすぐ人を見下すんですよ……

クリス：（すぐに口を挟んで）興味深いことに、グレースがわたしにそう語ってほしいと望んでいたように、歴史的にみれば、消費の批判は、これまでつねに社会階層と結びつけられてきました。古代世界の話が出てきましたが、ユウェナリスの風刺だろうと初期のギリシア劇だろうと、消費はつねに、貧しい人びとによる贅沢さに対する批判や、逆に裕福な人びとによる下品さへの批判と結びついてきたのです。消費に関するわたしのお気に入りの本で、学部生への最初の講義で使うのが、ジェームズ・デビッドソンの『高級娼婦とフィッシュケーキ（*Courtesans and Fishcakes*）』[18]という本です。古代ギリシアで禁欲主義と貪欲に陥らず、ちょうどよく消費することが、いかに重要でどれほどギリシアの都市国家《ポリス》と民主主義を発展させる大切な核となったかを、この本は教えてくれます。そして禁欲主義と貪欲の対立は、キリスト教が発展していくなかでも、またそれに続く文学や政治のなかでも、大きな論点として残っていきました。

社会的なちがいの表現となる消費についての核心となる議論は、ヴェブレンの古典的な『有閑階級の理論』[19]におもに由来する学術的分析によって提供されました。このヴェブレンの本は、模倣と競争（emulation）の原理についておもに説き、近くにいる人に負けまいと見栄を張るような誇示的な消費の概念を説明しています。このヴェブレンのアイデアは人びとに大きな影響を与え、現在の消費に関する語りの多くを生み出す源泉になるとともに、それによって米国の反消費的なレトリックの中心であり続けています。[20]ヴェブレンを本当に狼狽させたのは、伝統的な貴族ではなく、にわか成金でした。後者は、彼が適切とみなす産業でお金を稼いでいました。にもかかわらずその後、労働による富の獲得というルーツを完全に否定して、気取った外見や服装の競争をします。産業を富の適切な源泉として尊重し、認めるべきとするアメリカのピューリタン的な理想の根本を裏切るこの行為に、ヴェブレンは激怒したのです。

ヴェブレン以降、一九七〇年代の消費理論まで発展は驚くほどわずかです。その後、人類学者のメアリー・ダグラスは、ユニバーシティ・カレッジ・ロンドンに勤務していた際に、消費に構造的な分析を適用しました。[21]たとえば、彼女はかつて、労働者階級の食事は、牛乳入りのシリアルからグレイビーのかかった肉、カスタードを乗せたケーキへと、一日のうちに幾何学化〔かたちがはっきりしたものへの移行〕と乾燥化〔乾いたものへの移行〕が進むと主張しました。[22]

グレース：幾何学的なビスケットとアイシング〔砂糖衣〕とかでは終わらないでしょう？　あなたはホリリックス〔麦芽ミルク〕に浸したカスタードクリームで一日を締めくくるじゃないですか？

クリス：細かい部分は重要ではありません。わたしたちが使っているが理解していない象徴的なシステムに消費が従っているというアイデアが重要なのです。文法の授業をすることはできなくとも、言葉をはっきりと話しているように。同じ頃、西洋マルクス主義は階級関係の批判を発展させましたが、社会学者ピエール・ブルデューの仕事のなかでこの二つは合流します。

グレース：人類学者の。

クリス：社会学者の。

グレース：人類学者の！

クリス：すみません、マイク、実はわたしたちは二人ともブルデューが好きなのですが、どちらの専門分野に分けるか意見がまとまっていないのです。とにかく何者であれ、ブルデューは著書『ディスタンクシオン』[23]のなかで、消費者の嗜好は個人的な好みによるという考えに反論し、代わりに、消費者の嗜好が階級関係に応じて正確に位置づけられることを示しました。つまりマルクス主義が強調した社会的不平等が、ダグラスが強調した差異の象徴的なシステムとして機能しているというのです。

ブルデューの本によれば、労働者階級の人びとの嗜好は、ローストビーフとポテトやフィッシュ&チップスのようにあきらかに空腹を満たしてくれる食べ物と結びついています。これはそれらの人びとが肉体労働で生計を立てていることを反映しています。一方、富裕層は、経済的な資本を持つ人と、美的な資本を持つ人に分かれます。前者はもちろん濃厚なソースやトリュフを好むのに対し、後者はヌーベルキュィイジーヌが好きで、労働者階級とは正反対に必要だから食べるということを否定しミニマルな食べ物を愛好します。中流階級は独自の道徳的資本を持っており、オーガニックなものやフェアトレードで得られたものを好みます。マイク、食器棚のどこかにエキナセアを使った全粒粉パスタがあるんじゃないですか。

マイク：ちょっと待ってください。エキナセア風味の全粒粉パスタ？　それはちょっと無理があるんじゃないですか？

クリス：大変すみませんでした、言い過ぎました。とにかくわたしが言いたかったことは、それぞれのグループが他のグループを下品だとか、気取っているなどと見下していることです。趣味というのは、本当は階層間の構造的な差異を図のように示すものなのです。

グレース：クリス、マイクに失礼よ。彼の食器棚のなかを中傷したことじゃなくて。講義を聴く一年生のようにあなたは扱っているのよ。マイクが、ダグラスとブルデューを知っているのは当然でしょ。

マイク：ありがとうグレース。実はクリス、忘れているようだけど、わたしも消費について教えているんだよ。

クリス：もちろんです。やれやれ、わたしは講義モードになってしまいがちですね。[24]それでは、古いアプローチについての知識は、すでに持っているものとしておきましょう。このミニレビューでやりたかったことは、古代から現在に至る消費の研究において、社会的差異が中心にあったことを示すことでした。それを前提に、議論するために持ってきた本を紹介したかったのですが、とっちめられてしまったので、すぐにその本を紹介しましょう。リチャード・ウィルキンソンとケイト・ピケットによる『平等社会——経済成長に代わる、次の目標（*The Spirit Level*）』[25]という本です。幸福についての引用から始まっているという意味で、わたしが好きになるようなタイプの本ではありません。こうした本に、わたしはグレースと同様に懐疑的なんですよ。文化的なちがいを考慮に入れると、アイルランド人が地球上でもっとも幸せで、ロシア人がもっとも悲惨にみえるとしたら、その理由は収入、あるいはさらに言えばアルコール以外にもあると思います。英国で貧困を研究してきた者としては、アンケート調査で一九五〇年代以後、幸福感は上昇していないなどと示す本はつくづく避けるべきと思うのです。[26]

グレース：本当に苦労しているときに幸せであると主張することは、わたしの村では名誉の証しでした。一方でノース・ロンドンのディナー・パーティーにもよく参加してきたので、立ちあがって幸せだと発言することは、洗練されたマナーではないことも知っています。それは自己満足とみられ、批判的な対話を適切にできないことを示すのです。わたしのフィリピン人の友だちに対するクリスの友だちの見方を基準とすれば、幸せであることは下品であるようにみえてくるでしょうね。というわけで、裕福であればあるほど、幸せと主張しにくくなるのです。

クリス：取り上げた本に戻れば、最初の数ページ以降、著者たちは、健康や福祉の定量化可能な部分といったより具体的で受け入れやすい尺度に目を向けています。この本は不平等は誰にとっても悪いということを証明しようとしていて、わたしからみれば、議論の余地なく実際に証明しています。最初に健康を改善するのは、貧困からの脱出と基本的な経済発展なのですが、それがある一定のレベルに達すると、同じだけの富を持つ国のあいだで顕著な差が生まれるのです。

本の核心にあるのは、一連のグラフです。グラフには基本的に二つのバージョンがあります。ひとつは二〇カ国以上の国を比較したもので、もうひとつは米国のすべての州を比較したものです。これらのグラフの変数のひとつは、各国または米国の各州内での社会的不平等の度合いで、これを健康と福祉のさまざまな測定値と比較しています。二番目のグラフでは、これらの国と米国の州の平均所得を、先と同じ健康と福祉の測定値で比較しています。たとえば、最初のデータの章では、全体的な健康、社会問題、子どもたちの幸福度の三つの基準が考察されています。平均所得に対してこれらの基準はさまざまな値を示しますが、内部の社会的不平等の度合いとのあいだにははっきりと強い関連がみられるのです。

直観的には、より資源を持った豊かな国や米国の州のほうが、健康、社会問題、子どもの幸福度などの要素で、良い結果が得られるだろうと考えられます。でもグラフは、豊かな国や豊かな米国の州のほうが、貧しい国よりも優れているとはいえないことを示しています。逆に、富の分配がより平等な国や州のほうが、不平等度が高い国や州よりも、すべての指標においてずっと優れています。結論はあきらかです。引用すれば、「集団や国のあいだの平均所得や生活水準の差はまったく問題ではない。しかし同じ集団内での所得の差は大きな問題になる」[27]のです。

検定のために十分な統計量を得ることができる場合には、このパターンはほとんどすべての変数でくりかえし確認されます。データの範囲は、肥満度から教育達成度、他者への信頼から乳児死亡率、暴力の度合い、社会的移動性、投獄の多さ、一〇代の妊娠まで多岐にわたります。いずれの場合も、富の量ではなく、不平等の程度がこれらの差と相関します。本書のもっとも驚くべき発見は、豊かな国の富裕層でさえ不平等に苦しんでいるという事実です。たとえば、スウェーデンの最貧層の乳児死亡率は、英国でもっとも富のある層の乳児死亡率よりも少なくなっています。というわけで、この本〔の原題〕には、「平等はなぜ誰にとっても良いことなのか」という副題が付けられているのです。

今日、新聞で読んだ「大きな社会《ビッグソサエティ》」についての議論が、こうした主張に深く関連しています。不平等の増大は信頼の欠如につながると、この本では強く主張されます。それは、共同活動への参加を減少させてしまうからです。二〇一一年に英国の連立政権は、福祉を削減し、ボランティアや市民参加によって置き換えようとしました。それを大きな社会と呼びましたが、実際に政府がやっていることは、社会的不平等を拡大させることで、当然ですが共同活動への参加の減少と大きな社会の縮小につながりました。まったく逆になってしまうのです。正直なところ、本書では消費についてはほとんど触れられていません。でも消費は、こうした現象とかなり関係していると考えられます。たとえば、そこに載せられた漫画には、大きくて仰々しい買い物袋が描かれ、「あなたもこんなものが欲しいに決まっているわ」(28)とその袋には書かれています。不平等を目にみえるものにする誇示的消費こそ、競争と貪欲をあおるのです。

マイク：これまでは賛同してきましたが、そろそろ心配になってきました。社会的不平等を強調する議論のひとつの問題は、経済学に飲み込まれてしまうことです。わたしの好きな経済学者の一人であるロバート・スキデルスキーの講演を最近聴きに行きましたが[29]、彼もその専門分野の多くの人と同様に、不平等の問題は、ヴェブレン式の模倣と競争と消費意欲をあおることにあると想定していました。より多くのモノを持っている人たちに刺激されると人は、貪欲になるというのです。こうしたことが消費についてしばしば言われます。でもこれは、誰もが自然に貪欲と嫉妬に陥ると単純に想定しすぎです。別の説明ができると思います。グレースが先に語ったフィリピンの家族の願望に、わたしは衝撃を受けました。収入の差はあきらかに、一生懸命働いていることや起業家精神がより旺盛であること、能力の差があることや自分にふさわしいものを得ていることには関係していません。ある人がフィリピンで生まれ農家になることや、別の人がロンドンで生まれ学者になることは、まったく偶然なのです。

最近読んだアマルティア・センの『正義のアイデア』[30]という本を思い出しました。センがそこで書いているのは、不正義をいかに改善していくのか（redressable injustices）という課題です。はじめに、子どもと同じように、大人もあきらかに不公平によって傷ついていることが指摘されます。不平等がより大きな富への欲求につながるとしたら、そのおもな動機は、貪欲や嫉妬ではなく、これが明白な不公平さを示すことに対する不満なのではないでしょうか。それは、他の人びとが出生の機会以外に何の理由もなく富を所有していることの証拠になります。わたしはセンに同意します。大人も子どもと同じように、こうした証拠を突きつけられると狼狽します。しかしカーストのような文化システムは、不平等を自然化し、普通のものにみせかけます。より大きな宇宙論的、またはカルマ的な図式に従って、それは前世での行動の報いであると説明することで、不平等を公正なものであるかのようにみせかけるのです。

グレース：たしかにわたしの家族でもそうです。フィリピンでは一般に実力に基づくものであれば、貧富の差は受け入れられます。でもある人が一生懸命、頭を使って働きながら少しのものしか手に入れられないのに、怠け者の愚か者が富を誇示しているのをみるのは耐えられません。マイクは、『平等社会――経済成長に代わる、次の目標』を批判したいのではなく、まちがった結論を導かないように前もって忠告してくれているのでしょう。

クリス：そうですね、わたしもその点を認めます。たぶん『平等社会――経済成長に代わる、次の目標』が、嫉妬を第一の原因と仮定しているのはまちがっているのでしょう。あらかじめ言ったように、消費はウィルキンソンとピケットたちの本当に議論したいことではないのです。しかし、こうしたまちがいは、おもな論点の正しさを損なうわけではありません。

『平等社会――経済成長に代わる、次の目標』が教えてくれるのは、社会科学は、消費をたんに形式的にできることを増やすものとしてではなく、関係性を表現する手段としてみなければならないということです。実際、こうした見方は、モノの象徴的な性質について語ったグレースの議論でも触れられていました。社会的差異を示すためにモノが使用されれば、それをおもに利用する富裕層含め、すべての人の活力を奪う危険性があるのです。社会福祉や個人の幸福をもっと増やしたいのであれば、終わりのない追いかけっこから降りて、代わりに社会的不平等を減らすことに集中したほうがよいのでしょう。

これはわたしがこれまでにずっと口にしてきた、時代遅れで、相変わらずの社会主義的主張ではありません。この本は、特定の政治的立場に立つことを求めていません。実際、わたし自身の信条に反して、この本は国家の関与を好んでいません。著者は、国家による分配を含めない所得の最初の水準においても、平等には利益があると考えています。だからグレースは、自分の家族が洗濯機を持っているかどうかについて議論するよりも、少数のものが支配するフィリピンの昔ながらの政治にもっと関心を向ける必要があるのです。フィリピンでは、裕福な地主一族がつねに権力を持ち、不平等が蔓延していますよね。

グレース：それは、ちがうわ。ねえ、あなたは『平等社会——経済成長に代わる、次の目標』を読ませてくれたでしょう。そこから多くのことを学びましたし、あなたの要約は今のところ正確です。でもこれは大事なことですが、もう一度グラフをみてみると、これは豊かな社会とアメリカの州にかぎられた話であることがわかります。アジアで含まれているのは、日本、オーストラリア、ニュージーランドだけです。つまり世界のほとんどの国が除外されているのです。フィリピンについては何も書かれていません。著者もそれを認めていますよ。だから得意な政治の話に進む前に、まだ考えるべきことがあります。まずは、洗濯機が必要です。そして忌まわしいレベルにまで不平等を維持してきたフィリピンの寡頭制に対する批判は、実はわたしが言ったことです。なぜ男性には情報を与えた女性にそれを教え返して信頼を得られると思うひどい癖があるのでしょうか？

クリス：そう、もちろんフィリピンに対する批判はあなたが言ったことでしたね。わたしには人の意見をくりかえす悪い癖があるようです。ただ著者たちも、まず絶対的な貧困に取り組まなければならないと認めています。それでもなお、この本はわたしたちの議論にとって重要な意味を持つと思います。大切なのは、アメリカやイギリスなどの豊かな国です。わたしたちは主要な汚染者であり、インドや中国のような場所が仰ぎみる基準になっています。わたしたちが変わらないかぎり、それらの国に異なる目標を目指すように主張しても、ただの偽善とみなされてしまうでしょう。

マイク：いいかな、そろそろみんなが持ってきた本について喋ったし、「自分が結局何をいいたいか」についても話しましたよね。

グレース：いや、クリスはまだ喋り足りないようですが。

マイク：たしかにそうだけど、でもやっぱり話を結ぶ必要があるんじゃないかな。一人一人が最後の譲れない一点をあきらかにする即席のルールを決めたらどうでしょう。実はそろそろ、用意した夕食を「消費」しなければなりません。家族が待っていますから。

クリス：ごめんなさい。どのくらい時間があるのかわかっていませんでした。もちろん、賛成です。実際、最後の議論のポイントとして、「何がいいたいか」をあきらかにできると考えていました。

グレース：あなたは何がいいたいの？（Where you are coming from?）？　わたしは時々、あなたがハイゲート墓地で生まれたのではないかと思うことがあります。カール・マルクスとハーバート・スペンサーの墓のあいだのどこかで。社会進化論者たちが、おたがい数メートル離れたところに埋葬されているんですよ。

クリス：「マークス&スペンサー（Marks and Spencer）」〔イギリスのスーパー〕に関する古いジョークはもう充分です。でもグレース、君は、わたしがカール・マルクスの著作を学んだことを、まったく後悔していないことはよく知っていますよね。『平等社会――経済成長に代わる、次の目標』の著者は、マルクスと社会主義についてはまったく言及していません。それは、自分たちが言いたいことが奪われると考えているからで、また不平等と国家の再分配を分けて考えているからでしょう。しかし、そこが分岐点です。『平等社会――経済成長に代わる、次の目標』ではまだ、致命的に有害な階級制度が暗黙の前提とされています。階級制度は、悪質なまでに不平等を助長するにもかかわらず、自身を市場が求める到達目標であるかのようにみせかけるのです。

資本主義について議論しようとすると、あなたがたは進化を忘れた恐竜のようにわたしを扱いますね。しかし、わたしは自分が時代錯誤的であるとは思いません。結局のところ、忘れてはならない教訓があるのです。二年前、壊滅的な金融危機〔リーマンショックのこと〕が世界中を襲い、ひどい影響を及ぼしました。にもかかわらず、資本主義システムを支えるイデオロギーはあまりにも強力で、無責任な金融システムと高給取りの経営者は話題とされることなく、のさばり続けています。むしろこの危機を口実として公共支出は削減され、ますます市場に委ねられ、そのせいで不平等が増大しているのです。わたしたちは市場に騙され、結果として市場のいいなりになっています。

ですから最終的な結論は、隠さずいえば、昔ながらのマルクス主義の核心部分に直接つながっています。最後にマイクのいう環境問題へと話を戻し、終わりにしたいと思います。グレースとわたしは、『この地球の外で（*Out of this Earth*）』の出版記念イベントに行ってきました。この本は、世界的なアルミニウム産業、またインドの先住民族の破壊と貧困化に対して、とても興味深い批判をしています[31]。

さらに最近、わたしたちはアルンダティ・ロイの講演を聴きました[32]。ロイは、インドでは中産階級が勃興しているにもかかわらず、貧困がなお続き、環境破壊も規制を受けていないとあらためて指摘しています。消費の原因もその結果も、地球資源を搾取し破壊し続けているこのグローバルシステムと強く結びついています。ボーキサイト採掘やアルミニウム製錬所、その他の産業の廃棄物によって影響を受けた場所に住む不幸な人びとの運命をみてみましょう。自然を崇拝するカルトの話ではありませんよ、グレース。自然への暴力が、開発に邪魔な人びとへの暴力に結びつく世界に、わたしたちはなお暮らしているのです。そのような苦しみに向き合っていない学生は、消費が何をもたらすかについて教育を受けたとは決して言えないと思うのです。

グレース：マイク、クリスと議論することが、どれほどむずかしいのかわかってくれましたか。クリスの信念を支える人間性と正義感は誰もが認めます。わたしはフィリピンの親戚のあいだに根強く残る貧困について忘れたくはありません。人類学は、つねに傷つきやすい先住民を保護する具体的な責任について思い出させてくれます。人類学は、消費、貧困、低開発の世界的なつながりをあきらかにする理想的な場所にいるのです。ただ、これがわたしの最終的な結論になると思いますが、資本主義を批判するだけでこれらの問題を解決できるというクリスの仮説を、わたしはこれ以上は受け入れられません。不公正や抑圧の具体的な行為に対処しようとする場合に、過剰に一般的すぎる資本主義のような概念のせいでそうなったといっても、何の助けにもならないことがわかってきたからです。

クリスは、消費の需要を、広告や商業などから一般的には切り離すことはできないと言います。でもソビエト圏では、比較的最近の発展の時期までは、広告がほとんどなかったにもかかわらず、満たされない需要がますます大きくなっていました。[33] わたしの家族がモノを欲しがる理由が資本主義にあるとは、単純には考えられません。歴史的にもっとも豊かな国はスカンジナビアの福祉主導の社会民主主義で、その国は競争主導型の資本主義をもっともコントロールしています。何が言いたいかというと、富のために資本主義を非難するにもかかわらず、クリス、あなたは富を多くの人びとに拡げたという意味で資本主義を信用しています。それが結局、左翼の敗因だったのです。

マイク：まあ、お二人のあいだの論争はまったくやましいところがないので、夫婦関係を壊すものではないと思います。心配なのは、わたしたちが消費の社会的な背景の議論にようやくたどり着いていながら、ほとんど社会的な差異について扱えなかったということです。ジェンダーや文化的なちがいから、あたらしいデジタル技術の影響に至るまで、数多くの取り上げるべき話題がありますね。わたしたちは今日、消費とは何かをあきらかにするといっていましたが、実際、どこまでできたでしょうね？

グレース：それでは提案があります。わたしはメアリー・ダグラスがかつて教鞭をとっていたUCLの人類学の学部で教えています。わたしを採用してくれた同僚のダニエル・ミラーは、消費にかんしておこなってきた多くの民族学的研究をまとめた本を出そうとしています。彼の民族誌的関心の良いところは、消費を純粋にそれ自体として捉えようとしていることです。対照的に、今日の議論は、わたし自身の話も含め、消費を他の問題に置き換えようとしてきたような気がします。

クリス：そう、ミラーの仕事は、夫婦間のちょっとした争いの別の原因になっていますが、グレースによれば、少なくともこれは他の本よりも読みやすくなりそうだとのことです。

マイク：わかりました。草稿を送ってくれるのなら、喜んで読みましょう。しかしそれはそれとして、とにかく次回は、具体的に得るところがあればと思います。次回の会合では、消費を理解することが、消費がもたらす結果、とくに気候変動の問題にどう役立つのかという緊急の課題を話題にすることに決めていたはずです。個人的であれ集団的であれ、実際にどのような貢献ができるかを見極めなければならないのです。

グレース：そうですね、気候変動だけではありません。ミラーは政治経済学そのものを、多くの人がみるように消費の原因を説明するものではなく、むしろ結果として生じるものと捉えています。

マイク：いいでしょう。読んでみましょう。

クリス：ひとつ条件があります。次回はわたしたちのところに来てください。珍しいビールがあります。きっと気に入ると思いますよ。

グレース：そのときまでにもう少しウベもつくっておきましょう。

マイク：いいですね。楽しみにしています。では夕食を楽しむことにしましょう。

第2章　消費社会

続く四つの章は、クリス、グレース、マイクが読むことになった「本」から成っています。それぞれの章は、わたしが以前に発表した本の要約です。最初の三つの章では、消費とは何か、社会、家族、個人に対して消費はより直接的に何をもたらすのかを論じています。第三章では、モノを獲得する行為としての買い物が扱われ、おもに家族にとって、同時により広い倫理的な問題系において、消費がいかなる結果をもたらすかを話題にしています。第四章では、デニムのブルージーンズに焦点を当てています。なぜわたしたちはこんなにたくさんのブルージーンズを買っているのでしょうか。その章ではこの難問に挑み、ジーンズを買うことが何を引き起こしているのかを幅広く論じています。第五章では、より広く政治経済学と消費がいかなる関係を持つのか、また消費がそれに何をもたらすのかについて論じています。そして最終章では、再び三人の登場人物の議論に戻り、消費が気候変動にいかにかかわっているのかについて論じます。

本章では、ひとつの島が消費社会となったときに何が起こるのか、その過程を四つの面から考察しようとしました。まずその社会の価値観を表現する対象として、モノ（goods）の役割がますます大きくなっていることから論じていきます。コカ・コーラについての研究は、消費社会化によって島が本当にグローバルな商品文化に振り回され、均質化されたのかについて疑問を呈すのです[1]。それを前提に、第三節では短い、より理論的な探究をおこないます。こうした調査結果は、社会科学で通常おこなわれているような、消費を見下す傾向のある一般的なアプローチに疑問を抱かせるものです。消費者は経済活動の受動的な終着点としてあるだけではなく、積極的に自分たちの世界を変容させているとわたしは主張したいのです。消費者も、消費が否定的な効果だけではなく、肯定的な効果も及ぼすことを理解しており、それに対して一家言を持っているのです。

クリスマスについての最後のセクションは、そのよい例になります。トリニダードの人びとは物質主義を、消費がさかんになったことで起こった問題含みの結果と理解すると同時に、そうした問題に対処する手段とみています。どうやってそれをおこなっているのかをみることに加え、この節では、社会が消費社会となると起こるいくつかのおもな結果を取り上げます。「消費社会」という言葉は、その社会の核となる価値観を表現するために商品がますます使用される社会のことを意味しています。しかし同時に消費社会とは自分の価値観に気づき、認識し、理解するための主要な形式に商品がなっている社会のことでもあるのです。

コーラはいかが？

なぜ消費の勉強をするためにトリニダード[2]に行ったのか、おわかりでしょうか？　正直に、デヴィッド・ラダー〔トリニダード出身のミュージシャン〕のカリプソ音楽をよく聴いていたこと、またそこに着いたら、トリニダードの祭りは世界で最高のパーティーのひとつだとわかったことを告白すべきでしょうか？　でも、それは事実ではありません。理由は、完全に学術的なものでした。

石油ブームのおかげで、トリニダードは一九七〇年代以前は発展途上国だったにもかかわらず、一九七〇年代にはアメリカ大陸で三番目に豊かな国にまで急成長しました。しかし一九八〇年代後半には再び富のほとんどを失ってしまいます。変化は、驚くべきスピードで起こりました。人類学者によれば、わたしたちは自分たちの世界をあたりまえのものとして捉えがちです。わたしたちの社会は長い間、消費社会としてあったために、消費の本質や意味合いについて深く考えることがむずかしくなっています。それに対して急激な変化のおかげで、トリニダードには消費が豊かにおこなわれる社会とそうではない社会の区別がなおはっきりと残っていると期待されました。加えてトリニダードに行ったもうひとつの理由は、モノを生産するビジネスの世界も知らなければ、消費は研究できないと確信していたからです。一度に多くのことを学び取るのは大変でした。トリニダードが比較的小さな島で、車に乗ると一日で一周できたことは、その助けになったと思います。

わたしの狙いは、より人類学に基づいた消費についての視点を確立することでした。経済学や心理学のように個人から始めるのではなく、もっと大きな集団の観点から消費をみたいと思ったのです。

たんに個人が消費者になるだけでなく、国全体が消費社会になったとき、何が起こるのでしょうか。幸運なことに、現代の小説家のなかでももっとも優れた作家の一人が、わたしの研究上の問いをていねいに整理してくれています。V・S・ナイポールはトリニダードの中心部にあるチャグアナスという街で育ちました。自分の国が消費社会化されていくことに対する彼の反応は、著書の『模造された男たち（*The Mimic Men*）』(3)というタイトルによく表現されています。ナイポールにとってトリニダードは典型的な消費社会でした。トリニダードが、石油というとっつきにくい製品しか生産していなかったためです。ほとんどの消費財は、石油と交換に輸入されていました。わたしが最初の調査をしていたとき（一九八七〜八九年）には、トリニダードはイギリスよりも食料自給率が小さかったのです。そのため、消費者という言葉に含まれる末端の使用者《エンドユーザー》という感覚が、社会全体に染み込んでいるように思われました。

『模造された男たち』は、とうてい正統的なものとはいえない（inauthentic）消費者主導型社会がどんな社会であるのか、典型的な見方を示してくれています。そもそもその島では、住民さえどこかからきた人びとです。約四〇%はアフリカから来た奴隷の子孫で、四〇%は南アジアの年季奉公労働者の子孫だったのです。他の場所から来た（imported）人びとが、文化を商品というかたちで輸入するという状況は、オリジナリティというものがここにはないことを示唆しています。前章でグレースが指摘していたように、生産は労働、芸術、デザインと同様に、世界に何かを加えるものとしてみられています。他方、消費は世界を喰らい尽くすだけです。ナイポールにとって重要な景色は、ポストモダン的な虚飾の風景です。ローマの別荘のようなものの隣にプールがあるといった、他の場所にあった現実の世界を表面だけ模倣したごちゃまぜの世界が小説の主要な舞台なのです。

　周縁の国々は、より本物に近い大都市の消費文化を模倣（mimic）しているにすぎず、そのせいでグローバルな均質化が全体的に進んでいるという考え方があります。コカ・コーラやマクドナルドのようなアメリカ発の主要ブランドの普及は、そのはっきりとした証拠とみなされているようです。ニューギニアやアマゾンでシャーマンがコカ・コーラを飲んでいるのをみて、本物の多様性の世界が失われたとつぶやく人類学者の不平を幾度も聞いたことがあります。まず具体的に、こうした見方に反論しましょう。民族学的な調査の手始めとして、真正面からトリニダードはどこまでがコカ・グローバリゼーションの例といえるのかについて取り組むのがいいでしょう。[4] トリニダードで人びとがコカ・コーラを飲んでいることには、実際にはどんな意味があるのでしょうか？

　トリニダードには、イギリスで「ソフトドリンク」とか「清涼飲料水（fizzy drink）」と呼ばれている甘い飲み物というカテゴリーがあります。わたしが子どもだったときに、サイドラックス（Cydrax）とかペドラックス（Peardrax）という名のリンゴ味、洋ナシ味の発泡性飲料を飲んでいたことをおぼえています。これらはその後、英国から消えましたが、トリニダードとトバゴだけで生き残っていて、ニッチな市場をつくっています。サイドラックスとペドラックスは上等な甘い飲み物とみなされていて、酒を飲まないインド系のトリニダード人にとくに好まれ、結婚式などのお祝いの席でシャンパンの代わりに飲まれています。それらの飲料は、他の甘い飲み物よりも少しだけ高価なのです。不思議なことに、イギリス国内のもともとの市場では、こうしたことはありませんでした。

　飲み物は、ダーウィンのいうフィンチ〔フウキンチョウ科に属する小鳥〕のように振る舞えるということでしょう。あたらしい島に移住したフィンチは、まだ他の動物に支配されていない隙間《ニッチ》をみつけ、その場に適応していきます。たしかに飲み物は、フィンチとは異なりくちばしや爪などあたらしい特徴を発達させられません。でもその代わりに、飲み物は以前とは異なったあたらしい象徴的な価値を発展させます。これらの飲み物は、今ではトリニダードの文化の観点からしか理解できない、あきらかにトリニダードの飲み物になっているのです。

こうした例は、コカ・コーラを調査する上で、二つのまったく異なるシナリオがあることを教えてくれます。一方からみれば、コカ・コーラは典型的なアメリカの飲み物で、その飲み物が受け入れられていることはアメリカ化と深くかかわっているようにみえます。トリニダードの人がコーラを飲めば飲むほど、アメリカ人や、コーラを飲む他の人と似てきて、文化的な独自性を失い、グローバルな均質化の一例にすぎなくなってしまうとされるのです。しかしそれとは別に、少なくとも理論的には、コーラもダーウィンのフィンチのようなものでありえます。つまりいったん別の場所に行くと、あたらしい環境に適応し、均質化とはまったく正反対に、文化のちがいと多様性を蘇らせる力をコーラも持っていると考えられるのです。

最初の仮説のひとつのバージョンは文化的均質化論で、そうした見方においては消費財はすべてそれを所有する企業の意図を反映しているとみられがちです。その場合、消費財はグローバルな企業の隠れた力の表現にすぎません。コーラはたんにアメリカ的なものでさえありません。その粘り気のある黒いシロップを世界中に広めているのは、ホームタウンであるアトランタです(3)。あるレベルでは、これはまったくの真実です。コーラの基本的なレシピは厳しく隠されてきました。シロップを製造することは誰にも許されず、アトランタから世界のほとんどの国に輸出されているのです。コーラは、そのロゴやそれに関連するスタイルを守ることにも厳格です。どのローカルな広告会社もコーラの美学に変更を加える際には、アトランタから許可を貰わなければなりません。

ただ別の面からみれば、コカ・コーラが輸出しているのはシロップだけです。意外かもしれませんが、コカ・コーラはフランチャイズとして運営されている場合が多いのです。シロップから飲料をつくりだす実際の作業とその後の瓶詰めは、多くの場合、現地の会社によっておこなわれ、シロップの代金のみが支払われます。

ほとんどの国では、それはあまり重要なことではないかもしれません。ただトリニダードは非常に小さい島なので、瓶詰めの会社は少なく、だから誰もがその会社の名前と評判を知っています。トリニダードのコーラは、ニール＆マッシーグループの会社、カニングスによって瓶詰めされています。この会社は、フランスのクレオールの集団に関連する古い植民地時代を思い起こさせる最大の会社で、特別な評判を得ています。実際、わたしがフィールドワークをしたときには、それはカリブ海のなかで最大の多国籍企業でした。もしコーラが、ペドラックスを製造していたL・J・ウィリアムズのような「中国系」の企業や、ソロやジャリールのような「インド系」の企業によって製造されていたら、まったくちがったものになっていたでしょう。この意味で生産レベルでも、コーラは想像される以上にフィンチ的なものといえます。

資本主義的企業は紛れもなく製品を支配していると想定したくなるかもしれません。でも、コーラの例をよくみると、そうではないことがわかります。一九八〇年代にコカ・コーラは、その最大のライバルであるペプシによって市場シェアが奪われ、それを案じて味付けを少し甘く、よりペプシに近い味に変更しました。でも神聖な伝統となっていた味付けを変えることを、米国の一般市民が受け入れなかったために問題が起こりました。そのため、同社はすぐに元の味に戻すことを余儀なくされたのです。これは企業が、自社の商品さえも完全にはコントロールできないことを示す一例です。

トリニダードの状況を調べ始めると、コーラがまたも地域の特殊な歴史と切り離せないことがわかってきます。たしかにコーラはアメリカ、とくに第二次世界大戦中にアメリカ軍と一緒に入ってきました。その後すぐに「ラムとコーラ」という特別の組み合わせが生まれ、それが地元ではカリブビールと並び、トリニダードのもっとも典型的なアルコール消費のやり方とみられるようになりました。

そうした地元のものとして、コーラはアメリカ文化の受容ではなく、驚くべきことに、アメリカ文化に対するローカルな抵抗を表現するようになりました。トリニダードで生まれたたぶんもっとも有名な歌は、『ラムとコカ・コーラ（*Rum and Coca-Cola*）』と呼ばれるカリプソです。同じタイトルの地元の小説もありますが、その歌は「ヤンキーのドルのために働く母と娘」というフレーズをくりかえしながら、トリニダードに来た米軍のために売春が増えたことを批判しています。こうしてコーラというフィンチは、トリニダードというあたらしい片隅《ニッチ》で爪を伸ばしてきたのです。

ラム酒と別に飲まれる場合、コーラはソフトドリンクから「甘い飲み物」へと変わります。このことを理解するためには、甘い飲み物のローカルな生態系について知っていなければなりません。トリニダードでは、甘い飲み物のほとんどは、基本的に対立する二つのカテゴリーに分かれ発達してきました。赤くて甘い飲み物と黒くて甘い飲み物です。

赤色の飲み物は、砂糖の含有量が多いと消費者に考えられてきたという意味で、典型的に甘い飲み物です。インド系の集団は一般的に砂糖や甘いものがとくに好きだと思われています。このことは、その人びとがおもにサトウキビ畑の年季奉公労働者としてトリニダードに入ってきたことに関係していると考えられます。またインド系の集団は糖尿病を患う率が高いといわれていますが、民間の知恵では、それはこれらの嗜好品を過剰に摂取した結果なのです。今日、消費のイメージを提示する広告のなかでは、「赤とロティ」〔インドでおもに食べられているパン〕が適切な組み合わせとしてしばしば利用されています。こうした広告が暗示しているのは、インド系の集団でなくても、外食の際にロティとともに赤い飲み物をとるのが良いと考えられているということです。ロティは、トリニダード国内のすべてのコミュニティにアピールする、普通の「ファストフード」にもうなっているのです。

赤くて甘い飲み物も黒くて甘い飲み物も、すべての民族グループで飲まれていますが、なおエスニックな意味合いも残っているとみられています。あるインド系のトリニダード人は、コーラをより「白人」的で「白人志向」の飲み物と話していました。ただし「白人志向」という言葉は、ここではアフリカ系のトリニダード人と同義語です。多くのインド系住民からみれば、アフリカ系住民は白人の好みや習慣を模倣したがっており、そのため地元では「アフロ・サクソン」と呼ばれるまでになっています。一方、アフリカ系住民はこの言いがかりに反論し、自分たちは白人文化に対する権利を主張しているだけで、インド系住民のほうが白人文化にはるかに従順であると主張するでしょう。しかし重要な点は、コーラが事実上、最高級の黒くて甘い飲み物になっていることです。だから、わたしが誰かの家を訪ねた場合、お金持ちの家ではコカ・コーラを出して、お金がない家では黒くて甘い飲み物を出してくれます。わたしが研究していた低所得者のコミュニティの人たちは、バーに行って「黒をくれ」とか「赤をくれ」と言っていました。人びとは、トリニダードの文化的二元論を文字通り飲み干していたのです。

記号論的な関係は、はっきりとみられる場合もあれば、そうでない場合もあります。フィールドワークの期間中にみられた甘い飲み物の業界で一番成功した地元の広告キャンペーンのひとつは、カナダドライのものでした。そこで飲み物は、ジンジャーエールとしてではなく、「タフなソフトドリンク」として宣伝されていました。

広告には二種類ありました。ひとつは黒人のカウボーイが的として並べられた何本ものボトルに向かって射撃をしているが、カナダドライは自分の銃弾を弾いていることに気づくというものでした。もうひとつのバージョンは、アメリカのインディアンがトマホークで他のものは粉砕できたのに、このブランドのものだけは破壊できないというものでした。会社の説明によれば、そのアイデアはコミュニティの多様性を包含するものとして発想されました。マーケティングテストの結果、インド・トリニダードのコミュニティから共感を得られ、不快感を与えないと確かめられた後に、いわば「赤い」インディアンが採用されたのです。この例が示すように、飲み物は何でも書き込めるような白い紙ではありません。飲み物は黒などの特定の物質的な質を持つとともに、特有の歴史を持ちますが、しかしそれらはあたらしいやり方で変えられてもいくのです。

以下に指摘するように、価値観をモノのように提示する上で、人というカテゴリーよりも商品のほうがいくつかの点で優れています。これはその一例です。より多くのインド系住民のほうが実際に赤くて甘い飲み物を飲んでいて、アフリカ系住民が黒くて甘い飲み物を飲んでいるわけではありません。現代の赤い飲み物によって連想される「インド人」は、多くの点で、アフリカ系住民のノスタルジックなイメージを実態以上に反映しています。それは砂糖産業の時代に戻って、インド系住民がかつてどのようであったか、あるいはいまなおどうであって欲しいかについて語るのです。その意味では、「赤とロティ」というフレーズは、アフリカ系トリニダード人により魅力的であるといってよく、だからその人びとが今ではロティの熱心な消費者になっているのです。一方、インド系住民の一部は、外国で教育を受け現地で商業的に成功しているという意味で、アフリカ系住民以上に、近代的なイメージを追求してきたといえます。だからこそコーラとの近さを容易に主張できるのです。

これがステレオタイプの性質です。アフリカ系やインド系として人間を物理的には消費できませんが、エスニシティの意味合いを持つ飲み物は消費できます。実際にはトリニダード人は、インド系ともアフリカ系ともいえないからこそ、これがとても重要になります。トリニダードの文化には、インド系とアフリカ系の両方のルーツが深くかかわっており、アフリカ系のトリニダード住人も、赤い飲み物やロティを好むといった多くのインド的な面を持っています。一方、南アジア系の由緒を持つトリニダード住人も、アフリカ系のカーニバルやカリプソの文化を楽しんでいます。民族的アイデンティティについての過度に単純化された語りは、人びとがこれかそれか、どちらかのグループに属しているかのようにみせかけますが、赤または黒の甘い飲み物のどちらかを選んで飲めるという状況のほうが、現代のトリニダードのアイデンティティが実際にはハイブリッドであることにより近いのです。

コカ・コーラを消費することで、トリニダード人はアメリカの文化的帝国主義による植民地化を受け入れ、その文化的特異性を失っている、と単純に考えていたならば、こうしたことは何ひとつあきらかにされなかったでしょう。でも実際は、真逆の結論にたどり着きました。皮肉にも、コーラそのものが、現代のトリニダード人の特定のあり方に応じて機敏に姿を変える力を持っていたのです。この意味では、コカ・コーラはフィンチそのもののようです。ダーウィンがトリニダードのコカ・コーラのように興味深い姿をした鳥をみに来てくれればよかったのにと思います。(6)

消費への欲動《ドライブ》(7)

コカ・コーラの例をみると、ナイポールはまったくまちがっていたことがわかります。トリニダードは想像できるかぎり、もっとも創造的でダイナミックな場所で、それはまさにそこが生産社会ではなく消費社会としてあったからなのです。

最初は見落としていたものの、〔多くの〕人びとと会い始めるとすぐに大きなヒントが出てきました。ロンドンでは、誰かに初めて会うと、「それで、何の仕事をしているのですか (And what do you do?)」と尋ねるのが普通です。仕事こそ見知らぬ人を判断するポイントになると想定されているからです。労働は人の価値を決める源になるのです。しかしトリニダードでは、この質問が混乱を招き、不快感さえ与えることにすぐ気づきました。時間が経つにつれ、その理由がわかりました。一般的に、低所得のトリニダード人の多くは、仕事は生計を立てるためにしなければならないことと考えていました。

仕事は選択されるものではなく、必要に迫られなされるのです。だから本当の自分が何であるかを決めるもっとも大きな要素として、仕事を選ぶ人がいないことも当然でしょう。それは自分を貶めることにさえなりかねません。これはわたしの憶測にすぎませんが、このような態度は奴隷制度や年季奉公労働の時代にまでさかのぼるのかもしれません。トリニダードの住人は、自分で選んだモノの話題に話が変わると、ぱっと明るくなります。音楽や洋服、人間関係や車、スポーツ、お酒、つまり実際は今やっている消費のすべてがそうなのですが、彼らにとっては、個人が本当は何であるのかを示し表現するのは、労働ではさらさらなく、そうした消費活動なのです。

こうした経験を何度もくりかえすことで、トリニダードの概念には「筋」が通っていることを理解し始めました。わたしの思い込みのほうにこそ、非論理的なところがあったのです。そう気づくことは、人類学者にとって大きな喜びのひとつです。なぜ人は、自分で選んだ消費行為よりも、誰かにやらされる賃金労働を優先しなければならないのでしょうか？　さらに何を根拠に、消費が生産よりも創造性が小さいとされているのでしょうか？　工場で働くことも、サトウキビを育てることも、特別に創造的な行為とはいえないのです。

ナイポールの『模造された男たち』では、トリニダードのすべてが、他の場所の無味乾燥な模倣にすぎないと暗に語られます。しかしそれとはまったく反対に、トリニダードのすべてが、……そう、トリニダード的でした。スポーツではクリケットがさかんですが、その雰囲気はイギリスでおこなわれているゲームとはまったく異なります。またウィンドボールクリケットやスモールゴールサッカーなど、ローカルなバージョンのスポーツもあります。音楽やダンスはとくに創造的で魅力的でしたが、トリニダードのヒンドゥー教も、インドでの経験したものとは異なるものでした。[8] 週刊誌も同様で、食べ物や買い物の仕方はいうまでもありません。

トリニダードの消費文化のさまざまな側面が、より首尾一貫した論理を形成しているようなのですが、それについてはわたしの『もの』という本で詳しく説明しているので、[9] ここでは簡単に要約します。出発点になったのは、わたしが住み、ナイポールの生誕地でもあるチャグアナスの郊外にあるモントローズという場所の観察でした。地元のビジネスを調査すると、この地域の主要産業は、自動車の車内装飾を専門とした三つの大きな企業に支配されていることがわかりました。調査を始めた不況期にはタクシーなどの車の修理がおもな仕事でしたが、オイルブームの際、この業界が生まれた頃には、新車のほとんどが初めに装飾店に行っていたそうです。ダッシュボードからトランクに至るまで車内すべてが一新され、フェイクのヘビ柄や、黒い模造革に青っぽいシルバーの縞が入ったデザインが「夜のニューヨーク」と名付けられ、施されていたのです。

車の内装だけが豊かに表現していたわけではありませんでした。チャグアナスでは、オイルブーム以前、車を持つことはかなり稀でしたが、短期間のうちに車はイギリスの場合と較べてもはるかに生活に欠かせないものになりました。娘を保育園に連れて行ったときにすぐにわかったのですが、多くの人は保育園のお迎えの際に自分の番が来るまで車に乗っていたり、子どもが遊んでいるあいだ、公園の端で車のなかにいたりします。

わたしはすぐに、誰かを特定するには、家の住所よりも、家の前に停めてある車のほうが便利な場合が多いことに気づきました。地元の新聞では、「リーダー」は地元で人気の大きな果物に似たあだ名を持ち、暗すぎも明るすぎもしない色のタクシーを運転している」とか、「夫がマツダに乗っている」エイズ被害者の話など、車の所有権にまつわるスキャンダルや当てつけが絶え間なく展開されていました[10]。わたしが調査した小売業者たちは、何を売っているかにかかわらず、店に入ってくる顧客に何が期待できるかを、いつも車を基準に決めていました。「ローレルのドライバーはこの商品を買ったが、クレシダのドライバーは買わない」とか言っていたのです。

ほとんどの人がたくさんの車のナンバープレートをおぼえていて、それが地元のゴシップの中心となりました。とある車がとある家の外で目撃されたら、誰もがすぐにわかるからです。また車のパーツは、性的な意味合いを示すためにもよく使われました。愛人が「スペアタイヤ」と呼ばれ、カリプソの歌詞では、運転手ではなく車のボディで男を選ぶ娘が「ガソリン脳(gasbrain)」などと呼ばれていました。わたしが住んでいたところでは、みんな車の手入れに夢中でした。近所の人は、少なくとも一日に一回、雨が降っていれば二回は洗車し、とくにタイヤの溝に気を使っていました。誰か(おそらくわたし)が車のドアを、音を立ててバタンと閉めてしまったために、男性の顔がひきつっていたのをみたことがあります。

さらに観察すると、車の内装を扱う店と外装を扱う店がはっきりと分けられていることがわかりました。外装を扱う店は、窓ガラスに色づけしたり、ボディにストライプ塗装を施したりしていました。またその当時はメタリックから白へとトレンドが変わりつつあったホイールハブを売っていました。それはファッションのキーアイテムだったのです。そして、内装と外装で販売活動のターゲットが、はっきりと二つに区別されていることもわかりました。虎柄やピンクのビロードの内装を施した車の外装にピカピカ光るライトが付いている場合もありましたが、一般的には小売店はストライプや窓の色づけによる「クールなルック」と、一部の奇抜な内装にみられる「フラッシュルック」を区別していたのです。

こうして車の内装に貼られた布地が特有の意味を持っていることに気づいたのをきっかけに、他の場所でも同じような素材が使われているかどうかを調査してみました。同じ商店街で誇示的な消費がみられたのは、葬儀場でした。棺やより高価で豪華な棺には、ほとんどの場合、ボタンを深く埋め込んだ布地が貼られていたのです。さらに広く布地が使われていたのはリビングルームのインテリアで、ビロードのカーペットと小豆色の三点セットの家具がお決まりのものになっていました。なかには透明なビニールシートが貼られたものもあり、座り心地は悪く、汗をかくほどでしたが、布地が汚れないようにされていたのです。これは車のシートでも同様です。

こうした布地の研究は、家のインテリアの再点検につながり、それがわたしのフィールドワークの大きな部分となりました。これまで一二八のリビングルームの体系的な分析をしてきました[11]。たとえばソファ、壁の装飾、造花、そしてより一般的には、かぎ針編み風のトイレット・ロール・カバーからビニール袋に入ったおもちゃのぬいぐるみまで、どんなカバーがどのように重ねられているのかが検討されました。家のインテリアの装飾にはある種の秩序がくりかえし現れますが、それはトリニダードの核となる価値観がいかなるものであるのかを教えてくれます。こうしてカバーし、布地を重ねるという実践は、おもに家族のあり方、またいかに教育を重ね資格を積み上げていくのか、さらに長期的な未来の展望にかかわっていたのです。

カー用品の内装《インテリア》と外装《エクステリア》が二つのまったく異なるタイプのショップでそれぞれ販売されていたことは、トリニダードの文化生活を支配する対立する二つの大きな祭り、つまりカーニバルとクリスマスにもおそらく関係しています。クリスマスはあきらかにインテリアと家族のためのお祭りです。クリスマスの前の数ヶ月間は、家を掃除したり、あたらしい家具や補充品を買うことに費やされます。それから数日は、家を中心に家に集まる社交が展開されていきます。親戚や友人、（一年で他の時期にはやって来ない）職場の同僚までもが家にやってきて、ブラック・ケーキ〔トリニダードの伝統的なフルーツケーキ〕を食べたり、ラムでつくったクリームポンチ（Ponche de Crème, 卵酒）を飲んだりしていくのです。

家庭における内向きの祭りとしてのクリスマスの象徴性は、公共の場で乱痴気騒ぎが繰り広げられる路上の外向きの祭りとしてのカーニバルと正面から対立します。クリスマスは伝統的な様式で、過去とのつながりを大切にしながら祝われるべきものです。他方、カーニバルは現在の祭りです。去年と同じ衣装でパレードをするにしても、あたらしくみせかけなければなりません。カーニバルは、長く伝統的に続く象徴的な反転（inversion）に基づいています。それは夜の祭りから始まり、通常は隠されていて、夜明けとともにあきらかにされる物ごとの理想について教えてくれます。カーニバルは自由と解放の意味を強く担っており、トリニダードと奴隷制度の固有の歴史に深く根を下ろしているのです。

そのすべてが、トリニダードの宇宙論《コスモロジー》をさらに広く分析するのに役立ちます。詳細な説明と分析は、『モダニティ――民族誌的アプローチ（*Modernity: An Ethnographic Approach*）』という本ですでにおこないました。車の内装や外装から始まるものは、時間そのものについてのテーゼとして終わるとその本では主張し、またトリニダードは独特の近代的な場所であることを理論的に説明しています。奴隷と年季奉公によってアフリカやインドから無情にも切り離され、トリニダードはローカルなルーツと伝統を失いました。その結果は、二重の願望となって現れます。一方で自由を体現し、つねに移動し続け、瞬間的なものであり続けることで、慣習の束縛を破ることが期待されます。他方では正反対に、長期的な構築を通じて、あらたな歴史的ルーツと地域的なアイデンティティを確立することが望まれます。この時間にかかわる二つの関係の対立が、トリニダードではフェスティバルでだけでなく、車の内装などの日常的な消費文化にも表現されているのです。

しかしわたしが住んでいた場所では、なぜ車の張り地が重視されていたのでしょうか。この地域には南アジア系の人びとが多く暮らしており、車を所有しているのはおもにインド系の男性グループです。それらの人びとにとって自動車は、アフロ・トリニダード人の男性のライフスタイルによくみられる自由な感覚を模倣する重要な表現になっていたようです。ただしその表現は、家族生活の様式やインド系のトリニダード人が所有物に示す態度によって制約されていました。車は通常、より大きな自律性と自由を「届ける」ことを約束する重要な所有物です。しかしこれはドライバーが別の価値観を放棄しなければならないことをかならずしも意味しません。家のなかで使う椅子張りの生地を車に貼ることは、室内インテリアの世界で主張されるインド系トリニダード人の価値観を、それと正反対とみられる体験を楽しみつつ、維持することを目的としているように思われます。よくあることですが、物質的な文化は、相反する価値観に対し、「二つの世界でもっとも良いもの」を両取りする試みとしてあるのです。

消費されるモノと、一般化された人間集団のカテゴリーに基づき、こうした結論が出てくるわけですが、それは別の問題も提起します。車、リビングルーム、棺桶、衣類などの分析を通してみられる価値観のちがいが、トリニダードでは、人びとについてのステレオタイプな見方を前提とした二元論としてはっきりと表現されています。

男性は概して、現在と外観にしか興味がなく、女性は長期的なものや内面に関心があると言われました。また若い人たちは現在を志向し、年配の人たちは長期的なプロジェクトに目を向けているとも言われました。さらにアフリカから来た黒人の子孫は、今にしか興味がないというレッテルを貼られ、南アジアから来た先祖を持つ人びとは家族や長期的なものを大切にしていると主張されました。こうした一般化はまちがっていると何度説明しても無駄でした。実際、黒人男性よりもはるかにカーニバル的な価値観を体現しているインド系女性を何人も知っています。でも固定観念は消えません。だからよくある学術的分析に従えば、これらの固定観念を表現し、強化し、再生産するために消費財が用いられているということになるでしょう。

しかしトリニダードをよく観察すると、見方はもう少し複雑なものだとわかります。鍵となるのは、他の人びとと同様トリニダード人が、わたしが「客観化（objectification）」と呼ぶようなプロセスによって体現される文化的価値の論理に従っているとみられることです。周りにあるすべてのモノの秩序にわたしたちの価値観が、反映されていることはあきらかです。しかしこの目的のために、人間も便利なモノに変えられてしまいます。ステレオタイプは、実際の人間ではなく一般的な人間のカテゴリーに基づいてつくられ、それを使って「無意味なはかなさ」や、「家族の未来への献身」など、核となる価値観が表現され、説明されることになるのです。

わたしが考えるところでは、オイルブームに続いて消費文化が急速に発展していくなかで、それらの価値観を表現するために使われたのが、車のような物質的なモノでした。ある種の論理を表現しようとするならば、どちらかといえば、人よりも車のほうが有利です。たとえば車の内装と外装を別々の店で扱うようにすると、価値観の対立がより明確になります。だからこそトリニダードでは消費文化が発展すればするほど、価値観や宇宙論《コスモロジー》は、人という完成したカテゴリーではなく、物質的なモノによって対象化されたのです。

この場合、消費文化がステレオタイプを強化するというわけではかならずしもありません。その代わりに、モノは客観化する際のいわば語彙《イディオム》として、ステレオタイプの重みを肩代わりしていた可能性があります。消費財をベースにした比喩が使われるようになるにつれ、人種や性別といった概念は頼られなくなっていきました。その他の点では民族的なステレオタイプは、政治的に強化されていったにもかかわらずです。消費文化の増加が偏見の減少につながるかもしれないという見方は、多くの人にはとんでもない考えにみえるかもしれませんし、それを実証することは、かなりむずかしいことでしょう。しかしわたしの仕事は、証拠と分析に基づいてロジックがどのように展開されていくかを追っていくことなので、これはさらに探求する価値があると思っています。

分析のポイントは、それによって「消費文化」というまさにこの用語を、正当化できることです。消費社会とは、消費財で満たされた社会のことです。しかし分析は、たんに消費財があるという以上のことをあきらかにしてくれます。それは、車や食品、贈答品などの商品が、コアな価値観を表現するための主要な語彙《イディオム》にいかに素早くなっていくかを示すのです。

この節では、トリニダードの宇宙論《コスモロジー》とでも呼べるものについて描いてきました。これは単一の信念体系というよりも、相反する信念の体系的な対立としてできあがっているという特徴を持ちます。体系的で基礎的なこうした秩序をみつけるためには、人びとに価値観を尋ねるよりも、商品のパターンを研究するほうが容易です。宇宙論《コスモロジー》という意味では、これは古典的な人類学におけるカヌーや牛、祭祀のためのモノの研究と同じように、文化研究の一例となります。

こうした研究はまた他のことも教えてくれます。先に述べたように、わたしの分析はナイポールの『模造された男たち』に真っ向から反論するものです。自動車は、オイルブームの影響で最近になって急速に普及したものだとしても、わたしの見方では、トリニダードは他の社会の自動車文化を模倣したわけではまったくありません。車の張り地ビジネスは大きく拡大しつつ、ローカルな対立や関心を表明する、まさにトリニダードのビジネスとなったのです。

人だけでなく、宇宙論《コスモロジー》そのものを持ち運び可能にする、まったくあたらしい乗り物がトリニダードでつくられたようなものなのです。

消費は資本主義的なのか？[12]

近代についてのわたしの本では、「偽造する（forge）」という動詞の意味が曖昧であることを土台に最後の議論が展開されています。一方で「偽造」はナイポールのいう「模倣（mimicry）」に似ていて、非正統的（inauthentic）なまがいものにかかわる言葉です。他方で、たとえば剣を「鍛える（forge）」という意味では、もっともロマンティックで中世的な真正性（authenticity）の表現の例になります。

トリニダードの消費文化では、「鍛えること」と「まがいもの」という言葉の両面が溶け合っているようにみえます。たとえばスチールバンドは、トリニダードで発明され、そこから世界に輸出された文化形態のたぶんもっともよく知られた例でしょう。この章では、初めにトリニダードが実際に生産しているのは石油だけであることを指摘しました。そのせいで、大量のオイルのドラム缶が余ります。しかし、トリニダードの人びとは、これらのドラム缶をただゴミとしては放置しませんでした。トリニダードの人びとは、創造的な生産活動として、ドラム缶を消費しています。トリニダードのクラシックコンサートに行けば、ベースからテノールまでさまざまな種類のスチールドラムを用い、七〇人の音楽家がバッハやワーグナーを演奏するのを聴くことができます。この偽造行為から生まれた音には、今でも驚かされます。しかし、この偽造は真正な中世の鍛冶屋にかかわるもの、または偽物のどちらに由来するものでしょうか？　両方であるというのが、ここでのポイントです。

実際、自動車やコカ・コーラの例は、消費がどのようにして文化の一面となるかをよく示してくれます。これらの商品は、それが良いとか悪いとか言うために、分析されたわけではありません。わたしは何かをよりトリニダード的なものにすることが、すべて良いことと言いたいわけではありません。トリニダード人がドラッグカルチャーや、それに付随する銃やギャングカルチャーを自分のものにして、まったくトリニダードらしく変えているとしても（わたしはそうだと思います）、ドラッグや銃、ギャングをより良くしているわけではないのです。その意味で、わたしの目的は文化の正当化ではなく、文化が今日どのように働いているかを理解することです。それに加えて、民族誌的な細部に注意を払うことで、消費文化の理論により一般的に何が寄与できるかをあきらかにしたいと思います。

トリニダードでのフィールドワークは、この島が文化を失ったというナイポールの示唆をただ否定するだけのものではありませんでした。わたしがマルクスの読解から得た文化についての独自の理解からも、そういえます。先にみたように、プロレタリアートと肉体労働を特権化し、その労働の搾取として資本主義システムを批判したのは、誰よりもマルクスでした。対照的に、マルクスは消費については ほとんど何も語っていません。その空洞を満たすために、学者たちはマルクスが言うべきだったと思うことを語ってきました、その際、ほとんどの場合、ひとつの重要な想定が前提とされてきました。消費文化は資本主義の産物であり、だからこそ資本主義を表現しているという想定です。たとえば文化についての理論家であるボードリヤール[13]は、今日の資本主義をもっとも徹底的に表現しているのは生産ではなく消費であると主張し、名声を確立しました。そして一九七〇年代以降のほとんどの文化批判は、これに賛成してきました。

しかしコカ・コーラがグローバルな均質化を表現していないことを確認した場合と同じように、少し距離をとって、資本主義と消費文化の関係をより一般化して考える必要があります。序文で述べたように、平等主義のノルウェーと高度に個人主義的なアメリカは、どちらも世界でもっとも裕福な社会のひとつで、またあきらかに消費社会化されています。たしかにロンドンで人びとが買う膨大な数のものは、何らかのかたちの市場や資本主義のもとで生産されています。だから、買い物客をシステムの終着点と考えても不思議ではありません。ボードリヤールのような人にとっては、人びとは服を着たマネキンであり、その服はファッションシステムが収益を継続的に得ようとする衝動を支えるものにすぎないのです。

しかし実際に買い物をする人と通りに行くたびに、想定されるような受動性とはまったく異なる何かをわたしは目にすることになりました。ショッピングは次の章のテーマですが、前置きとして、友人があたらしいドレスを買うためにショッピングモールに行ったと想像してみましょう。たとえば、所持している地味なアイテムを引き立てる柄ものを買いに行ったとします。最初の店には一八着の柄つきドレスがありましたが、何かの理由で、この友人はどれも気に入りませんでした。彼女はモールを散策し、さらに八つの店を訪れ、それぞれに七着から二四着の服をみつけたとしましょう。でも一五〇着以上の柄つきドレスをみて、彼女はどうしたでしょうか？　ぴったりの服がみつけられず、何も買わずに家に帰ってしまったのです。

この小さな情景から浮かび上がってくるのは、膨大な消費財のなかで、買い物客は自分自身のことを正確に把握しているということです。服飾産業が、小さな虫をおびき寄せるように莫大な金額を投じ商売の網を張っているにもかかわらず、買い物客は十分に魅力的な服をみつけられなかったのです。立ち止まって考えてみると、これはかなり異常です。この友人は何か特別なのでしょうか。そうではありません。商業文化や資本主義に抵抗する英雄的な行為をしているわけではなく、彼女はただ服を買いたいだけなのです。彼女にとって問題は、商業主義に基づいてこれほど多くの異なる柄つきのドレスが売られていることではなく、その反対です。彼女が求めていたドレスは生産されていませんでした。売り出されるドレスが増えれば増えるほど、自分に合わない服が何かわかるだけなのです。

多くの服が、多くのハンガーにかかり、多くの店で売られている姿は圧倒的です。「疎外」を引き起こすような物量で、抗わなければならないように感じさせられるとさえいえます。しかし、わたしの友人はついにドレスを買ったと考えてみましょう。たぶん次のショッピングで、彼女は買ったのでしょう。購入が完了し、似合う靴やジャケットやアクセサリーと一緒に、その服を着てパブに行けば、それはもう店のなかに掛けられていた、たくさんの服のひとつにすぎないものではありません。それはたしかに彼女のドレスになったのです。彼女はすぐに守りに入るでしょう。妹はもう彼女のドレスを借りられません。もし他の誰かがパブで同じドレスを着ているのをみたりすると、彼女は愕然とするでしょう。ドレスは、突然、彼女の趣味、個性、世界での存在感をはっきりと示すものになったのです。店頭に並ぶ消費の対象は、お金さえあれば誰もが自由に買える、つまり専門用語を用いれば、譲渡可能なもの（alienable）です。しかし、一度購入され所有されたドレスは、すぐにその正反対のものになります。誰かが購入したり、または妹が借りたりすることさえできない、譲渡不可能なもの（inalienable）になります。だから、妹も自分でドレスを買いに行かなければならなくなるのです。

完全に譲渡可能なものから、完全に譲渡不可能なものへの変化は、つながりがなく、矛盾しているようにさえ聞こえます。そしてそれこそ、わたしがいいたいことなのです。わたしたちを疎外し

(alienating)、利益を確保するたんなるメカニズムと資本主義をみなしているのは、学者だけではありません。購買者であるわたしたちも、資本主義についてはほぼ同じ感覚を抱いているはずです。資本主義はあきらかに疎外します。市場はあまりにも広大で、モノがどこでどうやってつくられたのかわからないことがほとんどです。店頭に並ぶのはただの品物で、それに向き合うと、わたしたちは個性をどうやって維持できるだろうかと怯えてしまいます。失敗すれば受動的な消費者にされてしまうと恐れるからです。

言いたいことを明確にするために、別の状況を想像してみましょう。市場メカニズムがなく、商品が国営工場で生産される共産主義国家に住んでいたとしましょう。何か状況は異なってくるでしょうか? まったく変わらないと思います。旧ユーゴスラビアのような共産主義国に住んでいた人は、買い物が、自分自身を主張するための必死の表現であるとより強く感じていたはずです。商品の提供者である国家が、わたしたちを疎外するオーラを放っていたためです[14]。マルクス主義者たちが、資本主義が本質的に疎外的なものとみたのは正しかったとしても、共産主義も同じことをするとは予測できなかったのです。

イスラエルのキブツのようにモノを分け合う理想的な共同体で暮らしている女性も、自分がつくったドレスを好きでもない女性が着ているのをみたら納得できないでしょう。しかしとにかくイデオロギーの名の下に、ドレスは他人に再分配されるのです。英国では市場で提供される商品と同様の問題が、国家が提供するサービスにも生じています。国家によってつくられた〔NHS（National Health Service）によって運営される無料の〕出産施設は、現代科学から連想される匿名性と白衣の匂いが強く、疎外感を引き起こしているようにみえます。だからこそ人びとは、教育によって、またはＮＣＴ（National Childbirth Trust）〔両親クラスの運営など出産や育児を助ける非営利団体〕のような代替的な組織によって、出産のプロセスを人間らしくしようとしています。母親たちは現代の科学や国のサービスを受ける受動的な存在ではなく、より人間らしく扱われるべきと強く主張されているのです。

わたしの仕事の多くは、ヘーゲルの理論を背景としているのですが、そこから学んだのは、消費と消費社会は、それらにつながるプロセスをそのまま表現したり、延長したりするわけではないということです。その代わりに、消費や消費社会は、わたしが否定の弁証法と呼ぶものをつくりだします。ご存知の通り、わたしたちの住む世界では、市場や国家や科学のような力は大いに役立つだけではなく、莫大なコストを求めます。たとえば人びとを匿名のままに扱う強力な官僚機構を備えた国家に住むことを多くの人は、異論なく正しいこととして受け入れています。個人として人が扱われる際には腐敗が起こりやすいからです。その意味で匿名性は、誰もが同じく、細心の注意を払って公正に扱われていると信じるための代償なのです。同様に、市場は財を分配させる効果的な場のようにみえますが、本質的にポジティブなものではありません。規制を取り払えば、市場が利益のために人びとを搾取してしまうことも当然なのです。また科学は近代世界の第三の基盤であり、暮らしを進歩させ、健康的なものにし、また消費財を生む源泉になっています。しかし科学は地球を救うのと同じくらい容易に、核兵器をつくり地球を汚染できます。

これらはみな現代社会に必要な矛盾であり、プラスとマイナスの結果は表裏一体になっています。しかしこのような矛盾をただ受け入れるのではなく、わたしたちは否定的な面に立ち向かおうともしています。

消費文化は、このような問題に対応する最前線になっています。そこでわたしたちは広大な規模と範囲で広がる市場、国家、科学が引き起こす疎外感と向き合います。距離をとって匿名のまま居続ける秘訣のひとつは、お金を使うことです。市場や国家、科学と個人的に渡り合う代わりに、わたしたちは金を使って個人であることを守り、そうした諸力から距離をとります。個性を奪い、疎外感を抱かせる匿名性が同時に腐敗からわたしたちを守ってくれるのです。

こうして一旦、お金を使って消費財を購入すると、それらは所有物となり、まったく異なるタイプの生産と創造の源になります。これらの所有物に働きかけ、わたしたちは時にはそれを非常に個人的な、そして特定の価値観や関係性を表現するモノとするのです。結果として、それらは文化と呼ばれるプロセスの一部のなかに埋め込まれます。この意味で「消費文化」という呼び名に矛盾はありません。トリニダード島でのように、消費財は、今日の多くの人びとが文化的な生活をつくりだすためのますます主要な表現手段となっています。しかもたんに個人の活動としてではなく、メディアや目抜き通りからファッションに至るまで、社会のより大きなレベルでこうした表現は生まれており、社会が自分自身を表現し、理解する方法になっています。消費はたんに選択と自己表現からなる個人的なプロセスではないのです。

というわけで、個人の行動に焦点を当てたショッピングの章に進む前に、トリニダード島全体を扱うこの章をわざとここに置きました。わたしは心理学者ではなく、こうしたより広い社会的変容を重要なものとして考える人類学者です。トリニダード人は、賃金のためになされる労働と結びつけられるよりも、消費者として何をおこなっているかを知ってほしいと思っています。その理由のひとつは、労働ではなく消費こそが、疎外されない生活をつくりだすために大切だと知っているからです。トリニダードの人にとって、労働は究極的な価値の源泉ではなく、消費のほうがはるかに適切な基盤になっています。なぜなら、それはより抑圧的ではないからです。理論的な言葉でわたしは先に、消費は市場、国家、科学、さらには労働による疎外を否定するものになりうると述べました。それをまさにトリニダードの人びとは実践しているのです。

だとすればボードリヤールはまったくまちがっていたことになります。[15] 誰も受動的なマネキンであると感じたくはありません。だからこそ企業を罵ったり、罵倒したりするのです。グーグルやアップルがビジネスの世界の劣等生としてスタートしたときは、誰もが甘い顔をみせていました。少し年配の方なら、マイクロソフトに対してさえそうだったと覚えているでしょう。ビル・ゲイツは、GAPのジャージを着た庶民だったのです。しかし、これらの会社が大きくなって、「企業」と考えてよいものになると、怒りや抑圧感を引き起こすようになりました。サイズが大きくなったために抽象化され、遠くなるものに対して、わたしたちは抵抗し、憤慨し、その後否定したくなる、または当然否定すべきと感じるようになるのです。

ただし抽象化された資本主義や国家や科学などが飼いならされなければならないとすれば、抽象化された学問や理論にも同じことがいえます。学問や理論は、抑圧的になり、また難解なものになりがちだからです。わたしが『もの』で論じたように、人類学者は哲学者になることを避けるべきです。わたしにとっては、それは昇進ではなく降格なのです。その意味では、この節は疎外の一般理論の方向に進んでしまったように思いますので、再度、トリニダードに戻ったほうがよい頃合いでしょう。抽象的な考えを、より具体的なものに適用できるか試してみましょう。実際、トリニダードを訪問するのには、良い時期だと思われます。今トリニダードはクリスマスの準備に邁進しているからです。

サンタクロースは誰の味方⑯？

トリニダードには、「トリニダードのクリスマスは最高」といったタイトルがついている曲がたくさんあります。わたしも本当にそう思います。わたしは楽器の演奏はまったくできないのですが、ある年にバンドに参加したことをぼんやりおぼえています。トリニダードの友人の一人はチーズおろし金を櫛で弾き、わたしはボトルとスプーンで演奏し、もう一人の友人は葉っぱをトランペットのように吹きました。わたしたちは家から家へと移動し、それぞれの家からクリスマスのブラック・ケーキを喜んで受け取りました。それ以上に大切だったのは、コンデンスミルク、スパイス、生卵、アルコール度数の高いラム酒からなるポンシェ・ド・クリームを一杯いただくことでした。わたしたちは最後にはどこかで昏倒してしまいました。雪はスプレーでつくられた偽物でしたが、太陽の光は本物でした。

こうした楽しみが、英国でと同様に告発されているとわかっても、そんなに驚きはしなかったでしょう。昔々、クリスマスは真の宗教的・社会的価値観を反映した本物の祭りでしたが、今日では消費文化と徹底的な物質主義によって完全に堕落し、偽物になってしまったとされています。トリニダードの地元の新聞には、「モールを飾り立てる」というタイトルがついた典型的な罵倒が掲載され、次のように書かれていました。「なんというパラドックスでしょう。現代の資本主義の砦であり、ショッピングのメッカであるショッピングモールが、今ではクリスマスのお祭りの中心になっています。モールこそ、楽しいお祭りの中心になっているのです。モールは無数の装飾で飾られ、お祭りのパイプ音楽、合唱や民俗音楽などの週末の催しがいっぱいで、そこでわたしたちは買い、買い、そして買い続けているのです(17)」。

これは誇張ではありません。カーテンのような特定の商品の一二月の売上高は、他の月の八倍にもなると多くの小売業者が教えてくれました。残りは閉店しても利益は同じ、と冗談がいわれるほどなのです。わたしが住んでいたチャグアナスの町では、クリスマスの数週間前から店の前に露店が出され、クリスマス当日にはその露店の前にも露店が並び、ほとんど道を歩けなくなるほどでした。新聞は「サンタへの手紙」でいっぱいで、そこで子どもたちは、今年はどのコンピューターゲームが欲しいかを書いていました。このような光景がみられる一方で、古いピッチオイル〔トリニダードで採れる天然アスファルト〕の缶でハムを煮ていたような、家族の温かさと正しい価値観をクリスマスが直接的に表現していた時代が懐かしまれているのです。

同じような不満は世界中でみられます。複数の学者が指摘しているように、サンタクロースは、コカ・コーラの広告をはじめとする、おもに米国の商業的大衆文化の宣伝によって定着しました。そうした者としてサンタは、キリスト教の中心にいるイエスにただ取って代わるのではなく、そこにかけられた象徴的意味を反転させているようにみえます。イエスが若く、細く、禁欲的で真面目な中東出身者であるのに対し、サンタクロースは年老いて太っていて陽気な北極出身の人物です(18)。クリスマスは、一般的に買い物の祭りとして認められているようです。ゆっくりと祭りの感覚を楽しんだりする代わりに、混雑した店で汗だくで、みんなが誰かのために無用なプレゼントを買うという重労働がクリスマスには強いられます。こうしてかつては本物だったクリスマスは、今ではすっかり偽物になってしまったのです。

ただトリニダードでは、少しちがった種類の労働がおこなわれます。先に述べたように、クリスマスは家のなかのお祭りです。何週間もかけて家具がすべて動かされ、掃除され、整理整頓され、元の位置に戻されます。さらにクリスマスイブに食べ物や飲み物が準備されることはいうまでもありませんが、加えて片付けがもう一回、より熱狂的にやり直されます。イギリスとちがって、おもな買い物は、人へのプレゼントではなく、家そのものへのプレゼントなのです。それだけではありません。もし一年のあいだに海外旅行などでキッチンやリビングにあたらしいアイテムを買ったら、その場合はしばしばどこかにしまっておかれ、クリスマスイブに初めて運び出されて所定の位置にセッティングされます。もっとも大切とされるのが、カーテンです。お金があればあたらしいものが買われ、なければ古いものがクリーニングされます。夜中を過ぎて、すべての準備が整ってから、多くの場合、カーテンは取り付けられます。そうして次の日の大がかりな家族の昼食会や、さらにその次の日にやってくる近所の人や友人、親族のために準備がちゃんとできてから、ようやく寝床につくのです。

トリニダードでは、クリスマスにも独自の民族性があります。ヒンドゥー教、イスラム教、キリスト教の三つの主要宗教を信じる人びとは、クリスマス、ディワーリー〔ヒンドゥー教の祭り、光のフェスティバルとも呼ばれる〕、イード〔イスラム教のラマダン（断食）明けの祭り〕を国の祭りとして祝います。しかし、クリスマスはパラン音楽（その歌詞はスペイン語です）が歌われ、パステウやアリアペスなどのスペイン料理が食べられる、とくにスペイン的なお祭りです。スペイン語を話す人はほとんどおらず、「スペイン的な」という言葉は、「スペインから来た」ことを実際に意味するわけではありません。それはスペイン入植者と混血した先住民を含むトリニダードの古い過去を表現することに加え、「混血」の略語として使われます。だから実際の祖先が南アジア、中国、フランス、アフリカの混血である人も、ある種の「スペイン人」になるのです。クリスマスは、こうして民族を超えた、その土地を象徴する祭りになっています。ヒンドゥー教のディ（大地の精霊）は、スペイン的な特徴を持っているのです。

しかし、クリスマスがトリニダード人であるという感覚を客観化する（objectifying）ことでかなりポジティブな価値を持っているとしても、それは何ら公式なものでも、政府の承認を得たものでもありません。その背後にはっきりとした意図はなく、また文化の流用としての消費行為は個人的におこなわれるものではないのです。トリニダードのクリスマスは、音楽、食べ物、飲み物などの消費文化を含む大衆文化のダイナミクスから生まれたのです。

くりかえすならば、物質的な消費文化こそ、正統なもの（authenticity）を創造する手段として成功しているようにみえます。その意味で、クリスマスと物質主義とのあいだにどんな関係があるのかは、もう少し注意深くみたほうがよいでしょう。クリスマスに送られるプレゼントを調査すると、実際にはすべてのプレゼントが不要なものというわけではありません。ほとんどの場合、プレゼントされるのは、家のための品や、いつかは買わなければならなかっただろう服などです。先にみたように、その多くは別の機会に買ってクリスマスまで取っておかれていました。昔は車やあたらしいおもちゃなど、あらたに買ったものを教会に持って行き、クリスマスに祝福を受ける習慣がありました。だとすれば、ここにみられるのは物質主義の世俗化ではなく、その正反対に消費を神聖化する試みなのです。

先ほどは抽象的な言葉で説明したので、今度はより具体的にクリスマスについて考えてみましょう。誰もが、消費文化が疎外を引き起こしがちであることに気づいています。個人としてのトリニダード人が、店に行ってあたらしい扇風機を買っても、社会関係という意味では何も生じません。それはたんに二人のあいだの抽象的な売買の関係でしかないのです。二人はおたがいを知らないし、お金という中立的なメディアを介して適切な距離を保っているからです。

しかし扇風機がクリスマスに期待される家の改装の一環として購入されたら、祭りに欠かせないものになり、家族の深い親密感や親しい社会関係を他のどんなモノよりも表現するものになります。こうして祭りは、家族をしっかり結びつけ、次に家庭を介して職場の同僚などの広い知人を結びつけ、最後にスペイン的なお祭りとして、トリニダードそのものの連帯と共通性を効果的に表現します。祭りは、それ以外の一年の残りの日々ではトリニダードを悩ませている分断を超えるのです。毎年の買い物のできるだけ多くの部分を祭りに結びつけることで、市場との潜在的に疎外的で抽象的な関係を、コアな価値観や社会的関係を再構築する取り替えのきかないもの（inalienability）に変えることができます。クリスマスが物質主義と深く結びついているとしても、それはクリスマスが物質主義の表現だからなのではなく、むしろ現代の物質主義の反社会的側面を抑制する祭りとなっているからなのです。

こうした議論は、トリニダードだけに当てはまるわけではありません。歴史家は比較的軽視されるイベントになっていたクリスマスが復活した重要な契機として、チャールズ・ディケンズの着想に注目しています。現代でもクリスマスにまつわる物語といえば、ディケンズの『クリスマス・キャロル』が有名です。スクルージはそこでお金をたんに人間性や社会性のない偽物として抽象的にみているのに対し、クラチットは、お金を人間的な価値観や家庭内で家族の温かさをつくりだす手段にしなければならないと考えています。スクルージからクラチットへと、その後のクリスマスの基礎となったこの「神話」は進んでいきます。転換のポイントになるのが、クリスマスです。資本主義がちょうど台頭しようとしている歴史的瞬間に、ディケンズはあたらしい祭りをつくりだしました。この祭りは、より抽象的な資本へ向かう資本主義の反社会的な傾向を飼いならすことを、最大の目標としているのです。この意味でディケンズは、お金をどうやって人間のために仕える「本来」の役割に戻すのかについての物語を語っているといえます。人類学者が商品経済と贈与経済と呼ぶもののあいだにある核心的な対立がきちんと表現されているのです。

だから、クリスマスは消費に魂を売り渡し、宗教的起源を完全に失ったという見方には、いくつかの修正が必要です。トリニダードでもイギリスでも、クリスマスは超越的なものと結びつく道をなお維持しています。ロンドンに住んでいた子ども時代、クリスマスの重要な儀式は女王のテレビ放送をみることでした。クリスマスの食卓を囲んで個々の家族がおこなう祝宴は、王室のイメージ（当時はあまり色あせてはいませんでした）に取り込まれることで、ひとつの小宇宙になっていたのです。そうすることで、キリスト教徒は、クリスマスの起源である、馬小屋のかいば桶のなかの神々しい家族の光景に立ち戻っていました。クリスマスが商品の反社会的な性質を飼いならす手段になっているとすれば、家族の価値を確かめる儀式としての宗教的な起源と、それはおそらくそれほどかけ離れたものにはなっていないのです。

結論

消費はさまざまな結果がともないます。最終章では、気候変動について取り上げますが、ここでは消費社会になることが何を意味するかということと、それが集団としての人びとにどのような影響を及ぼすのかを、まずあきらかにしたいと思いました。トリニダードを事例として挙げたのは、石油ブームの後の大量消費へのシフトが、他の地域に較べより最近、またよりドラマチックなかたちでみられたからです。

この章の目的は、消費文化を擁護することにあると思われるかもしれませんが、それは半分しか真実ではありません。たしかに、この章では消費文化は実際に文化であると一貫して主張してきましたが、これは文化をかつて存在していた本物と定義して、それゆえ消費は文化を失ったものとみなすような支配的な議論に対抗するものでした。

わたしは人類学者なので、こうした反駁を特別な気持ちでやっています。人類学は、消費を下等なものとみなす支配的な議論にもっとも深く関係する学問です。「ラジオをしまえ、人類学者がやってくる」というキャプションがつけられた漫画が『ニューヨーカー』に載っていました。それは現代の消費文化が、人類学者が研究しないもの、またはそれを越えると研究しなくなる境界線になっていることを教えてくれます。消費文化は、汚れなき部族社会や村落社会に匹敵する文化とはみなされてこなかったのです。人類学者だけが問題というわけではありません。わたしたちは人類学を、より一般的に、本物（authenticity）という理想を提示するために利用してきたのです。

それに対して本章でわたしは、消費文化がそれ自体、本物とみなされるべきと主張してきただけではなく、消費文化がつねに個人主義的で、物質主義的で、競争的で、さらに資本主義的であるという仮説を否定してきました。そのために、物質文化の論理によって表現されるトリニダードの宇宙論《コスモロジー》と、反個人主義的で反物質主義的な祭りとしてあるクリスマスを分析の対象としたのです。

また本章では、消費を競争的なものとして以上に、合意にかかわるものとして議論してきました。共産主義的な生産システムから生まれた商品に関しても、議論は等しく適用されると考えられます。共産主義国家は規模が大きく、また財の流通がより中央集権的であるせいで、商品にかかわる文化はより大規模で、そして疎外的なものになるだろうからです。

つまり消費文化はたんなる文化ではなく、わたしたちがよく知っている文化であり、部族や村落社会と同じように人類学的な研究の対象となるものです。本章はトリニダードを扱いましたが、これは一般的に言えることだと思います。この意味では、本章はたしかに消費社会を擁護しています。

ただし銃や暴力団の文化を取り上げすでに述べたように、ある消費文化の具体的な内容によって、人びとの生活が良くなるかどうかが直接、決まるわけではありません。これまでの議論では、消費文化は文化であり、わたしたちが今何者であるかを理解し、またこれからなろうとするものにする一種の語彙《イディオム》としてあることをあきらかにしてきました。消費文化がつねに有益であると主張してきたわけではないのです。

文化と呼ばれるものは、一般的には適合することや、従うことを求め、そのため抑圧的なプロセスを含みます。文化は規範的なものであり、合意を前提にするとしても、多くの点で本質的に人びとの自由を認めるものではないのです。トリニダードが自分たちの文化を消費文化としてつくりあげているといったとしても、トリニダードの人びとが他の国の人びとと異なっているとか、良いとか悪いとかいいたいのではありません。ただトリニダードの人は、「本物」の源泉は消費ではなく労働でなければならないというわたしたちの思い込みを共有していません。だからもしトリニダードに行くなら、「何の仕事をしているのですか?」と尋ねることから始めないほうが、うまくいくのです。

第3章　なぜ買い物をするの？

消費の研究を始めた当初は、買い物のテーマは避けるようにしていました。消費を買い物の話にすぎないとしてしまうと、より重要なプロセスを無視することになると理論的な文章のなかでわたしは主張していたからです。わたしにとって消費とは、たんにモノを買うことではなく、購入した商品がその後どのように変容していくのかを含んだ、より能動的なプロセスのことだったのです。また買い物の話は個人に焦点を当てすぎているようにも思えました。わたしにとって、消費はより社会的なプロセス、つまり疎外されたもの（alienable）を疎外されないもの（inalienable）へと変えることだったのです。

人類学では、自分の国以外で仕事をするほうがよいと信じられています。そうしないと、物ごとのやり方を自然なものとみなすことになり、それしかないと簡単に受け入れてしまうからです。にもかかわらず、トリニダードでより一般的に消費について研究した後、わたしは、ロンドンでショッピングの研究が、理論的な落とし穴にはまることなくできるのではないかと感じるようになりました。本章では、その研究の成果を三つの節に分けてまとめています。最初の二節はショッピングの理論で、家族や個人に直接かかわるものです。第三節では、より広く買い物にかかわる倫理とそれが何をもたらすのかについてあきらかにしています。

買い物の第一の理論――ピーナッツ・バター(1)

スーザンは買い物に行くことを、とくに楽しみにしていたわけではありません。自分の二人の子どもだけでなく、一緒に暮らしている兄の七人の子どものうち二人を連れて行かなければならなかったからです。さらに人類学者まで連れて行くなんて。

上の子たちはロンドンでより格式の高いウェストエンドの一等地に行きたがっていましたが、近くのウッド・グリーン周辺の大型ショッピングセンターに出かけることにしました。

お出かけのおもな目的は一六歳の姪のジョアンナのために服を買うことと、スーザンは自分で決めていました。みんなが好きなことを言うのを、自分ならまとめることができるとスーザンは考えたのです。スーザンの母親は最近、ジョアンナの服があまりにも「エスニック」すぎる、またはあまりにも露出が激しい(短いスカートやシースルーなど)と文句を言っていました。家族旅行でイタリアに行こうとしていたので、トラブルが起こることをスーザンは心配していました。イタリア人男性はイギリス人男性よりも積極的だと恐れていたのです。とはいえスーザンは、とくに保守的というわけではありません。ジョアンナが着ないであろう服を買っても意味はないと考えていました。一方、スーザンからみれば、ジョアンナは一六歳の少女にしては、あまり服に関心がないほうでした。買い物に行くために、ジョアンナは丈の短い、かなりラフな黒いドレスを着ていました。

スーザンは多少の不安を抱えて買い物に出かけました。自分に特別なファッションのセンスがあるとは思えないのに、家族をどうにかなだめなければならず、さらに小さな子どもたちの世話をずっとしていなければならなかったからです。

でもスーザンはまずは問題を手際よく、効果的に解決しました。初めに姪を喜ばせるために、ファッショナブルでセクシーなサイクリング用ショートパンツ（これは一九九五年のことです）を思いつきました。これはスーザンからみれば、ショートサマードレスやスカートよりも安全なものでした。

トップスはもっと問題でした。初めは白いブラウスを探していましたが、ティーン・エイジャー向けのショップでみつけたものは短すぎで、年配の女性向けショップで売っているものは野暮ったく感じられました。結局、みつけたのは、前のほうで結び目をつくっている「すそ」のついたブラウスで、休日の旅行にはぴったりのものにみえました。しかし素材の質が悪く、サイズも合いませんでした。他にも肩パッド付きのものなどいくつか検討しましたが、さまざまな理由でやめました。それから六、七店回った後、一行はおなかの周りに結び目がつけられた別のシャツをみつけました。それは素材がより良く、ぴったりとしたサイズで、さらにセール中だったのです。ジョアンナは袖のボタンを気に入りませんでしたが、それ以外はスーザンと同じように満足しました。買い物は成功したように思えます。イタリアでの家族旅行で一六歳の子どものセクシュアリティを巡って勃発しそうな緊張を防ぐのに役立ったという意味で、たしかに成功だったのです。ジョアンナはあまりこだわっていませんでした。自分の親と一緒ではなかったので、ティーン・エイジャーとして育ち始めた自我を、買い物によって主張しようとはしなかったのです。

でも買い物で成功したのは、これだけでした。スーザンは次の日に迎える自分の一〇回目の結婚記念日のお祝いのためにカードを購入しました。売り場のカードは味気ないものばかりでしたが、最終的には、ハートのかたちをしたピンクの口を寄せ合っている二頭の牛が描かれたカードを買うことにしました。一〇周年記念の正式なプレゼントは白鑞《ピューター》製の何かがよいと知っていましたが、彼女と夫はちょうどよいものを思いつけなかったのです。昨年はコーヒーグラインダーを購入しましたが、引っ越しの費用を想定して節約していたので贅沢すぎと思われました。今回は陶器を買うかもしれませんが、スーザンは夫がそのようなイベントを祝うのが苦手だと知っていました。でも「男ってそういうもの」という理由で納得しようとしていたのです。できれば、カードとプレゼントの両方をお祝いとして買いたかったのですが、それは夫が買ってくれるべきはずのものでした。夫がロマンティックなことをする気がないなら、カードとプレゼントの両方を自分で買っても、義務をはたしただけの虚しいものになると思われたのです。

スーザンはまた前のお出かけの経験から、マクドナルドでランチをとることで買い物に花を添えようとしていました。一日の買い物に付き合ってくれた幼児たちに対して、ちょうど埋め合わせになると思ったのです。ただ当の幼児は、間が悪くもベビーカーのなかで眠ってしまったので、せっかくの楽しみを逃してしまいました。上の息子はコカ・コーラが催していた懸賞に興味を示しましたが、当たりのわかるトークンはカップの折り蓋のなかにあったので、それを探そうとして、服に四回も飲み物をこぼしてしまいました。

　同様に、姉の服を探すのに時間がかかりすぎ甥っ子が退屈していることに気づいて、スーザンは彼のためにも何か買ってあげようとしました。しかし一三歳になった甥っ子は、男性用のお店の服は大きすぎ、子ども用の店の服は嫌がりました。それでスーザンはあまりに疲れてしまって、今回は諦め、別の日に何かを買ってあげることにしました。その姉のジョアンナも、弟に対してかなり腹を立てていました。二人はスーザンと夫のために内緒でカードを買おうと決めていたのですが、弟がスーザンに秘密にしておけず言ってしまったためです。

　最大の失敗は、その後でした。出発前、三歳のスーザンの子どもは「買い物は好き」と言っており、スーザンも自分の好きなものを選ぶよう言っていました。だからスーパーでどの食べ物がよいか子どもに尋ねましたが、もうそのときには彼はあまりにも退屈していて、本当はそうではないとあきらかにわかるやり方で、全部に「はい、はい」と応えていました。これにイライラしたスーザンは、本当は欲しくないと知っているのに、最後に彼が「はい」と言った魚の切り身を買ってしまいました。それでも「選んだものだからいいよね」と言うと、子どもは、お母さんはいつも自分の嫌いなものを買うから一緒に買い物したくないと怒りました。それでスーザンが「あなたの好きなものなんてあるの？」と言い返すと、子どもは泣いてお店の床で暴れたのです。

　さらなる問題は、猫の餌を買う際に起こりました。スーザンによれば、猫は誰よりも選り好みが激しいのですが、キャットフードを購入するためだけにセインズベリー（大型スーパーマーケット）の行列に並ぶことはできず、どうにかなると思って別のキャットフードを買うことにしたのです。

最後に楽しませてあげようと、おもちゃ屋さんで子どもたちに走り回らせたり、遊ばせたりしました。彼女は本当は何も買いたくはなかったのですが、遊びのために使った店のためにかたちだけでも何か買ったほうがよいと気づきました。でも安いと思うような品物はみつけられませんでした。

「なぜ人は買い物をするのか」といったタイトルの本はよくありますが[2]、それを読んでも、以上のようなことは何も書かれていません。そうした本は、小売業で働き、より効率的に販売するためのアイデアを求めている人にアピールするために書かれています。だから教えてくれるのは、「どのように」人が買い物をするかだけなのです。

ショッピングが重要であることは、誰でも知っています。それなのに、なぜわたしたちは買い物をするのか、なぜ特定の商品を選ぶのかという疑問に納得のいくかたちで答えている学術的な文献はめったにありません。ほとんどの本は商業的なことにより関心があるので、買い物の研究はお店という現場でおこなわれるべきという前提で書かれています。たしかに先ほどのお出かけの場合のように、買い物のためにはお店で時間を過ごさなければなりません。しかし、なぜ買い物をするのかを理解したいのであれば、研究すべき場所は、多くの場合、家のなかです。多すぎるほど大量の商品が、キッチンで調理され、クローゼットに吊るされ、他の人に与えられるのは、家庭においてだからです。

従来の研究の第二の問題点は、なぜ買い物をするのかを購買者に尋ねることであきらかにできると仮定されていることです。データの多くは、アンケートや特定のグループから集められます。しかし言葉は、なぜわたしたちが何かをするのかについて、きちんと考えられた分析を与えてくれるわけではありません。それは説明するというより、むしろ正当化するものだからです。

スーザンの買い物について振り返れば、まずこれがジャーナリズムでよくあるタイプのショッピングについての道徳的な議論とはかけ離れたものだったことがわかります。読者がもしショッピングについて新聞でしか知らなかったら、あるいは普段、議論されているようにしか知らなかったら、現代のショッピングは本質的に個人主義的で快楽主義的で物質主義的なものとみなしてしまうでしょう。

でも実際に日常的に多くの買い物をしているのは、誰でしょうか？　スーザンは仕事をしていますが、自分を主婦とみなしている点で、まったく典型的な存在です。たしかに個人主義者、快楽主義者、物質主義者の消費者も社会にはいるかもしれませんが、主婦の場合、それはほとんど当てはまりません。スーザンは丸一日、買い物をしていましたが、自分のために買ったのは、夫に渡してプレゼントを贈ってもらえるようにするためのものだけでした。そうしなければ夫は彼女に贈り物を贈ってくれなかったでしょうからです。その意味では、彼女はまったく無私というべきです。快楽主義者としては、スーザンが望んだのは、買い物がひどいものにならないようにすることだけでした。では彼女は、物質主義者といえるでしょうか？　スーザンは買ったものを本当に欲しかったのでしょうか？　買ったもののひとつひとつは、愛する他の人たちを満足させ、そのわがままなニーズを満たすものでした。最後にスーザンは少なくとも表面上では、商業的な圧力にただ受動的に従い、買い物をしたようにはみえません。たしかにスーザンはマクドナルドに行って失敗しました。しかしそれさえ、買い物のごほうびにするという目的のためにマクドナルドが展開する、マーケティングと商業的競争が利用されたにすぎないのです。

人はなぜ買い物をするのかという問いに答えるために、わたしはノース・ロンドンのある通りで一年間、調査し、そこに住む人びとと一緒に買い物をしたり、その家でさらに多くの時間を過ごしたりしました。当時の博士課程の学生であるアリソン・クラーク(3)と一緒でしたが、彼女は中古品やカタログを利用した購入など、よりインフォーマルな買い物を研究していました。スーザンの話は、この共同プロジェクトからの引用です。

わたしはロンドンでは、ランダムに誰が住んでいるのか想像がつかない通りを選び、そこに住んでいる人と協力して調査をすることが好きです(4)。こうしたやり方は、民族や性別、階級などのカテゴリーを前提に研究の対象を選ぶ、通常の社会科学の方法と真っ向から対立します。従来の研究の問題点は、たとえば階級に関連して人を選びプロジェクトをおこなって、その結果、「階級が重要である」ことがわかっても驚きはないことです。

こうした社会的要素が重要でないと言いたいわけではまったくありません。それはたしかに基礎的な核になる要素です。しかし、分析に重要なのは何かという仮説を立てずに始め、フィールドワークからそれらが否定できないほど強く浮かび上がれば、議論の説得力はより大きなものになると考えられるのです。

ノース・ロンドンでおこなった研究では、買い物とジェンダーの関係はまさにそのようになりました。結局、買い物について言うべきことのほとんどは、ジェンダーの問題につながっています。しかし、当初はわざわざプロジェクトに不可欠なものとしてジェンダーを想定しないようにしていたので、より説得力のある結果が出ました。わたしは他の成功したエスノグラフィーと同様に、何らかの方法をあらかじめ用意するものではなく、そのプロジェクトに最適なものに敏感であり続けるというやり方を採用しています。たとえばロンドンのある通りの住人は、毎日買い物に行くかどうかをチェックすると取り決めていたにもかかわらず、玄関をノックされることを嫌がっていました。そこでわたしは、路上で車のなかから電話をかけ、トイレに行くなどしてリフレッシュできるように一〇分ほど待ってから、ドアをノックするようにしました。

日常の買い物のほとんどは、食料品と衣料品からなっていて、プレゼントや家で必要なものを買いに行くことは、それに較べれば稀です。つまり買い物の多くは家族関係を中心に回っており、なぜ買い物をするのかを単純に聞いてもむずかしいのは、家族関係には話しにくいことがあるからです。出産の後に家計を厳しく切り詰めなければならなくなったからこそ、スーザンは、子どもが本当は欲しがっていないとわかっていた魚の切り身を買ってしまったのかもしれません。主婦は夫が自分でズボンを買えるとわかれば、憤慨するかもしれません。でもそうしてくれるとしても、夫は買い物に行って最初にみつけたズボンを買ってしまうかもしれず、それはむしろ家計に被害を及ぼします。だから、ズボンを買ってあげたほうがよいのです。人びとがなぜそれを買ったのかを決める鍵となるのは、このように人間関係の語りにくい部分といえるのではないでしょうか。

『もの』のなかで、わたしは携帯電話の研究をもとにした人間関係の理論について書いています。この理論はそれより先におこなった買い物の研究から生まれたものですが、それをわたしは「ピーナッツ・バターの理論」と呼んでいます。子どもに何を買えばいいのか悩むスーザンのような母親に何度も会うなかで、この理論が導き出されました。ピーナッツ・バターの魅力は、それが一般的に健康的とみられていることです。少なくとも、子どもたちが自由に買える場合に欲しがる多くのジャンクフードと比較すれば、それは健康的なのです。しかし同時に、多くの子どもたちが望むものであることも事実で、だからこそ、子どもたちの望みに配慮していることの証しにもなります。

この見方を一般化するために、あらゆる人間関係には二つの面があるとしてみましょう。ひとつ目は、相手の属するカテゴリーを表現するものとして、相手がどうあるべきかを決めるものです。母親や恋人、兄弟はどうあるべきかについて、誰もが強い思いを持っています。専門的な言葉を使うと、これは規範的な面と呼べます。たんにあるがままに記述するのではなく、人びとがどうあるべきかという道徳的判断がそこには暗に含まれているのです。

しかし同時に、その人が実際にどんな人かについて、あなたがよく知っている場合もあります。妻ではなく、あなたの妻であったり、兄弟ではなく、あなたの実の兄弟であったりするのです。わたしの理論では、ほとんどの購入は、これらの二つの状態、つまり標準的な状態と実際の状態の隔たりを小さくするものとしておこなわれています。ピーナッツ・バターは子どもが食べるべきものですが、同時にあなたの子どもが食べるからこそ、買われるのです。

こうした二つの面のあり方を確かめるひとつの方法は、子どもが成長していくにつれ、母親の購買パターンがどう変わっていくかを調べることです[5]。初め子どもたちは、自分から主張しません。幸福なことに、わたしたちが望むものは何であれ投影できるのです。混じり気のない無邪気さや、こうありたいと思う自己を表現するものとして、農民風のレースの付いた衣装を着せることさえできます。自分のお気に入りの児童書を読んであげたり、自分が好きだったおもちゃでいつ遊ぶのかとやきもきしたりしながら、子ども時代の最良の日々を生き直すことができるのです。

しかしその後、抵抗と拒否にあうと、わたしたちは妥協せざるをえなくなります。そう、子どもたちも父親のように甘い物が好きになり、母親のように着るものにうるさくなり始めるのです。子どもの願いを聞き入れ、本当はディズニー映画が好きだと思うようになるかもしれません。ある母親には二人の子どもがいて、そのうちの一人は「ごみ箱」のように何でも食べるといわれていました。もう一人は潔癖症で節制家です。しばらくして二人の態度は、食べ物に対し母親が持つ両義的《アンビバレント》な態度を表現していることがわかりました。スーザンの話を読んだ後なら、調査で両親がなぜ子どものための買い物に、子どもを連れて行かないほうが良いと思っているのかがわかります。自分の愛する理想化された対象にぴったりの食品や服を買うのに、子どもが実際にはそこにいないほうが時間をかけやすいからです。子どもは貪欲でモノにこだわり、理想とはかけ離れた行動をすることで、しばしば公共の場であなたを困らせるのです。

この意味で人の態度は、期待や規範に関係しているといえるでしょう。エレアナは、夫が自分で服を買おうとしないことを喜ぶかもしれません。なぜなら本当の男性はそういうことをしないと彼女は考えているからです。しかし、アンナは同じ男性にひどく困るかもしれません。なぜなら、アンナにとって本当の男性は自分で服を買うものであり、アンナが服を買ってくれるとは期待しないからです。

同様にエレアナは夫が家に「おやつ（treat）」を買って帰ってくることを当てにしているのに、アンナは夫がおやつだけを買ってきて、日用品は買ってこないことに憤慨しているかもしれません。シンプソンはノース・イングランド北部の町のエスノグラフィーで、離婚した女性が元夫に憤慨している例を紹介しています。[6] 元夫は訪問した際に子どもに高価なプレゼントを贈ることで自分の不在を埋め合わせようとするのですが、元妻には同じことをするお金がなく、だったら生活費を払ってほしいと考えているからです。この元妻・元夫は、買い物があるべき状態を反映するものであると同時に、それを変え、あらたな習慣を生み出すものであることに気づいています。関係がパターン化すると、期待され、規範として受け入れられるようになってしまうのです。[7]

スーパーで新婚カップルが買い物をしているのをみると、商品を選ぶときに、趣味がどう同じで、どうちがっているのかを確認するために、ためらいがちの仕草をする様子を観察できます。二人ともフィッシュ&チップスが好きな場合もあれば、彼だけがピザを好きで、彼女だけがパスタを好きな場合もあります。趣味が同じであっても、ちがっていても、互いの好みをそれぞれ魅力的だと思えれば、それでよいのです。古典的な失敗は、男性が妻にセクシーなランジェリーをクリスマスプレゼントとして購入することです。女性がどのようにあるべきで、また何を好きと思うかについての男性の思い込みは拒否され、クリスマスの翌週にランジェリーは返品されるのです。

ピーナッツ・バターの理論がうまくいくためには、買い物がどのように、規範と現実のあいだにあるちがいを解決してくれるのかを理解することに加え、そもそも規範がどこからやって来るのかについて知っておく必要があります。ジェンダーの社会的あり方についてのさまざまな論文を参考にする以外にも、調査対象の人びとがどのように話すかに耳を傾けてみるのもいいでしょう。ショッピングの調査では、地元の美容院で暇をつぶしながら会話を聞くことがとても有益でした。もちろんパブでも、他のいろいろな社会的場面でもかまいません。たとえば、母親グループや団地の隣人の話を聞いていると、特定の配偶者の個性よりも、夫というカテゴリーがずっとよく参照されていることがわかります。会話の多くは、特定の夫というよりも、「夫」とはどのようなものなのかを巡って展開されるのです。実際、比較対象となるのは、その週に放送されたテレビのソープオペラの登場人物だったことがしばしばでした。

女性がいないときの男性の会話、たとえばパブでの会話も、同様にステレオタイプなものになりがちです。「妻」ではなく、「女性」や「女性はどういうものか」についての言及が多くなるのです。人びとは世のなかの規範や制約に抗い、必死に個性を生み出そうとしているとしばしば誤解されています。けれども調査では、反対の証拠がたくさんみつかりました。人が商品を買うのは、個人の創造性やちがいに配慮してというより、あるカテゴリーに属す人がこうあるべきと考えられているものに適合するようにするためです。パスタ料理や小さな黒いドレス、海辺の休日などの定番になった商品の場合、これがあきらかでした。購買は商業的な圧力によってではなく、規範そのものに魅力があるためにおこなわれます。これについては、人びとがなぜブルージーンズを履くのかについて説明する次の章で、再び取り上げることにいたしましょう。

買い物客が、贈り物の受け手に投影する期待をみれば、ピーナッツ・バターの理論のもっとも重要な部分が何なのかよくわかります。たとえば、ペット（ある種の人格です）のための買い物をみてみましょう。自分は想定されるものとはちがうと伝える能力がペットにはかぎられていますから、飼い主は自由に期待を投影できます。この場合、ペットは迎合的で素直とみられると読者は考えるかもしれませんが、事態は反対です。ペットは一般的に気難しい、頑固な存在とみられています。とくに猫は、まったく融通が利かないとみられるのです。

たとえば、ある飼い主の猫は、餌が出されたときには食べず、戻ってきたときにあたらしい缶詰から出された餌だった場合にだけ食べるという特殊な儀式を求めていました。そのため、たくさんの食べ物が捨てられました。またある犬は普通のドッグフードを食べず、入手困難な豚や鶏の心臓を調理したものしか食べないので、家族の買い物の主役になりました。

わがままなペットは、「個性的」で愛らしいとみられ、さらには飼い主の必死の努力によく応えていると評価されます。わたしが暮らした多くの国では、ペットの猫や犬はたいてい、食卓のくず（おもに古くなった米）しか貰わないのに、幸せそうに暮らしていました。ペットを責めてはいけません。イギリスでは飼い主は、ペットこそ家族の他の人たちとはちがって、買い物に本当に感謝していると思い込んでいます。買い物こそペットを「適切に」規範に応じる存在としているのですが、これは夫の場合は少々むずかしいのです。

もっと深刻で含蓄深い事例としては、人類学者のレイン(8)による人類学と物質文化にかかわる妊娠喪失の研究があります(9)。レインは、いかにして胎児の成長が社会的に構築されるかについて検討しました。妊婦が胎児を生きた存在として思い描くおもな方法のひとつに、胎児のために買い物したり、モノを贈ったりすることがあるようです。交換を通じて社会はつくられるという人類学の基礎理論がここではある種のかたちで確認されるといえるでしょう。だからこそ流産や死産を経験した女性も、同じように贈り物をつづける場合があります。クリスマスやそうあるはずだった誕生日におこなわれる贈り物の交換に、生まれるはずだった子どもが含まれるのです。その子のためにプレゼントが買われるだけではなく、さらにはその子から兄弟にプレゼントが贈られることがあります。このケースでは、商品は人間性を損なうどころか、母親が悲劇的にも失ったものが人であり、たんなるモノではないとしがみつく根拠になっているのです。

ピーナッツ・バターの理論が、投影された理想と実際の人間のちがいを土台として展開されるとすれば、それが自分のための買い物に適用されない理由はありません。カーラの靴のショッピングに長い時間付き合ったことを思い出します。カーラは四足の靴と二足のブーツを持っていましたが、大学院で勉強するために仕事を辞めると、学生のような格好をしなければならないと、「日常で使える地味な靴」を探して買い物に行きました。別の本で、彼女がある場所で三時間を費やして、一六足試したことについてすでに書いています。[10] 彼女はかなり浮ついた性格で、学生らしくすることができませんでした。学生っぽい靴は、彼女の感覚には合わなかったのです。最終的に地味な靴を買いましたが、数日後、「快適」ではないとわかって、ハイヒールの豪華な靴に戻りました。逆説的ですが、本当の自分と思えるものに復帰できたという意味で、ハイヒールは快適だったのです。もちろん誰もが、カーラのように行動するわけではありません。今の自分のイメージにあまり自信がないため、あたらしいモデルに飛びつく女性もいるでしょう。自分自身があたらしい規範的モデルに適合していると考えさせてくれるからです。あるべき理想像と実際のあり方の緊張関係は家庭内でだけではなく、こうして個人のなかでの矛盾を考える上でも有効に働きます。

今論じていることは、買い物の理論で、なぜわたしたちは特定の商品を選ぶのかという問いの答えにつながります。観察からは、こうした緊張関係を解消できるからという答えが出てきます。でもよくあるように、問いに対する答えは、別の問いを引き起こします。ピーナッツ・バターの理論は、こうあるべきという規範の概念を元にできあがっています。ではその規範は、どこから来るのでしょうか。それに答えるためには、その時代の文化について一般的に研究しなければなりません。これは買い物について考えるという現在の目的に対しては大きすぎる問いですが、この問いを完全に無視するのではなく、少なくともひとつの例を挙げたいと思います。

買い物の領域にとどまりつつ、店自体がそのような規範を体現するやり方に注目しましょう。具体的には、店と階級の関係が注目されます。イギリスに住んでいると、誰でもすぐに、他の人に対し階級に基づいて何らかの期待をするようになります。かつて、階級はかなりはっきりと区別されていました。ブルデューが著書『ディスタンクシオン』で述べているように、階級は趣味の集団として対立していたのです。[11] しかしロンドンでの買い物に関しておこなわれたこの研究から、ほとんどの人びとが英国では広範囲の階級に慣れ親しんでいるため、実際には複数の階級の観点から自分をみられるようになっているというひとつの知見を得ることができました。

このことはわたしたちが調査した人びとのなかに、ブレント・クロスとウッド・グリーンというノース・ロンドンの二つの異なるショッピングエリアで買い物をしていた人がいたことから、あきらかになりました。[12] イギリスでの買い物の多くは、かなり退屈で似たようなものになっています。どこに行ってもブーツ〔イギリスのドラッグストアチェーン〕、W・H・スミス〔イギリスのチェーンの書籍・文房具店〕、マークス・アンド・スペンサー〔イギリスに三〇〇店を構えるブランドチェーン〕などの同じ店があるからです。しかしブレント・クロスやウッド・グリーンの中心地には、独特の階級の雰囲気を伝えていると思われる極端な店がいくつかあります。ブレント・クロスに行くと、デパートのジョン・ルイスがその役割を担っています。他方、ウッド・グリーンの目抜き通りには、「安物店《チープ・ジャックス》」と呼ばれる閉店セールを続ける店や地元の露店があり、それらはブレント・クロスのショッピングモールには似合わないものです。

それぞれの中心部で買い物をすると、同じ買い物客でも行動が変わり、時には訛りまで変わってしまうようでした。人びとはブレント・クロスでは控えめでうやうやしく、服やキッチン用品がどんな機能を持つかについて、理性的に話し合っています。一方、ウッド・グリーンではリラックスして、少し派手な自分流の振る舞いをし、世間話に花を咲かせ、買い物をより長い時間、楽しんでいるようでした。もしブレント・クロスで出会っただけだったら、買い物客は中流階級、ウッド・グリーンで出会っただけだったら、労働者階級だと思ったでしょう。しかし今では人びとはテレビ番組をたくさんみていて、テレビはそれぞれの階級がどう振る舞うべきかを楽しく描きだしています。だから気づかないうちに人びとは、専門的には「コード・スイッチング」と呼ばれるような、各階級のマナーの切り替えをできるようになっているのです。

では買い物客が、現在どの階級に属しているかを知る手がかりはどこで得られるのでしょうか？第五章で、ジョン・ルイスとそれが担う価値の概念との関係をみなおすことになりますが、ジョン・ルイスの価値が、価格と品質など要素のあいだでつねに納得できる妥協点を教えてくれることにあることは、ここでも確認しておきましょう。店は、この方程式を自分で解く時間と手間を省いてくれるので、賢い買い物の場となるのです。たしかにもっとも華やかな選択肢とはいえませんが、あやまちを犯す可能性はもっとも小さくできます。だからこの店は、小売業の世界では珍しく強く信頼されています。同じ商品は他の店では安く手に入らないというジョン・ルイスの約束を、人びとは受け入れているのです。

さらにすべてのものが明確に分類されていて、あるべき場所に適切に置かれています。そのため雑多な生活用品や本当に必要なものも、すべてみつかります。店員たちは控えめにみえながら、知識は豊富で親切で、「この買い物でまちがいなし」と感じさせてくれます。商品は高すぎず、安すぎず、郊外に暮らす賢明な階級としての「中間」階級というコンセプトにぴったりあっているのです。今、英国でもっともはっきりと中流階級の食料品店であるウェイトローズをジョン・ルイスが所有していることも、中流階級の雰囲気をつくりだすのに役立っています。

対して、ウッド・グリーンの「安物店」は、明確なロジックなしで安物の棚板の上に商品が積み上げられているので、すぐにそれとわかります。値段は、黄色やピンクの蛍光色のカードを切り抜いた星の上にサインペンで書かれています。入り口の近くには、クラブの用心棒もできそうな大柄な男がいます。こうした情景をみると、店内にプラスチックの写真立てや小さな電気器具、ガラスの置物、造花、お菓子からストッキングまでさまざまな安物が並んでいることが容易に想像できるのです。そうした店には、「買うならすぐ(Buy Direct)」、「エリート・スーパーストア(Elite Superstores)」、「売りつくし倉庫(Clearance Depot)」といった名前がつけられています。

このような店ではドアの前にいる男性は黒人、レジ係はアジア人、商品を積み上げている人は白人であることが多いです。おおっぴらにはされていませんが、商品は「トラックの荷台」から、あるいは何かしら違法な経路で運ばれ、だから安いといった雰囲気を醸し出しています。物を売買しているというより、秘密裏に物を売るために、あなたと店でちょっとした不正な結託をしていると感じさせるような場所なのです。ちゃんと調べれば、同じ商品でももっとフォーマルな店の方が安いことも多いのですが、それではせっかくの雰囲気が台無しになってしまいます。隣の棚に変なものがあるかもしれないという感覚と、店の端にいる人たちの砕けた指示の掛け声とによって、独特な雰囲気が店にはできあがっているのです。

ちゃんとした店で買う平凡な体験とは対照的なので、一緒に買い物に行った人のなかには、ブレント・クロスを訪れたらかならずジョン・ルイスに行き、ウッド・グリーンへ出かけたらかならず安物店に立ち寄るという人が、意外に多くいました。規範的な価値に関係する場合によくみられるように、両者の場所の価値観は体系的な対立によってうまくつくられています。合理的で法にかなった秩序と、ちょっと違法性のある遊び心を持った無秩序との対比がみられるのです。そうして客観化された世界は、階級の経験をほとんど自然なものとしてみせてくれます。ジェンダーや年齢と同じく、階級は風景のようにあたりまえのものとして受け止められるのです。人びとはテレビで起こっていることをみているかのように、文化としての階級に参加し、それを演じることさえ楽しんでいます。こうして消費文化の世界は、買い物で重要になる一方の要素としての規範を客観化する（objectify）ことに役立っています。

これがピーナッツ・バターの理論のエッセンスです。たとえばある人間は、他の誰でもなくロバートなのですが、同時にロバートは中流階級の若い男性のいとこに対して抱く、こうあるべき像の代表者でもあります。買い物とは、買い物の宛先となるあるべき像を表現する人（しばしば自分自身）と、実際の人物とを近づけようとする企てなのです。あなたは、夫が履くべきだと思い、実際履くだろうジーンズを買い、痩せるために摂るべき食事と欲求の妥協点としての夕食をつくります。現代イギリス社会がいかなる規範に支配されているのかについての研究は社会学に任せ、個人の特殊性の研究は心理学に任せておきましょう。わたしが主張したいのは、むしろこの規範と特殊性の二者のあいだで結ばれた緊張関係には興味深いものがあり、人類学者は、何が、なぜ起こっているかを理解するために、それに注目すべきということです。

買い物の第二の理論(13)——神への捧げもの《サクリファイス》

買い物と犠牲とのかかわりについては、しばしば語られます。たとえばピーナッツ・バターの理論は、主婦の自己犠牲について示唆していました。しかし、これが犠牲の儀式をベースとして買い物の理論を構築する際に、言いたいことではありません。主婦の自己犠牲ではなく、人類学者によって研究された古代の犠牲の儀式の正確な構造について考えてみたいのです。

かわいそうな動物が喉を切られているところから始めてみましょう。最近の主婦はあたりまえのようにプロに任せていますが、わたしは何度もその現場に立ち会ってきました。犠牲の理論は人類学の中心にありますが、その理由のひとつは、ほとんどの社会が何らかの段階で犠牲の儀式にかかわってきたようにみえるからです。このことは犠牲が宗教だけでなく、社会そのものをつくりだす基礎となることを示唆しています。現代においてもなお生贄を実践している社会もありますが、多くの文献は、古代ギリシアのように十分に記録された歴史的な例を参照しています。人類学のなかで犠牲を扱ったもっとも有名で一般的なテキストは、一八九八年にユベールとモースによって書かれました。[14] 最近の影響力のあるテキストには、古代ギリシアについて書かれたデティエンヌのもの、西アフリカについてのデ・ホイシュのもの、ハワイについてのヴァレリのものなどがあります。聖書の初期の本は、何をどのように犠牲にするかについて、ひたすら正確に記述しています。申命記やレビ記を読むと、古代イスラエルでは生贄が日常的に捧げられていたことがわかります。「爆発」的な犠牲が求められることさえありました。ソロモンの神殿で捧げられるために虐殺された二万二〇〇〇頭〔原書では二二万頭〕の牛と一二万頭の羊を想像してみてください（列王記上八：六三）。いや想像しないほうがいいでしょう。

本書の第一章で、グレースは消費に関するあらゆる理論では、犠牲が中心になっていると指摘していました。犠牲は普通、生産から消費へ移行する際におこなわれる儀式だからです。消費は世界の富を減少させ、またその際に暴力を用いることで罪悪感を引き起こします。犠牲は創造の背後にある神の力を認め、それをなだめることで、そうした罪悪感からわたしたちを救うのです。

犠牲の定義は、供物が実際に破壊されること、すなわち、たんに与えられるのではなく、消費されることにあります。ユベールとモース、そしてそれに続くほとんどの著作家は、犠牲の儀式には共通する三つの主要な段階があるとしています。第一は、何であれ、過剰なものがあると想定されることです。第二段階では、生贄は実際に燃やされ、二つの部分に分けられます。そのひとつの部分は煙で、「甘い香り」が天に向かって巻き上がり、神の食べ物となります。第三段階では、残りの聖化された生贄の身体が、多くの場合、祭司たちによって食べられます。肉の配り方や食事の構成は、しばしば社会秩序、たとえば聖職者の特別な地位を反映し、またそれを聖化するために利用されます。儀式は、人類と神とを結びつけるという点でも重要です。儀式にかかわる者は徐々に神との交わりにふさわしい状態に近づき、その後、時には段階的に、より通常の世俗的な状態に戻るのです。

以上のことは、スーパーでの買い物とは似ても似つかないものであるかのように聞こえるかもしれません。うまく比較するためには、たとえ比喩としても、買い物が何らかのかたちで支出を信仰の儀式とすることを証明しなければなりません。支出はそこで、超越的な力を肯定しつくりだすための儀式となり、さらにその儀式こそ、社会秩序を聖なるものにします。こうした読み取りこそ、まさにわたしがやろうとしていることです。犠牲の第一段階では、支出はたしかに暴力行為、つまり潜在的にではあれ、何かを破壊的に消費する行為とされます。しかし第二段階ではそれが否定され、神とかかわることで暴力はなだめられるのです。

買い物に関するフィールドワークを始めたばかりでまだ観察を実行していなかったときには、買い物について一般的に語られていることが、しばしば聞かれました。情報提供者は、「わたしを研究したいんじゃないでしょ、叔母を紹介しましょう。彼女は本当によく買い物するんですよ」としばしば言ったり、ショッピングにはまっている有名人のジョークを言ったりしました。またクリスマス前や一月のセールのときに来てくださいと言われもしました。つまりわたしがショッピングの研究をしたいといっても、それが日常的におこなわれる買い物のことを指しているとは、初めは考えてもらえなかったのです。買い物という概念が、家計を支える日常的な行為を指すものとは、当初みなされなかったからです。むしろ買い物という言葉は、大聖堂のようなショッピングモールで、非常に熱心な買い物客によって、「誇示的な消費（conspicuous consumption）」がなされているような壮大なシーンを思い起こさせたのです。

また重要なことに、買い物客はいつも女性として想像されました。自己抑制できず、家計を吹き飛ばしてしまうような女性です。ショッピングという概念は、スリルと恐怖の両方を呼び起こすようです。家計を大切に管理しているはずの女性が、過剰な買い物の欲望に取り憑かれ、貯金を帳消しにする姿が突如として思い浮かべられます。それが、「本当の」買い物と考えられ、研究すべきものとして期待されていたのです。同じような言い方がジャーナリズムでもみられます。ショッピングにかかわるニュースが好まれるのは、平凡なショッピングではなく、買い物中毒についてである場合が多く、ショッピングは治すべき病理のようなものとして伝えられます。この見解によれば、「買い物」という言葉は破壊行為を意味しているのです。

だから研究したいのは、悪名高い叔母さんではなくあなたであり、日々の平凡で退屈な買い物なのだといつも辛抱強く、説明しました。それが聞き入れられ、地元の店でおこなわれる日々の買い物の研究が始められると、印象的だったのは、実際におこなわれていることと、よく言われることが異なっているだけではなく、むしろ体系的に否定されていることでした。言い換えるなら、買い物をするときにはお金を使うことからお金を節約すること（saving）へと目的が変わることがわかりました。家に戻るまでには、このプロセスは完了していて、ほとんどすべての会話が、どれだけ、どこで、そしてどうやってお金を節約したのかという話題になるのです。

金額には直接触れなくとも、買い物客の行動を節約の戦略として表現し、正当化する多数の方法があることも運良く分かりました。単位あたりの単価が安いので、大量に買ってもいいですし、無駄を省けるので少量を買うのでもよいのです。この家具が驚くほど安かったとか、eBayで買ったとか言えるでしょうし、もちろん家具はいつもハロッズで買うと言ってもよいのです。ハロッズの家具は、高品質で長持ちする素材でつくられていると知られているため、最終的にはわたしが自分のために買うような粗末な家具よりも、安く済むからです。これ以上の例は必要ないでしょう。この本の読者は、夕食を食べながら、あるいはパブで、お金を節約する買い物の巧妙な方法を誰かが延々と話し、退屈させられたことをすぐに思い出せるはずです。そうした人は、自分たちの倹約術の素晴らしさについて主張していただけではなく、同じものを他の場所でもっと高く買ってしまったわたしたちはなんと愚かかと馬鹿にしていたのです。本当にイライラしますね。でも公平にいえば、あなたもまったく同じ罪を犯したことがあるはずです。

節約を重視する理由のひとつは、単純にそれが重要だからです。わたしは買い物に出かける前に書かれた買い物リストと、最終的に家に持ち帰ったモノをしばしば比較してみました。驚いたことのひとつは、広告やその他のプロモーションの影響を示す証拠がないことでした。子どもはテレビやあれこれの広告でみたものを参考にしていましたが、大人はほとんど参考にしておらず、買い物に対する広告の影響は、研究結果としては無視できました。それとは対照的に、買おうとする商品がセール中の場合には、ほとんどの買い物客は影響を受けました。服屋がその週にセールをしていたり、または果物がひとつ買えば二つ手に入ったり、大きく値引きされていた場合です。今ではスーパーの棚には、購入するとどれだけお得になるか——実際には必要とする以上の量を買えばということが多いのですが——を教えてくれるけばけばしいラベルが、普通によく貼られています。また一月などのお決まりの季節に「セール」に行くことは、少なくともイギリスでは国民的な習慣になっています。セールに行かないとまたしても損をしていると感じさせられてしまうからです。

買い物の言説と実践はそれぞれ切り離して観察できますが、一緒に考えると、より多くのことがわかります。当初は過剰な支出について語られることが多いのですが、実際には節約をおこなった証拠の方が目立ちます。どちらも誇張であることは事実ですが、重要なポイントは、一方が他方を体系的に否定していることです。言説はもし消費が制御されていなかったらどうなってしまうのかという恐怖を引き起こすのに対し、実践は消費が破壊と暴力とは異なるものになるように、可能なかぎり対処をしているという風なのです。その恐怖を否定するために使われる道具が倹約（thrift）です。しかし、なぜ倹約なのでしょうか？

倹約は、家庭が消費する場合にできるだけ多くの予備の資源を保つことを保証するものです。アリストテレスの時代から、倹約は家庭の基本的な美徳とされてきました。多くの社会では、生活の主要な目的のひとつは、家庭への経済的な影響を基準として測られます。[15] 南アジアや南米の多くの村落では、成功した人生の基準になるのは、その終わりまでに家庭の土地やその他の資源を増やしたということで、逆に家庭が衰退した場合には人生は失敗とみなされます。このような社会では、家計が明確に価値観の中心に置かれるのです。

ノース・ロンドンの家庭は、たしかに農民たちが暮らす村とはちがっているようにみえます。わたしたちは、個人の野心やキャリアを重視しがちです。また一人暮らしの世帯の方が多く、そうした世帯は、家を所有するとしても一時の場合であることが多いのです。しかし買い物の様子をより詳しく観察していると、現代のロンドンの家庭さえも、伝統的な農民の家に変えてしまうひそかな仕掛けのようなものがあることに気づきました。ごほうび（*treat*）こそ、倹約を効果的に作動させるのです。

ごほうびは、放っておくと見過ごされてしまいます。スーパーでお金を払う前の最後の棚で取られるようなものにすぎないからです。過度に一般化はできませんが、ごほうびは少し普通のものより高価だったり、個人的なものだったり、カロリーが高いものだったりしがちです。そう、チョコレートが思いつきますよね。安価だけどカロリーが高いキャドバリーのミルクチョコにするか、少し意識高めでカロリーも低いけど確実に高価なグリーン&ブラックのチェリーチョコにするか？　もちろんチョコレートの代わりになるものもたくさんあります。調査対象者が「買ってはいけないはず」の飲料を買っていたり、どれほど大げさにいっても「必要」とはいえない下着を買っていたりしたことを、書きながら思い出しました。対象はまだまだあります。ごほうびの対象が本でも不思議はありません。たぶん読まないだろうけど、棚に置いておくといいと感じる類いの本がそれです。

なぜごほうびを買うのでしょうか？　それがちょっとした見返りになることもあります。これから数日、家で必要になるものをリストにして、最後の一品まで探し出すのに一時間かかります。この買い物という名の労働に報いるために、自分に何かをプレゼントするとすれば、十分納得がいきます。

自分がその仕事を認めてあげなければ、誰もそうしてくれないはずだからです。

それはなぐさめの品にもなります。落ち込んだり、軽視されていると感じたとき、ある人が来なかったり、その人がわたしたちのことを愛しているといってくれなかったとき、話を聞いてくれなかったり、聞いているふりをしていたけれど、話をしたら目をそらされ屈辱を感じたときなどに、なぐさめが必要になるのです。

さらに買い物していない場合でも、とにかくごほうびを買いに行きたいと感じるかもしれません。ごほうびは、自尊心を高めるもので、自分自身のために買う何か、ちょっとした贅沢やなぐさめとなる食べ物なのです。別にたいしたものではなくても、誰も気にかけてくれず、何もしてくれないときにも、ごほうびは少なくとも自分が完全に忘れられているわけではないことを証明してくれます。ごほうびによって、わたしたちは自分自身を認めてあげることができるのです。

分析的には、しかし、ごほうびはより大きな役割をはたします。もしそれを買うのが、はっきりと自分自身のためなら、買い物の残りの部分は他の人びとのためのものということになります。他のモノを買う行為は、自分のためではなく、家族のための労働だったことになるのです。倹約の行為と併せて考えれば、ごほうびは、買い物の残りの部分を他の人のためのものにしてくれます。

ごほうびは、買い物客が一人暮らしをしている場合には、とくに興味深いものです。一人暮らしの人も自分にごほうびを、他の買い物客と同じくらい買うことがわかりました。ごほうびは、買い物を二つの要素に分ける力を持っています。一人暮らしをしていても、買い物の大部分はただその世帯（この例では一人世帯ですが、それでも世帯です）をまかなうためのものです。対照的に、ごほうびは特定の個人としての買い物客のためのものです。一人暮らしの人も、他の人と同じように倹約に関心があるかもしれません。その場合、ごほうびとして買うほんの些細なモノは、個人主義や快楽主義などに仕えるものです。他方、残りのものは、倹約のようにより大きな目標に向けられていることがあきらかになります。この意味で、わたしたちは農家の感性から完全に切り離されているわけではないのです。

買い物客に何のために節約し、使わなかったお金をどうするのかを尋ねても、具体的な何かについてはめったに答えてくれません。普通は、車やコンピューターを買うために節約されているわけではなく、たいていの場合、ただ倹約の美徳のようなものが実践されているにすぎないのです。

このような意味において、倹約を犠牲の儀式の第二段階に属するものとみることができます。生贄の煙が昇る先に神や超越的な他者の存在を認めることがそこには含まれているのです。そもそもショッピングには、自分のためだけでなく、より広く一般的な目的のために奉仕するという感覚が基本的に含まれています。こうした事実は、消費を純粋な破壊とみなす言説を否定するだけではありません。それは消費という行為に先立って、当面の関心事の外にあるより大きな超越的な力を、まず懐柔することが重要だと教えてくれるのです。わたしたちが何かしらの義務を負っている家庭のために貯蓄をすることで、これは成し遂げられます。お金を節約する行為は、単純にいってもある種の倫理感に基づいています。破壊的なことをする代わりに、わたしたちは良いことをしているのです。ただし世俗化された買い物客は、節約を美徳とみなすために神の概念を必要としません。ただ当初唱えられていた破壊行為としての買い物を、経験として否定できればよいのです。この時点で、犠牲の儀式の第二段階が完了します。わたしたちは、より高い目的や力のために何かを放棄したのです。

犠牲の第三段階では、人生における大きな超越的な関心事としての神や家庭に目を向けるのをやめて、徐々に地上に降り、社会のなかでのわたしたちの立場という問題に戻ってきます。伝統的に社会的地位は、生贄を食べることによって確立されてきました。これはただの食事ではありません。食べ物は神聖化されているので、食事によってあきらかにされる人間関係を神聖化する力を持っているのです。ほとんどの社会では、誰がどの部分を食べ、いかなる順序で生贄が配られるかについて厳格なルールが定められています。当然のことながら、宗教的な行為であるため、最初に優遇され称賛されるのは多くの場合、司祭階級で、徐々に平民の番になります。グループのあいだのこうした関係は、神に対する人間の広い意味での謙虚さを表現しています。ヒンドゥー教にも似たようなことがあります。ヒンドゥー教の寺院に行くと、普通、プラサドと呼ばれる食べ物を持って帰り、他の人に配ります。概念的には、プラサドは人類が神々に捧げたお供え物の残り物を意味しています。ヒンドゥー教では、人の食べ残しは唾液で汚染されているため、それを消費すると品位を落とすことになってしまいます。しかし人間として神々に対し低い位置に置かれることはむしろ喜ばしいことなので、神々の残飯も大いに歓迎されるのです。

こうして犠牲の最終段階では、世界の正しい秩序が再建されます。神々に対して人間が下にあること、人間集団のあいだの適切な関係が再確認されるのです。これはたんなるモノにはできませんが、犠牲となることで聖化されたモノならできます。ロンドンでの買い物では、買い物客の労働の成果として購入された商品は家庭に戻ってきますが、その労働が節約に捧げられたという意味でモノには聖化の能力が与えられています。だからこそ、買い物にわたしがついていった主婦たちは、ほとんどの場合、買い物がどのように終わるべきか、はっきりとした考えを持っていました。彼女たちは、家族みんなでテーブルを囲んでスーパーで買ったモノを消費することを望んでいました。自分たちが何を食べているのかに気づき、買い物や料理に費やした労力を認めてほしかったのです。あるいは家族で外出したときに、長い時間をかけて選んだあたらしい服を着ていることに気づき、その服がどれだけ似合っているか伝えて欲しかったのです。

今でも鮮明におぼえていますが、家計管理を任されたある女性が買い物へ行くとき、夫か子どもは具体的に何を買ってきてほしいか言ってくれますかと尋ねたところ、だいたい、「言ってほしいけど」という答えが返ってきました。こうした要求は、負担としてではなく、何を買おうとしているのかを気にかけてくれていることの証しとみられています。テレビの前で自分たちだけで食べるからといって、きちんと座って食べようとしない家族は、まちがいを犯しています。そうした家族は、今食べたものが何だったのかさえ言えないのです。このような場合には、家族をひとまとまりの集団として祝福する犠牲的な食事は姿を消してしまいます。儀式は失敗したのです。代わりにおやつを食べてもおいしくないかもしれませんが、それだからこそいっそうごほうびは必要なものだったと感じることになるでしょう。チョコレートがこれほどまでに売れるのにも、理由はあるのです。

買い物の成否を何が決めるのかを考えると、儀式としての犠牲の究極的な達成が何なのかがみえてきます。わたしたちが世俗的で、神を信じていないとしてみましょう。その立場からすると、犠牲は実際には神を懐柔するものではなく、むしろ神に対する信仰をつくりだすためのものです。もしつねに何かを要求する神がいるとすれば、その神はより現実的なものになります。さまざまな生贄や最高の食材に向けられたプレッシャーと要求こそが、神の存在をリアルにするのです。ほとんど要求せず、柔軟に対応してくれる抽象的で自由主義的な神よりも、要求の多い神の方が、わたしたちの生活をより多く支配します。ですからある意味では、犠牲の第一の目的は、献身を捧げる対象を効果的につくりだすことなのです。

こうした見方は、犠牲の理論と先のピーナッツ・バターの理論を結びつけます。ペットが食べ物だけではなく、わたしたちを本当に気にかけていると実感できるのは、ペットが選り好みをして、特定の食べ物しか食べないからです。それによって、わたしたちの献身が重要であることが納得できるのです。犠牲としてなされる買い物は、宗教的な儀式としては経験されませんが、愛という言葉から連想されるような献身的な気持ちと深くかかわっています。わたしたちはたんに必要性や義務から買い物をするのではありません。買い物は大切な人たちへの献身を表現するための手段なのです。

つまりわたしたちが生産しないにしても、引き起こそうとしているのは、愛そのものです。だからこそ、この「神への捧げもの《サクリファイス》」としての買い物という節の原題は、「スーパーマーケットで愛を交わす（*making love in supermarkets*）」というものでした。愛について直接尋ねても、気まずく、恥ずかしい思いをさせるだけです。でもスーザンの最初の事例からあきらかなように、買い物がおもに愛を表現する技術だと理解すれば、家族における愛を研究するには買い物こそ最良の道のひとつとわかるのです。

地球に優しくすることはむずかしい(16)

これまでこうして愛と利他主義に焦点を当ててきたという意味では、買い物にかかわる人びとの意図をかなり善良なものとわたしはみていると思われるかもしれません。それはまちがってはいませんが、一般化しすぎなこともあきらかです。章を終えるにあたって、意外かもしれませんが、愛と利他主義に予想を裏切るマイナス面があることも主張したいと思います。

個人レベルでみても、誰かの買い物かごを探ってみれば、愛以外のものが出てくるはずです。たとえば、妬み、かなりの利己心、虚栄心、強欲、または自己嫌悪や復讐、ジェラシーまで入っているかもしれません。あの娘がしているイヤリングに似ているけどずっと質の良いもの、ガールフレンドを奪っていったミュージシャンのCDなど。他にもあると思いますが、ただしそれらが愛や日々のルーティーンに勝ることはめったにありません。それはひとつに、家族のなかでもっとも利他的な者である主婦が買い物で演じる役割が大きいためです。

本書の最初と最後の章では、地球とそこで暮らす人びとにいかに配慮できるかが、問題とされています。そうした問題と消費は、利他主義によって結びつくのではないかと考える人もいるかもしれません。たしかに買い物が考えられている以上に愛と利他にかかわるならば、一般的な他の人びとの幸福に対しても、地球に対してもいっそう配慮深く、利他的でありうるのではないでしょうか。しかしエスノグラフィーに取り組む上でいつでも注意しなければならないのは、物ごとがしばしば予測したようには進まないことです。この利他主義は、地球を救うための基盤としては何の役にも立たないことがわかったのです。逆説的にも、それはむしろ問題の大きな部分でした。

この本とその前身である『もの』の両方でいいたかったことは、ひとつに、言葉だけに依存した研究は疑わしいということです。語られることは、その人が何をしているのかを説明するというよりも、正当化するだけであることが多いのです。

買い物研究がその一例になります。スーパーマーケットや街角の小さな店について、人びとがどう感じているのかに興味を持ってきました。単純なアンケート調査では、ほとんどの人は街角にある店にだいたい好意的で、スーパーに対しては否定的です。人びとを集めて話させると、より微妙ですが、それでもスーパーに否定的で、街角の店が残っていることを称賛する声が頻繁に聞かれました。

しかし、実は街角の店ではなくいつもスーパーで買い物をしていることをよく知った上で、個々の人と一緒に行動し、家でプライベートに話を聞くと、まったく逆のことがあきらかになります。ほとんどの人は、実際にはスーパーにはとても好意的で、逆に街角の店は好きではなく嫌悪さえしているのです。問題のひとつは、街角の店を嫌う理由のなかに人種差別などの問題が含まれていることで、これはあきらかに正当ではないと自分たちでも気づいています。さらに一般的な問題は、街角の店を好ましいと思い、またそう発言すべきであり、そうしないと自分の評価が下がると鋭く感じ取っていることです。アンケートのような調査方法では本当の意見が出てこないことも当然です。アンケート調査やグループ調査は、人びとが実際に感じていることよりも、感じるべきだと思っていることを知るのにずっと優れているのです。

倫理的《エシカル》な買い物のようなトピックスにも、同じ問題が当てはまります。調査をしていた頃は、衣料品に倫理的《エシカル》な選択肢はほとんどなかったので、この用語はオーガニック食品やフェアトレードの食品や、放し飼いの鶏の卵などを買う場合におもに使われていました。今では、ほとんどの人がこのような問題について何を感じ、何を考えるべきなのか十分にわかっています。もし調査が会話にかぎられていたら、この通りの人びとにとって倫理的《エシカル》な買い物はかなり重要で、店で買うもののうちとても大きな割合を占めているとわたしは結論したはずです。

ひとつの問題は、そうした買い物をしているという証拠があったとしても、その根拠は曖昧だということです。チャリティーショップでの買い物は、利他的行動の良い例かもしれませんが、たんに節約の手段なのかもしれません。わたしの研究では話題になりませんでしたが、ニッキー・グレグソンなどの研究では、チャリティーショップでの買い物は、そのような店が打ち出したいと思っている倫理観にかかわるというより、掘り出し物を手に入れたり、珍しい商品をみつけたりしたいといった欲求によって圧倒的に駆り立てられていることがあきらかにされています(17)。同様に有機食品や天然の鮭を買うことは、地球の健康と福祉に関心を持っていることの証拠かもしれません。他方でそれは、ホルモン剤やそのほかの添加物などが食べる人に悪影響をもたらすかもしれないことへの恐れや、自分の健康と良い生活に対する関心を示している可能性もあります。わたしの研究では、オーガニックな食べ物の魅力は、自分や家族のために健康的であると思われるモノを買うというかなり利己主義的な関心に基づいていることがわかりました。にもかかわらずそれを地球の未来といった別のものに対する関心のために買うとみせかけることもできるのです。

人びとが実際に何を買うのかについて注意深くみると、会話から予測されるものとは異なり、倫理的な買い物が実際の購入に占める割合が、はるかに少ないことがわかります。なぜこのような顕著なちがいがあるのかをさらに調査してみると、最終的には、少なくとも当時この通りに住んでいた人びとが倫理的《エシカル》な買い物をおこなっていなかったことには、三つのおもな理由があることがわかりました。

ひとつ目の理由は、環境保護活動家の人びとに対して広まっているステレオタイプのせいです。倫理的な活動は「あまりに八〇年代」的で、ちょっと奇妙で時代錯誤的なものとみられていたのです。ラジオのソープオペラ『アーチャー家の人びと（*The Archers*）』に出てくるリンダ・スネルは、倫理的に正しいことのために長口上を振るう、近よりたくない典型的な人物とみられていました。英国に元からあった健康食のレストランは「変わった店」と呼ばれ、倫理的にはまちがいなく価値があるとしても、期待されるほど魅力的ではない店とみられています。

二つ目の理由は、「良いことをしよう」という一般的な枠組みのなかで倫理について語る人びとのしゃべり方を注意深く聞くと、浮かび上がってきます。会話のなかでは、さまざまな問題が一緒くたにされてしまいやすいのです。発展途上国に関心を寄せることと環境への配慮は、たとえば東アフリカから商品を購入するのにどれほど飛行機が利用されているのかと考えると、かならずしも一致するものとはいえません。スーパーマーケットも役に立ちません。なぜならスーパーマーケットは、倫理的優先順位を決めるために、実際の証拠よりも、多くの暗示を含んだ言葉を使っているからです。「新鮮（fresh）」な卵は、倫理的な卵なのでしょうか？「良い（good）」とか「健康的（healthy）」とか地球への配慮などの言葉は、今ではゆるく使われすぎており、その影響力や真実かどうかという意味ではかなり疑わしいものになっています。商業主義的な「グリーンウォッシング」〔環境主義をコマーシャルのために利用すること〕の例といってもよいでしょう。

しかし、商業主義を責めるのは安易です。倫理についての会話の多くは、健康的な食事や、何よりもダイエットなどの問題に関係していました。買い物をするときにもっとも配慮されているのは、脂肪やコレステロールの多いものなど体に悪い食品を買わないことです。やっかいなことに、これらすべては一度に議論されてしまいます。搾取や汚染の話をしていても、結局はダイエット食品や低脂肪の商品を買うことで、何か良いことをしたつもりになるのです。でもダイエット食品は腰つきを整えるのに役立つかもしれませんが、地球規模の搾取や環境の持続可能性に何ひとつよい結果をもたらしません。

さらにこれら二つの理由を超える、第三の説明があります。重要になるのは、すでに述べたショッピングの二つの理論です。ここでは道徳（morality）と倫理（ethics）の矛盾と呼んでおくことにいたしましょう。買い物と犠牲の類似について議論するなかで、実際の買い物を支配しているのは、一般的に語られていることとは異なり、節約であることがわかりました。わたしたちは貯金をしてセールで買えば、将来のために余分な資源を蓄え、家計を気遣う道徳的な買い手と認められるのです。ここでの優先順位はあきらかに自分の家族にあります。

他方、オーガニックのものとか、フェアトレードに従っているとかにかかわらず、倫理的《エシカル》な買い物の場合、通常の商品を購入するよりもつねに高くつくと想定されていました。そのため、倫理的な商品の購入は節約を犠牲にしてしまうことになります。地球と他の人びとというより広い問題に倫理的な関心をむけることは、実際にはいつも自分の家族や家庭のための道徳的な関心を犠牲にするものとみられていたのです。これは、最初の説明とも重なります。自分の家族に対する道徳的な配慮は、自然で温かい態度として経験されます。他方、地球や搾取への懸念は、より遠くて抽象的な目標に向けられているせいで、同じような直接さと温かさの感覚を与えてくれません。

というわけで、逆説的にも、より倫理的な活動家になればなるほど、冷たい人とみなされてしまいます。『アーチャー家の人びと』のリンダ・スネルがよい例です。わたしたちは皆、彼女を支持すべきと知っていますが、愛すべきではあっても、倫理的ではないいたずらっ子の方がはるかに魅力的なのです。

こうして興味深いことに、これまで説明してきた買い物の理論はいずれも期待されるほど人びとが倫理的な買い物をしてくれない理由を教えてくれます。問題は、人びとが快楽主義的で個人主義的で物質主義的であることではなく、その逆です。買い物客は倹約家であり、道徳的であるため、倫理的になろうとしないのです。これはわたしたちが望んでいた結果ではないかもしれませんが、だからといって怒らないでください。わたしはこれらのことを研究しているだけで、それを引き起こしているわけではないのです。

第4章　なぜデニムなの？[1]

消費の研究を始めた当初、わたしは、消費をたんに生産の二次的な結果としてではなく、それ自体が重要なプロセスであることを認めさせたいと考えていました。[2] そうすることで、消費をそれ自体として捉えられるような自律的な空間をつくりだしたかったのです。

これまでの二章では、家族の生活やより広範な秩序を成り立たせる上で、消費がきわめて重要なプロセスになることをあきらかにしてきました。消費は、世界に対するわたしたちの核となる価値観や信念を表現しているのです。

こうした分析をこれまではトリニダードの消費文化全体と、ロンドンでのショッピングという具体的な実践を検証することによって実行してきました。この章では、デニム・ブルージーンズというささやかな消費対象に焦点を当てることで、これまでの三章にわたる議論を完結させたいと思います。簡単で単純な問いにみえるかもしれませんが、なぜこれほど多くの人がジーンズを履いているのでしょうか。くりかえしになりますが、この問題は商業上の利益といったもっとも直接的で明白な答えでは解決されない理由を、まずは説明したいと思います。そうした問題ではなく、人びとがジーンズを履くことで何を理解し何を意図しているのかという問いに取り組む必要があります。とはいえ前の二つの章で述べてきたのと同じように、ジーンズを履くことも、意図をはるかに超えた結果としてあります。だからこそ、たんに情報提供者の見解をくりかえすのではなく、これらの問いを検証するために人類学や他の学術的ツールが必要になるのです。

デニム・ブルージーンズは、物質文化に重点を置いたわたしの前著『もの』と消費に焦点を当てた本書をつなぐものでもあります。なぜブルージーンズを研究するかといえば、単純に、その物質がどこにでもあるからです。ブルージーンズは、物質文化としても、消費にかかわるものとしても、「目がくらむほど明らか（blindingly obvious）」と呼べるものの典型です。「目がくらむほど明らか」なモノとは、目の前にはっきりとあるために、なぜそれがそこにあるのかと立ち止まって問いかけなくてよいモノのことです。そうしたモノは、『もの』でわたしが「モノの謙虚さ」と呼んだ状態[3]、つまり、モノがわたしたちの注意をあまり引かず、代わりに日常生活の物質的な背景やキャンバスとなっていることの完璧な例になります。これは物質文化の一種として当てはまるだけではなく、物質文化を消費する場合にも当てはまります。ジーンズを理解するためには、ジーンズをあたりまえとしている枠組みからあえて飛び出して、代わりにジーンズを理解できない何かとしてみなおす必要があるのです。

グローバル・デニム・プロジェクト

世界各地で講演会を依頼されたことは幸運でした。ソフィー・ウッドワードと一緒にデニム・ブルージーンズのプロジェクトを始めたとき、その機会を活用できたからです。ソウル、リオ、メルボルン、ブカレスト、イスタンブール、北京などの街の何の変哲もない場所で、ただ通りに立って目の前を通り過ぎる一〇〇人の人びとをみて、そのうち何人がブルージーンズを履いているかを数えてみたのです。中国やインド農村部の人口の多くには当てはまらないでしょうから、世界的な人口統計の話をしているわけではありません。ただし街角でうろついて集めた、ざっくりとしたランダムサンプリングの結果としては、今日、世界のほとんどの国では、おそらく半分近くの人びと――メモではだいたい五〇％になります――が、デニムのブルージーンズを履いているといえそうです。

「目がくらむほど明らか」という言葉は、目の前にあるのに焦点を合わせられないことを意味しているようです。オートクチュールに関する膨大な学術文献があり、『ファッション理論（*Fashion Theory*）』といったタイトルの雑誌もありますが、実際には着る可能性が低いものほど、ジャーナリズムや学術的な文章では注目されているようです。オートクチュールにかんする記事はたくさんあります。それと較べ、実際にもっとも一般的に着られている衣服であるデニム・ブルージーンズについての論文は、『ファッション理論』にはひとつもないのです。

そこで次の段階として、ジーンズを頻繁に履いていることをあたりまえと思うのをやめて、ほとんど奇跡のようなことと考えるようにしてみました。なぜそうすべきなのでしょうか？　最初に重要になるのは、商業に因果関係を求める見方から離れることです。かつては資本主義と呼ばれていましたが、最近では市場と呼ばれるようになったもののなかでわたしたちは生きています。だから目にするすべては資本主義を原因とし、または市場の結果でなければならないとする恐ろしい習慣を身につけてしまっています。でもちょっとブルージーンズについて考えてみましょう。たしかにブルージーンズは、生産、流通、小売りという資本主義的なメカニズムを通して供給されています。しかし、これはブルージーンズが「なぜ」流通しているかではなく、「どのように」流通しているのかについて答えているにすぎません。

市場が原因というなら、ブルージーンズを履かせるほうが、他の衣服を着るのと較べ、収益率が高まり、商業上の利益となることを示す追加の議論が必要でしょう。しかしその逆が真実であることは、一分もかからず理解できます。商売をしている人は、流行を促進しようと必死ですから、人びとが持っている服をファッショナブルではないと感じ、あたらしい服を買わなければならないと考えてほしいと思っています。売り手は、短期間だけある服を着てその後に他のもの、より高価なデザイナーの服や特別な服を買ってほしいと思っているのです。他方、デニムのブルージーンズは、衣類のなかでもっとも流行に左右されず、長持ちするものです。一番著名なブランドのリーバイスは、ずっと昔から知られているのです。ダブルステッチとリベットが施されたインディゴ綿織り風のベーシックなデニム・ジーンズの姿は、ラオスやトルコ、メキシコの市場でもほとんど変わりません。さらにそれは一〇〇年間、ほぼ続いています。評論家はデニムの死をくりかえし主張してきましたが、デニムは容赦なく存在してきたのです。

しかもデニムは、他のどの服よりも頻繁に着られています。戸棚のなかで長く保管され、状態も気にされないので、汚れて着られなくなって捨てられることもありません。その頃になって、やっとジーンズらしくなり始めるとさえいえるかもしれません。たしかにブルージーンズを売れば儲かるでしょう。でも人びとがブルージーンズを履くのをやめて、代わりにもっとファッショナブルで長持ちしない服を買ってくれれば、はるかに大きな利益になります。毎年あたらしいジーンズのコレクションを発表している大手衣料品会社のジーンズ部門の責任者にインタビューした際に、ちょっと同情したくらいなのです。

もちろんゆったりとしたボーイフレンドタイプのジーンズや、スキニー・ブランドのような一本何百ポンドもするデザイナーズ・ジーンズがあることも知っています。ただこれはブルージーンズ市場のごくかぎられた一部です。たとえば、イギリスでは近年、デニム・ジーンズの売り上げが大幅に増加していますが、その大部分は、アズダ（ウォルマート傘下の小売業者）やプライマーク〔アイルランド発の安価なファッションブランド〕のような店で低価格で売られるジーンズが占めています。[4]

ロンドンでの調査で、ソフィー・ウッドワードとわたしは、多くの若い女性がブランドものの高価なジーンズを持っていても、それらは特別な、着飾るべき機会のために取って置かれていることをあきらかにしました。日常的には、人びとは何の変哲もない安物のジーンズを履いていて、多くの場合、ブランドが何かさえわかっていないのです。つまりくりかえせば、商業についていくら調べても、ジーンズという具体的な商品の消費について研究し、理解しようとする試みにはあまり役立ちません。何か他のことが起こっているはずなのです。

ジーンズだけではありません。衣料品店では、「わたしを買ってください。わたしはおもしろくて、変わっていて、今どきのファッションです」と叫ぶ声が、ウィンドウに溢れています。しかし、地下鉄に乗って移動したり、通りを見下ろしたりすると、〔人びとが着ているのは〕ブラウン、ブラック、グレーなど、単調な色ばかりなことがすぐに分かります。まるで一九六〇年代のオースティン・パワーズの時代のカラフルな色や模様が排水口から染み出て濁ったかのような服ばかりなのです。わたしはかつて「小さな黒いドレスは解決になる。では問題は何なのか？」という論文を書いたことがあります[5]。小さな黒いドレスについて考えることで、何を着るべきか決める際の不安の役割について理解するようになりました。問題はデニム・ブルージーンズにかぎられませんが、この章の目的のために、当分はジーンズを主役にしておくことにいたしましょう。

ブルージーンズに対する最初の観察の成果は、ブルージーンズが世界中、どこにでもあることの発見でした。二つ目は、当初、わたしの指導の下、博士課程でおこなわれたソフィー・ウッドワードによる研究で、『なぜ女性たちはその服を着ているのか（*Why Women Wear What they Wear*）』[6]という本にまとまっています。このプロジェクトで彼女は、女性が街で何を着ているかを観察するだけでは、服との関係は理解できないと考えました。女性たちが朝起きて服を着るときに、立ち会わなければなりません。もっとおもしろいもの、変わったものを着たいと思いながら、服を着て、鏡をみて、自信をなくしてしまい、服を脱ぐことがよくあるからです。彼女がこのフィールドワークをどうやっておこなったのかは、あまり詳しく詮索しませんでしたが、ポイントは実際に着ているものと同じように、朝、着るのをやめた服からも、多くのことが学べるということでした。何よりも重要なことは、とくに不安を感じ、他の選択肢に自信が持てないときに、デニムがワードローブの中心に現れることです。デニムは最後の選択肢になるのです。

このようにどこにでもあることと、不安に対処することという二つのデニムの特徴を考慮する必要があります。さらにデニム・ブルージーンズには、第三の驚くべき面があります。(7) 少なくとも最近になって他のジャンルの服が流行り始めるまでは、漂白剤でまだら模様になっていたり、膝の部分が裂けていたり、錆で汚れていたり、擦れて摩耗していたり、数カ所で破れ擦り切れていたり、とにかく何であれダメージを受けた服を、ジーンズ以外に小売店でみかけることはありませんでした。購入しようとしていた服はもちろん、持っている服にこのようなダメージがみられたら、かなり悩んでしまうでしょう。織物としてのデニムの特徴は、色あせた効果を生み出すのにたしかに役立ちます。しかしそのことは、なぜジーンズがこのようなユニークな市場を開拓したのか、それ自体を説明しません。一〇〇年近くものあいだ、ジーンズもダメージ加工されずに売られていたのです。

偶然にも、わたしの思い出が役立ちます。わたしはティーン・エイジャーの頃、花柄のシャツとブルーの裾の広がったデニムを着て、無料のロック・コンサートをヒッチハイクで回っていました。わたしのジーンズは荒々しく扱われ、洗濯や手入れをほとんどせずに履かれていたせいで、しばらくすると自然に擦り切れ、ほつれ、今の流行を先取りするかのような状態になっていましたが、当時は母親やガールフレンドがジーンズを燃やしてしまうまで、そうしたジーンズが履き続けられていました。

自然とだめになっていた（getting stoned〔＝ストーン加工されていた〕）と言ってもよいでしょう。もちろんわたしがではなく、ジーンズがです。ある時点で、商売人がこの摩耗のプロセスを真似して、長期間の使用による摩耗を模倣するストーンウォッシュという手段を開発しました。それが始まりでした。今日では、デニムに人工的なダメージを与えるプロセスを専門とする産業ができています。ストーンウォッシュ以外にも、アシッドウォッシュ、ムーンウォッシュ、モンキーウォッシュ、ショーウォッシュ、ホワイトウォッシュ、マッドウォッシュなどがあります。過マンガン酸カリウムなどの化学物質を使って色を変え、また特定の場所にシワをつくるために、松脂が使われます。オゾンやウォーターージェットで色をかすませたり、平らな場所や人型のモデルの上で、砂研ぎや手研ぎなどがおこなわれています。代表的な特殊効果は、折り目をかすませたり、レーザーや研磨棒を使って股の周りのシワをつくるやり方です。もっと派手にしたければ、レーザービームを任意の形状に成形されたマスクに通し、鏡で反射させ繊維の基材に当てることもできます。一方、こうした技術のせいで、メキシコやトルコの工場で働く労働者はばかげた状況に置かれています。労働者は危険な化学物質を使って作業するせいで寿命を縮めたり、砂で研ぐために珪肺症になったりしているのです。それを代償とした上で、着古す手間を省いて服を買っているという意味では、[8]わたしたちはズボンに刻まれた他人の命を買っているのです。

ダメージ加工は、わたしのような人がジーンズと築き上げてきたきわめて個人的な関係をベースとして発展してきました。ジーンズは、わたしたちが所有するもっとも親密な衣服です。下着のほうが親密にみえるかもしれませんが、ときが経って特定の個性と結びつくようなものでは（少なくともわたしの場合）ありません。ジーンズのサイトは、こうした個性化について議論し、それを促進しています。サイトによれば、ジーンズをしばらくぶりに洗うと、自分の歩き方や仕事の仕方を表現した折り目がつくそうです[9]。商売人たちは、ダメージを受けたジーンズのこうした個人的な特徴を模倣しているのです。

ひとつのユニークな特徴があるというだけでは、解釈はたしかにむずかしいかもしれません。しかしブルージーンズには三つの特別な特徴があり、それらを関連づけ解釈することができます。ブルージーンズは世界でもっともグローバルな衣服であると同時に、持っている服のなかでしばしばもっとも親密で個人的な、さらに人前に出るための身だしなみをする際の不安を和らげてくれる服でもあります。

このような特徴が偶然に組み合わさっているとみることには、少々無理があるでしょう。出発点は、今日のわたしたちのほとんどが、テレビやその他のメディアを通じてますます拡大しているようにみえる世界との関係を主張する必要を感じていることです。わたしたちは皆、世界市民であると感じたいと思っています。しかしコスモポリタニズムの主張には欠点もあります。その世界の規模が大きいせいで、疎外感におそわれてしまいやすいのです。わたしたちはこの世界の一部であると主張できますが、それは同時に、自分を広大な風景のなかの小宇宙、取るに足らない存在にしてしまいます。

では、どうすれば、自分自身が特別な個人であるという感覚を失うことなく、グローバルな存在になれるのでしょうか？　もっともグローバルでありながら、もっとも個人的でもある衣類をつくり出せれば、その助けになるのではないでしょうか。ブルージーンズを履けば、自分自身を見失うことなく、世界と一体化するという矛盾を多少なりとも解決できると考えられるのです。また、自分が他人からどうみられているかに思い悩むという個人的な不安を解消できるかもしれません。「世界のなかにいる（世界内存在）」という言葉に関連していえば、誰もがサルトルやハイデガーを読んでいるわけではありません。でもデニムのブルージーンズを履くことで、わたしたちは実存的な葛藤をよりうまく解決できます。

いったんグローバルな衣料品になると、デニムは、トリニダードの消費の章で取り上げたようなローカル化のプロセスにさらされます。こうしたグローバルな要因とローカルな要因の組み合わせを分析するために、ソフィー・ウッドワードとわたしは「グローバル・デニム・プロジェクト[10]」と名付けたプロジェクトを立ちあげました。資金も制度的な支援もなかったため、ウェブサイトをつくっただけでしたが、インターネットの利点は、ウェブサイト上では誰にも止められず何かを主張できることです[11]。議論されたのは、学問の世界では、多くの人が「誰も研究していない」という理由で何かを研究しているということでした。この論理を逆にしてはどうかと考えました。ウェブサイトでは、少なくとも今後五年間はデニムを研究すると宣言しました。そうすれば、自分の研究テーマをまだ決めていない人が、デニムについて研究してくれるかもしれないと考えたためです。少なくともそうすれば、他の人と話す機会も増え、研究を少しは社交的なものにできるかもしれません。このような「オープンソース」のアプローチが、学術研究に有効かどうかにも興味がありました。

この戦略は意外にも成功しました。現在までに二〇以上のプロジェクトが並立しており、このサイトを知り、すでにおこなっている研究をこのサイトに関連づけようとした人もいれば、刺激を受けデニムに関するあたらしいプロジェクトを始めた人もいます。その結果、グローバルな対象としてのデニムがローカル化されていることをはっきりと論証する本を出すこともできました。

たとえば、リオのゲットーで「ファンク」ムーブメントに夢中の子どもたちが、ブラジリアン・デニムという特殊な流行をつくりだしたという話が本には載っています。そのデニムは当初は成金向けに売り出されたのですが、「ブラジルのものは本質的にセクシーである」という考えに基づいて、後には、世界的に知られるようになりました。わたし自身のプロジェクトでは、南インドのケーララ州でジーンズを履くのが嫌がられている理由を調べています。別のプロジェクトでは、アメリカの象徴であるジーンズが、古着をリサイクルするあたらしいキャンペーンにいかに利用されているかが主題になっています。他のプロジェクトでは、エジプトの輸出加工区、ブラジル南部の市場販売業者、ボリウッドのスターを通じたマーケティングなど、生産過程のジーンズのあり方が調査され、別のプロジェクトではドイツのヒップホップが好きな若者のあいだでのジーンズのあり方が探られ、また社会主義国ハンガリーにおけるジーンズの歴史が調べられました。ジーンズは、ミラノではフィット感が良いだけではなく、「フィット」しているようにみえるおかげで、セクシーなアイテムになっています。中国では親族関係の一部を表現します。(12) つまりそれぞれの場所には独自の物語があり、ジーンズはそれぞれのローカルな意義を担っていたのです。これらのローカルな分析は、わたしたちのプロジェクトにグローバルな視点を補ってくれました。

本のなかでもっとも重要な論文のひとつは歴史家のコムストックによるものです。コムストックは、ジェームズ・ディーンやマーロン・ブランドのような映画スターに代表される反抗的な若者のスタイルを表現するものとして、〔一九五〇年代に〕ジーンズが、アメリカで最初に人気を博したとされるよくある物語に挑戦しています。(13) そうした物語の代わりに、一九三〇年代の大衆文化の出現という観点から、ジーンズと男女の関係にかかわるはるかに複雑な図式が描かれているのです。

ジーンズを理解するために、たしかに歴史は重要です。[14] 藍は、布を色づけるために別の材料（媒染剤）を必要としない最初の染料のひとつであり、先史時代においてさえ非常に重要でした。[15] ジーンズが青いのもそのためということは、今ではほとんど忘れられています。タウシグ[16]が指摘しているように、ハイチはもともと砂糖のためではなく、ナポレオンの大規模な軍隊のユニフォームを染める藍のプランテーションのために植民地化されたのです。同様に、イギリスの植民地支配下では、インドの多くの畑に藍が植えられていました。

ただし、あるモノの歴史を知ったからといって、なぜそれが現在も重要で人気であり続けているかを説明してくれるわけではありません。たとえばブルージーンズの普及に、ある時期にはアメリカ化が大きくかかわっていたことはあきらかです。しかしわたしが南インドで調査した人びとは、ジーンズの起源がアメリカであることを知らず、ジーンズの起源はインドか、（不思議なことに）ドイツであると思い込んでいました。[17] ですから、この地域にジーンズが普及した理由を、アメリカ化や若者の反抗と結びつけることは不可能です。今日ジーンズが何であるのかを理解したければ、ジーンズを現代の物質文化と捉え、エスノグラフィーという手法によって研究する必要があります。そのためソフィーとわたしは、グローバル・デニム・プロジェクトを共同で発展させるのと並行して、ロンドン市内でより集中的にエスノグラフィーをベースにしたプロジェクトを実行し、ジーンズを調べることにしました。[18]

ジーンズが普通のものになるまで

この研究のために、ランダムに選んだ通りを訪れ、そこに住んでいる人たちと一緒に行動するという、もともとは買い物研究のために考案した手法を採用しました。最初は先ほど述べた不安とジーンズの関係についての問いに取り組むつもりでした。ただ研究が進むにつれて、それ以上にジーンズが普通であると理解される状態をモノとしてつくりだすことが重要であることに気づきました。

研究では、もちろんなぜジーンズを履くのかを人びとに尋ねました。多くの場合、機能的な理由が挙げられました。ただし、わたしはいくつかの国でジーンズを研究してきたので、矛盾したことに、ジーンズが暑いときにちょうど良いと主張する人がいる一方で、寒いときにぴったりと主張する人も多いという事実についてすでに知っていました。またジーンズは雨から守ってくれると考える人もいれば、ジーンズはすぐには乾かないので、雨の日には最悪という人もいました。色落ちするから長持ちしないといわれる一方で、だからこそ長持ちすると主張される場合さえあったのです。

ジーンズが好まれる理由としてもっともよく挙げられるのが快適さ（comfort）です。この「快適」という言葉そのものが、社会科学者が「自然化」と呼ぶものを説明するよい例になるとすぐわかりました。人びとはまず、柔らかくなったコットンとの物理的な関係のことを指して、快適という言葉を使います。綿の衣服としてのジーンズが、時間の経過とともに柔らかくなり、快適とされることに異議はないはずです。これは物理的な変化で、自然なものとみなされています。しかしこの言葉は、パーティーや特定の友人と一緒にいるときにジーンズを履いていると快適だと感じるというように、社会的な状況に対してもすぐに応用されるようになります。この場合、快適さという性質は自然な快適さとは関係ありませんが、同じ言葉が使われることで、文化的な概念が綿の性質に由来する快適さと同種のものであるかのようにみられるようになります。つまりデニムが社会的に快適であるという見方が、文化的な概念ではなく、デニムそのものの自然な性質のようにみえてくるのです。

同様に研究の参加者は、他の服のように頻繁に洗ったりアイロンをかけたりしなくてよいという理由で、ジーンズを好むことを正当化しています。参加者が言っていたのは、ジーンズは頻繁に洗ったりアイロンをかけたりしなくても社会的に受け入れられるということです。しかし布としてのジーンズには、それを決定する本質的な要素は何もありません。コーデュロイや綿のズボンでも同じことを感じていいはずなのですが、そう感じられるわけではないのです。汚れたジーンズは履けても、汚れたコーデュロイのパンツは履けないと感じるのは、たんに文化的な気まぐれなのです。

すでに述べたように、多くの女性がブランド品や高価なもの、特別にフィット感のあるジーンズを持っていて特別な日のために履く一方で、日常的にはまったく平凡な、そして安物のジーンズをたいてい履いていました。このことは、普通にみえるということが何を意味するのかについて考える手がかりを与えてくれます。「普通（ordinary）」という言葉は、何の変哲もない、特別なものではないことを意味しています。つまりジーンズは、何も特定のことを意味しないのです。これは興味深いことです。なぜなら衣服の人類学は、記号論から発展してきたからです。記号論は、男性と女性、富裕層と貧困層、フォーマルとインフォーマルといった社会的・文化的な差異を示すために、衣服の差異がどのように用いられているのかについて分析してきました(19)。

かつてはジーンズも、まったく記号論的なものでした。わたしたちは、年配の情報提供者からいくつかの素晴らしい話を聞きました。あるロンドン人は、自分が第二次世界大戦中にアメリカ兵からブルージーンズを手に入れた地域で最初の一人だと考えていました。もう一人は、一九五〇年代後半に彼の叔母が女性なのにジーンズを厚かましくも履いていたとして、他の女性たちに殴られたという話をしてくれました。しばらくのあいだ、ジーンズはアメリカの強い影響力を象徴していました。後になって、ジーンズは若者の反抗のように慣習に逆らう力を暗示していると思われるようになりました。しかし街に暮らす警官によると、今日ではもう誰もジーンズを特別のものとみていません。トラブルを予測するためには、「パーカー」を探すほうが良いというのです。イギリスにおいて階級がなお重要なものであり続けていることを考慮に入れると、ジーンズが収入や地位との関連性を失ったことは、驚くべきことです。実際、今日では、女主人と同様にメイドも高価なヴィクトリア・ベッカムのブランドのジーンズを履いていたりするのです。

かつてジーンズは特定の年齢層のためのものと考えられていました。しかしもう、そうではありません。ある女性は、ジーンズを履いていることが流行にかなっていると信じている夫について以下のように語っています。

夫はおかしくなっていました。息子が生まれるとすぐに、そのサイズのジーンズを買いに行きました。赤ちゃんにはひどく不快なものだったとしても、夫はすぐにでも息子のジーンズ姿をみたいと思ったのです。息子は大きなおむつと小さなお尻をしていて、本当に不思議な格好になりました。姉は「バカね、バカじゃないの」と言い続けていました。赤ちゃんが着るべきなのは、ベビーガウンか何かですよ。わたしたちは息子にデザイナーのデニムさえ買ってあげました。すごく高いやつでしたよ。ラルフ・ポロ・ローレンとか、何かです。まだ歩いていない頃の話です。何の意味もありませんでした。ジーンズ姿なんてほとんどみられませんでしたから。まだ六ヶ月ぐらいだったと思いますが、すぐに大きくなってしまって、履けなくなったのです。

年齢という意味では、反対の事例になりますが、ある女性が六一歳のパートナーについての話をしています。彼は同年代の他の人と較べバランスが取れた体をしているので、いつもジーンズを履いています。身体を見せびらかすために、ジーンズは完璧な服だとはっきりと自覚しているのです。だから、彼はジーンズを履くというよりも、六一歳になっても、自分の体を誇示するためにそれを利用しているといったほうがよいでしょう。「年配の人がジーンズを履く広告をつくるなら、俺が適任だ」とよく言うそうです。そして、「ジーンズ以外は絶対に履かない」とも言っています。とはいえ今日、彼ぐらいの年のほとんどの人がジーンズを履いており、年齢はもはや話題にされないのです。

こうした証拠をまとめると、ジーンズを史上初のポスト記号論的な衣服とみなす十分な理由となるでしょう。[20] ジーンズは履いている人について、何も語らない衣服です。ジーンズを履いていたとしても、その人の年齢や性別、階級などはわかりません。それは次の二つの重要な質問からも確認されます。快適ということ以外に、ブルージーンズを履いている理由としてよく挙げられたのは、何にでも「合う」ことでした。ジーンズと一緒に履けない服や靴、アクセサリーはほとんどありません。そのため、朝の着替えがとても楽になるのです。なので、わたしたちがまず質問したのは、「ブルージーンズとまったく同じ色の、デニムではないズボンがあったとして、そのズボンは何にでも合いますか？」ということでした。しばらく考えた後、誰もがそれは無理だと結論します。そこでわたしたちは、「デニムでつくられた、青ではなくたとえばグリーンのズボンをもう一本持っていたとして、そのズボンは他のどんな服にも合わせられますか？」と聞いてみると、しばらく考えてみて、それも無理だと答えます。

こうした質問が照らし出すのは、青、あるいはデニムのなかには他のすべての服に合うと思わせる本質的な要素は、含まれていないということです。ジーンズが何にでも合うのは、純粋に文化的にそうなっているからで、デニム・ブルージーンズがいまやポスト記号論的なもので、それゆえ事実上ニュートラルなものであることが完全に原因なのです。ジーンズには、他の服と衝突するという能力が欠けています。別の証拠は、「いつ、どこでデニムのブルージーンズを履いてはいけないと思いますか」という第二の質問から得られます。その答えは、もし特別の敬意を示す必要がある場合はジーンズは履くべきではない、というものでした。たとえば結婚式や、人前に出て公共のために奉仕するような仕事では、ジーンズは履いてはいけないのです。特定の意味を持たないジーンズでは、特別の配慮を示せないからです。このことは、今日、ブルーデニムのジーンズは、「何も意味しない状態」を意味しており、敬意を示す手段としては不適切であることをあらためて示しているといえます。ポスト記号論的なジーンズといえるのは、ロンドンで毎日着用されているような主流のジーンズのことです。こうした一般化は、高価なジーンズやスキニータイプのジーンズには、あきらかに当てはまりません。

さて、ではなぜこれが重要なのでしょうか？　理由はたくさんありますが、ひとつだけ挙げましょう。今回のフィールドワークの対象となった地域は、ロンドンでよくみられるように、移民をバックグラウンドとする人びとが多く住んでいる地区でした。ロンドンは例外的に移民の割合が高く、その多様性と、移民が大都市のなかのあちこちの場所に住んでいることで、さらに例外的な場所となっています。[21]フィールドワークの対象とした通りには、イギリスのさまざまな場所から来た人に加え、南アジアのいくつかの地域、西アフリカ、ラトビア、クロアチア、中国、カリブ海諸国出身の人が住んでいましたが、各地域の出身者はそれぞれ基本的にひとつか二つの世帯にかぎられていました。それでも全体としてみると、移民またはその子どもは調査の参加人数の三分の二を占めており、調査参加者のなかで典型的な存在となっていました。

移民とアイデンティティに関しては膨大な文献があります。わたしたちの問題も、ある意味ではそれと関係しています。アイデンティティとは何に同一化するかの問題であり、移民に選択を求めます。移民はホスト社会の文化に順応して溶け込むか、出身地の文化的価値観を維持するかのどちらかを選択します。ただし別のやり方もあって、たとえば大ロンドン市議会の議長を務め、数年前まではロンドン市長だったケン・リビングストンのラディカルな政治姿勢に合うようなスタンスを取ることもできます。ケン・リビングストンは、多文化主義や反レイシズムを積極的に推進し、さまざまなかたちの混合主義や融合を認めました。長年にわたり、ロンドンは移民に対する進歩的な政治の中心地とみなされてきました。それはとくにリビングストンの左翼的な熱望によって後押しされてきたのです。

ロンドンで五回のエスノグラフィーをおこなったおかげで、アイデンティティが大切なものであると他人から押し付けられることを重荷に思う移民も多いことに気づくようになりました。移民はルーツを保持し、アイデンティティを表現するとされています。しかし多くの移民が語ることによれば、他の地域以上に民族がばらばらに入り混じって暮らしているロンドンでは、アイデンティティから容易に逃れることができるのです。たとえば、以前のプロジェクトで参加者がブラジル出身と知って、ブラジル人のアイデンティティに関連する事柄について知りたいと思い、いつブラジル料理を食べるのか、ブラジル人の友人がいるかなどを尋ねようとしました。でも彼が言うには、「くそブラジル人なんかになりたければ、くそブラジルにいたはずだろう」とのことです。[22]

ロンドンは多様性と分散性を兼ね備えています。だからロンドンそのものやイギリス人に同一化しなければならないというプレッシャーを感じるために、移民は出身地と距離をとるわけではありません。イギリスの他の地域に住んでいると、そうしたプレッシャーを感じることもあるのですが、ロンドンでは地元出身者は多数派ではなく少数派なのです。多くの保守的な政治家や右派の人びとにとっては残念でしょうが、イギリスでは、少なくとも地元のサッカーチームへの帰属意識と較べると、イギリス人やイングランド人というアイデンティティがはっきりと称賛されることはあまりありません。同様に、移民は幼少期を過ごした場所や両親が生まれた場所に、ぼんやりとした名残やかたちだけの関わりしか感じていないかもしれません。たしかに、なかには出身地との関係をかなり強く感じる人もいて、イギリス生まれの人でもそうなる場合があります。しかしますます多くの人に拡がっているのは、特定の文化的アイデンティティに同一化しない傾向です。

だからこそポスト記号論的な状態に達したジーンズは、アイデンティティを超越したいと願う移民にとって理想的な手段になります。個人がジーンズを履くことに、政治的、また活動家的な意味合いはほとんどなく、実際には意識されることさえありません。たとえばオデットの例を挙げてみましょう。オデットの興味深い物語は、わたしたちのプロジェクトにとって特別の意味を持っています。ジーンズがブルーであるのは、もちろん藍ともともと結びついていたからです。藍染めは衰退してしまいましたが、高価なフェアトレード商品やオーガニックジーンズ、旧式の織機でつくられたセルヴィッジジーンズなどのクラフトジーンズのおかげで復活し始めています。偶然にも、オデットの家族はシエラレオネとガンビアの出身で、現在は一緒に暮らしているオデットの母親は、藍染めの職人でした。オデットは、植物から染料を抽出する方法や、布に藍で模様を刻むさまざまな防染の方法についてわかりやすく説明してくれました。若い頃は母親が藍染めした布を持って、隣国のリベリアに売りに行っていたそうです。オデットが夫と出会ったのはフランスで、それからシエラレオネで一人、ロンドンで二人の子どもを産みました。今でも家族で過ごすときには、巻きスカートなどの藍染めの特別な服を着ています。最近、マークス・アンド・スペンサーで藍染めの服をみて、ホームシックになったそうです。

オデットが子どもの頃には、ジーンズがとても流行っていました。ただそれは古着で、西洋の習慣を取り入れた国からやってくるものでした(23)。オデットは秘書学校に通うためにイギリスに来たのですが、その頃からジーンズをよく履くようになりました。履くと周りに溶け込むことができたからで、夜はジーンズで出かけるようになりました。またシエラレオネの娘に送るために、デニムのスカートやジャケット、ジーンズを購入しました。人生の一時期、彼女は名前がよく知られたブランドジーンズを履いていました。一〇代だった子どもたちがブランドを重視しており、お母さんにもブランドジーンズを履いてほしいと思っていたのです。でもその後、子どもたちも彼女もこだわらなくなって、ジーンズは彼女や子どもたちにとってたんに基本的な服装になりました。とくに子どもの一人はずっとジーンズを履いています。

オデットがアメリカ製のジーンズを買うのは、そっちのほうが安いからです。藍と関係するからジーンズを履いているのでも、子どもたちがせがむから履いているのでもありません。ジーンズは快適なものだから履くという調査参加者の典型的な例といえます。

オデットが自分自身と同一視し愛着を持っているのは、彼女が一〇年間履き続け、柔らかく、親しみやすく、個人的なものになったジーンズです。物理的に快適だというだけでなく、それを履くとリラックスした気分になれるのです。しかしノース・ロンドンのある地域に住む一人の人間として、ジーンズを履くことは、より広く社会的な意味で快適に過ごすための方法の一部と感じられているともいえます。家族の結婚式のように、自分の出身地を示す服を着るほうがよいと思われる場合には、彼女も自分の文化的アイデンティティを表に出します。夫は熱心なエホバの証人の信者で、彼女も教会ではジーンズは履きません。でも日常生活では、特定の地域への所属やアイデンティティに縛られていないこと、母であり、妻であるだけでなく、自分の仕事があり、また何よりも自分の個性を持っていることに満足しています。ほとんどの点で、彼女は「普通」になることができたと感じていますが、そうなるために払った努力についてはあまり意識していませんでした。

いくつかのケースでは、移民はホストコミュニティに溶け込まなければならないというプレッシャーを感じてジーンズを履いたことを記憶しています。ただオデットの場合のように、その多くは移住してきてすぐの段階にかぎられます。このような例はたしかにわたしが述べている一般的な議論と合わないものですが、そうしたケースは稀なのです。エスノグラフィックに観察すると、多くの場合、移住国に溶け込むためにアイデンティティを捨てなければならないというプレッシャーはあまり感じられていません。どちらかというと、事態は逆で、民族的な差異は、記念すべき日に祝う文化的なものとして評価されるようになっています。

このことは、テレビなどの大衆メディアや学校において、差異がどう表現されているかが近年大きく変化していることからも確かめられます。前述のブラジル人移民の場合のように、アイデンティティは恥ずかしいものではなくなり、背負わされるとまではいえなくとも、期待されるようなものにさえなっているのです。祖父母がアフリカ人かアイルランド人であったことは表に出すべきことで、それが自分という人間について何か重要なことを意味するように思われています。

ただしロンドンでは、これとは別の流れが先駆け的にみられるといってよいでしょう。ロンドンは「どこでもない場所」、つまり、アイデンティティから逃れるために、別のアイデンティティを持つ必要がない場所になっているのです。自分がデンマーク出身であることが気に入らないと言うことができます。なぜなら、デンマーク人がとくに好きではないからですが、その場合に、イギリス人もとくに好きなる必要はありません。そうした人は特定のアイデンティティを求めていないし、自分以外の者にもなりたくないのです。現在、移民の多くは、周囲に溶け込もうとしてジーンズを履いているわけでも、自分が誰かと異なっていることを示すためにそうしているわけでもありません。移民は、アイデンティティの問題とは無縁のまま、ジーンズを履いています。ジーンズはありふれたもので、同化や差異を表現する内容を持っていません。ジーンズを履く理由は、何より快適という言葉から説明されるのです。

実際、移民はジーンズを履くことで他の人と同じ普通の人になり、周囲にもそう認められます。制服のない学校では地位の競争を避けるために、ジーンズを履くことが親から勧められます。大学で、仲間のなかで目立ちたくないと思う学生は、ジーンズを履いています。仕事を終えて家に帰り、リラックスするときにも、わたしたちの研究に協力してくれた参加者はジーンズを履いていました。ジーンズは、おしゃれになりすぎずに着飾らせてくれる一方で、わたしたちを地味にもしてくれます。ジーンズは衝突を回避し、誰かから不快感を寄せられたり議論をふっかけられたりすることを避けさせてくれるのです。

ジーンズは、普通であることを快適であると感じさせてくれます。それは、特別になれなかったことを責めるのではなく、むしろ普通であることを正当な達成として認めてくれるのです。移住者のなかには、この快適さは出身地にはないもので、人びとが混じり合ったロンドンでこそ生じたものだとみる人もいます。湾岸諸国からの移住者は次のように述べています。「ここでは、アズダのジーンズやテスコのジーンズを履いて外出しても、何の心配もありません。誰も何も言わないでしょう。でも、向こうでは何を着ているかが大問題になるのです」。移民たちはテレビでジーンズが世界的に普及していることは知っていても、イギリス、またはロンドンの外で、ジーンズが同じような意味を持っている（あるいは同じように意味がない）ことに気づいていないようです。

誤解のないようにいえば、ロンドンでジーンズを履いていることが、いつでも普通であることを意味すると言いたいわけではありません。それが仮説だとすれば、まったくまちがっています。[24]とくにスタイリッシュであるため、または高価なラベルが付いているため、アイデンティティやステータスを効果的に表すために、膨大な数のジーンズが履かれていることは事実です。デザイナーズ・ジーンズや、際立って細いジーンズ、ごてごてと装飾されたジーンズ、ボタンを留めようとすると爪が折れてしまうほど、きつい女性用ジーンズなどがそうです。

ただ重要なのは、これらは履かれているジーンズのなかで少数派ということです。日常的には普通のジーンズを履いている人でも、デザイナーズ・ジーンズや特定の効果を狙ったジーンズを持っていたり、ふさわしい場面で履いています。でもだからといって、普通の状態をモノとしてどうにか表現するという、ブルージーンズに込められた意味が損なわれるわけではありません。多くの国で大多数に近い人びとに履かれているからこそ、ブルージーンズにはたしかにさまざまな種類があり、一部のジーンズは特徴的で、特別で、そして非凡なものを表現するために利用されていると考えられます。自然科学的にみれば、こうした使い方には矛盾があるのかもしれません。しかしエスノグラフィーでは逆に、つねに反対のものに変わる恐れがあるからこそ普通であることは重要だといえます。例外があるからといって、一般的な使い方がこうであるという見方を損なうわけではないのです。

移民とホスト社会との関係は、普通であることはいつでも当然ではないという事実を教えてくれます。わたしたちが非凡なものではなく、ごく普通の存在になろうと努力することには、多くの理由があります。これまでのケーススタディは最近出版した本から引いてきたものですが[25]、本のなかではデニム・ブルージーンズの意義について、より深いレベルで解釈しています。人類学は、人びとは一般的に社会のルールや習慣に従って暮らしていると仮定しています。人と調和して、適切に行動するようにさせるさまざまなプレッシャーがあるとされているのです。先ほどの買い物の章では、それは規範的なものと呼ばれました。

しかしブルージーンズについての研究は、人類学のコアとなるこうした理論そのものに根本から挑戦します。今回の調査から、人びとは道徳的圧力に屈してデニム・ブルージーンズを履いているわけではないことが浮かび上がりました。わたしたちは一般的に、子どもに向かって「大きくなったら普通の人になってほしい」とか「ブルージーンズを履いてほしい」などとは言いません。ジーンズを履くことは、人類学の多くの理論で前提とされているのとは異なる、社会的同質性を表現しています。普通であること（ordinary）は一致しなければならないこと（conformity）とはちがうのです。

さらにいえば、デニム・ブルージーンズは、人類学の理論だけでなく、西洋哲学の主要な流れに挑戦します。カントからヘーゲル、さらにそれ以降の哲学者たちは、啓蒙主義がわたしたちに道徳意識を授けることに期待してきました。理性を体現する意識によって、道徳的な生活は意図的に実現されると考えられてきたのです。しかし、たとえブルージーンズがより高い度合いでの平等性を生み出したとしても――実際、少しはそうだと思うのですが――、それはブルージーンズを履く人たちの意識や意図的な努力、または道徳やイデオロギーによるものではありません。道徳は結果であって、原因ではないのです。とはいえデニム・ブルージーンズがカント哲学に代わる深遠なものであることを、数段落で説得できるとは思えませんので、興味のある方は、できればより詳細な記述を参照してください。[26]

前の二つの章と合わせてこの章で伝えたかったのは、消費がこれまで他の本で書かれてきたものとはまったく異なる、やっかいなものであるということです。別の議論や原因を消費に投影するのではなく、消費それ自体に焦点を合わせ研究することで、それがあきらかになりました。

商品は市場によって供給されますが、それを知っていても、人びとがなぜブルージーンズを履くかはわかりません。ヴェブレンに始まる消費の社会分析の伝統は、身分差や競争といった要因に焦点を絞ってきました。しかしこうした要素は、これまでの三つの章のどの部分でもほとんど確認されませんでした。またバルトやボードリヤールの記号論にみられるように、消費はたんに社会的差異を地図化して示すものでもありません。わたしの研究は、『もの』で描いた物質文化の視点から出発しています。これは、人びとにとっての記号的な意味だけに、対象を還元することを拒否するものです。その代わりに、物質的なモノが、わたしたち自身の関係性や価値観を表現するやり方に注目しています。モノはあるときは個人的なものとして、あるときはショッピングでのように家族との関係において、またあるときはトリニダードのクリスマスでのように、高度に民族的な文化をつくりあげつつ、わたしたち自身の関係性や価値観を表現するのです。

このような価値観は、コスモロジーや平等という概念に由来することもあり、消費との出会いを哲学的な取り組みのひとつといえるものにします。『もの』の冒頭で述べたように、衣服に関するかぎり明確にいえることは、衣服はたんに表面的なものにとどまらないということです。なぜなら、わたしたち現代世界を生きる人は表面的であるわけではめったにないからです。あたりまえのことをあたりまえとして受け入れるのではなく、時間と努力を惜しまず、わたしたちが何であるのかを理解しようとすれば、それはまったく自明のことだと思います。従来の消費に関する議論でもっとも問題が大きいのは、他人がいかに浅はかであるかを示すことで、自分が深遠だと主張したい者が数多くいることなのです。

第5章　なんと愚かな経済

消費がもたらす影響について、真面目に扱った本であれば、より広い政治経済学の分野に関しても一章を割くことが期待されているのではないでしょうか。消費を成立させる主要な原因は、経済にあると想定されているからです。

しかしこの章では、政治経済学を消費の原因を説明するものというよりも、消費の結果生まれたものとして扱います。マルクス主義の影響を受けた研究を代表として、初期の研究が消費を軽視していた理由のひとつは、資本主義を推進力として捉え、消費をたんにそれにともなう結果として捉えていたからです。商品が全部売れなければ儲からないので、商業上の要請から、人びとは買い物をするように説得されるとみられてきました。こうした仮定は、ボードリヤールの初期の文化研究でもみつかり[1]、社会科学や経営学の分野でも多様なかたちでみられます。例外は経済学の教科書ですが、ここではすべての欲望は個々の消費者の合理的な判断に由来するとみなされ、商業はそれを親切にもそそのかすだけとみられています。

生産が消費を引き起こすというこの仮説は、一九八〇年代にイギリスの産業革命を歴史家たちが異なる見方で捉え始めた際に、最初の挑戦を受けました。産業革命は多くの点で消費と需要の変化に対する反応として起こったのであり、以前に想定されていたように、変化の原因ではなかったことがわかったのです。[2] それは、その時代の歴史の教え方に対する大きな挑戦になりました。

わたし自身も初期の著作[3]では、おおまかにいえば消費をたんに経済的な力の受動的な結果として捉えるのではなく、能動的な我有化（appropriation）のプロセスとして注目しています。こうした議論の鍵は、広告をどう理解するかにあります。広告が消費者の需要を生み出すメカニズムだということは、直感的にはあきらかであるかのようにみえます。だから企業は広告にお金をつぎ込むのです。しかし買い物の研究を何年かすることで、広告はほとんど影響を与えていないことがわかって、わたしはショックを受けました。広告の甘い言葉に直接反応するのは、子どもたちだけのようなのです。

ではなぜ広告にほとんどインパクトがないのに、企業はあれほど多くのお金を費やしているのでしょうか？　その疑問に答えるために、この章の最初の部分では、広告産業に対する研究をまとめています。それらの研究から、広告は消費の原因とはならず、むしろ結果としてみなければならないことがわかりました。それをあきらかにした後に、本章はより一般的に政治経済学に関して同じことを主張していきます。金融の台頭に例示される経済的な面や、また監査の例で説明される政治的な面がここでは論じられます。

本章は、これまで想定されてきたような生産と消費の関係を逆転させようとしているだけではありません。消費が何であるかについての理解を変えるためには、経済が何であるかという従来の見方にも挑戦しなければなりません。とくに経済とは本質的に合理的、科学的で、知的で、道徳的または不道徳であるという仮説に反論したいと思います。その代わりに言いたいのは、経済が根本的にひどく愚かなものであることを理解して初めて、経済を理解できるということです。

これらの議論をした後、「ヴァーチャリズム」と呼ぶ理論を用いて、そのつながりと要点をまとめます。これらの議論の展開を正当化する主要な要素が、消費なのです。最後に、価値についてのあらたな見方を提案したいと思います。経済活動を正当化しようとする試みの根底にあるのが、多くの場合この価値という用語だからです。議論の多くは抽象的で、回り道を辿っているようにみえるかもしれません。ただわたしは、消費がもたらすより広範な結果を理解するためには、この理論がきわめて重要であると考えています。でも辛くなったら、もっと軽い文体で書かれた次の章に飛んでいただいてもかまいません。

なぜ広告するの？④

ささやきが聞こえてきます。誰にも知られてはならない秘密の会議だけど、もしわたしがある場所にある時間に現れたら、何かを発見できるのではないか……。人類学者の耳には甘く響く言葉です。少なくとも広告会社の幹部は、わたしを信頼してくれたのでしょう。それで時間通りにその場所を訪れ、人目を忍び集まった男たちと一緒に、ひそかにつくられた裸のモデルがお風呂に入っているフィルムをみました。いや、裸だったようにみえましたが、実際には大量のシャボン玉で、顔と手足以外は隠されていました。しかしとにかくこの会議では、顔が重要でした。みた感じは、イタリア人というより、南米人のような顔ばかりでした。

この秘密の会議は、世界的に有名な石鹸ブランドのために働く、南米の広告会社の幹部によって招集されていました。幹部たちはイタリア人モデルを使った輸入された広告を使うことにうんざりし、南米の人びとは代わりに現地のモデルを眺める権利があると感じていたのです。そのため幹部らは、本社に内緒で現地のモデルを使って広告を撮影していました。そしてこの秘密のクーデターを本社にあかす前に、トリニダードが革命に参加するかどうかを知りたがっていたのです。

この会合は楽しかったのですが、より重要だったのは、トリニダードの広告が大きな問題を持っていることを理解させてくれたことです。基本的にトリニダードの広告業界は順調でした。サーチアンドサーチ、マッキャンエリクソンなどの国際的なグループと提携した、強力でスタッフのそろった代理店がいくつかあり、また完全に地元の企業もありました。しかししばらくすると、業界が本当に順調なわけではないことがわたしにもわかり始めました。広告の多くは、リーバ・ブラザーズ、コカ・コーラ、ネスレなどの確立されたグローバルブランドのものでした。企業側からみれば、ドイツやアメリカなどひとつの場所で広告をつくり、世界中のローカル代理店に定型広告と呼ばれているものを送り、もっとも良い枠で流せば、最大限の利益が上げられるはずです。地元の代理店ではこの場合、二人程度のスタッフしか必要なかったのです。

あきらかにこれは地元の広告代理店にとって、望ましいことではありませんでした。しかし状況を変えるためには、トリニダードがグローバルな広告ではアピールできない特別の市場であり、商品を販売するには現地で広告をつくるしかないと企業に説得するしかありませんでした。地球上でもっとも賢いとわたしがつねづね思っているトリニダード人は、まんまとそれをやり遂げました。そのおかげで、トリニダードのテレビに映し出される広告の大半は、現地で制作されるようになったのです。

輸入された定型広告を流すだけではなく、実際に広告をつくるとなると、莫大なスタッフとお金が必要になります。人類学者にとっては、ここには興味深い皮肉があります。企業が支出を正当化するためには、グローバルな広告ではなく、ローカルなコンテンツやイメージでいっぱいの広告をつくらなければなりません。結果として、グローバルブランドの広告主が、トリニダードの文化的な個性やちがいを強調するようになりました。社会科学の世界では、グローバルブランドはつねに同質性をグローバルに推進し、地域の個性を潰してしまうと想定されていました。でも、まったく逆の事態が起こったのです。

先にみたように、コカ・コーラのような商品がローカルに流用されることに対する反応という部分もあったと考えられます。しかしそれを別とすれば、グローバルな広告の方が効果的だったと思われます。それでもローカリゼーションを推進したのは、代理店が自己の利益を追求したためです。その結果、グローバル企業はより多くの費用を費やしながら、おそらく少しだけ収入を減らしました。これは、わたしが研究してきた商業の典型的な例です。商業は継ぎ目なく、知的で合理的であるわけではなく、実際にはさまざまな利権集団によって動かされ、興味深い内部矛盾に溢れています。この点は第二章ですでに扱いました。確認したように、コカ・コーラのローカル・フランチャイズは、グローバル企業の権威といつも何らかの仕方で争ってきたのです。

矛盾はまた広告代理店の構造そのもののなかにも組み込まれています。とくに代理店のクライアントの求めに応じようとする「アカウントマネージャー」と呼ばれる職種の人びとと、洒落ていて芸術的という評価を求めようとする「クリエイティブ」と呼ばれる職種の人びとの衝突があります。前者は広告にブランドロゴを貼り付けることに時間をかけ、後者はそのブランドロゴを取り除くことに時間をかけているのです。

ときには教科書的な理想と実践が衝突しました。トリニダードの代理店の幹部の多くは、北米の大学で典型的なビジネスの教科書を用いた訓練を受けています。だから帰国すると、自分の利益にならないはずなのに、メディアを地元の人びとに解放することを律儀にも主張します。けれどもメディアが小さく分散していると、輸入した番組への依存度が高くなり、現地でつくられた高価な広告の代金を支払う余裕がなくなります。資本主義についてエスノグラフィーをおこなったわたしの本[5]では、こうした矛盾についてもっとたくさん指摘しています。多くの場合、矛盾や問題は、広告業界で働く人びとが知性や能力を欠いているから生じるのではありません。矛盾や問題は、彼・彼女らが働かなければならないシステムの内部の軋みからやってくるのです。

実際、これは業界全体に当てはまります。わたしの最大の疑問は、なぜ企業は成果をめったに上げないと思われる業界に、これほど多くのお金を費やしているかでした。うまくいった製品もあれば、うまくいかなかった製品もあります。しかし成否は製品自体や消費者のスタイルの変化に、より多く関係しているように思われました。いくつもの会議に出席した後、広告予算は、消費者に影響があるという理由で正当化されているわけではないことがわかりました。議論はいつもライバル企業の広告費を引き合いに出しておこなわれていたのです。誰も広告がうまくいったとは証明できませんでしたが、そうではないと示すこともできませんでした。スタンダードとなった製品のほとんどは、何年ものあいだ売られており、その印象を変えることは困難でした。他方、多くの新製品は失敗しますが、それにはパッケージやアクセスのしやすさ、また商品の質まで多様な原因が絡み、広告を独立した変数として切り出すことは、かなりむずかしかったのです。

もちろん、例外もあります。時には、特定の広告キャンペーンが売り上げに大きなプラスの影響を与えたと示すことができました。でもそれは製品自体の需要を増すというよりも、二つのライバルブランドのシェアを変えただけでした。だからこそ、ライバル会社が広告に多額の投資をした場合には、自分たちもそうしなければというあせりがいつも生まれたのです。結果として、いくつかの製品分野に対しては莫大な金額が費やされた一方で、ほとんど宣伝されない商品もありました。

それでも広告は、広告それ自体を宣伝することにはかなり長けていたとはいえます。実際、トリニダードの広告業界は有能だったので、まったく不要なローカル広告のために、世界の大企業に多くの金を支払わせることができたのです。『マッドメン』[6]ばりに、とはいかなくとも、広告にはそれなりの魅力があるのです。

だから実際に広告業界がいかに繁栄しているかを知っていながら、広告がなくなっても、商品の需要にはあまり影響しないと予測することができます。これは、経済学者が信じるように、需要が合理的な選択に由来するからではありません。車やコンピューターのように個人の能力を高めるものは別としても、商品はこれまでの三つの章で示してきたように、関係性や文化をかなり陰影に富んだかたちで表現します。だからこれらの章では、広告にはいっさい言及しなくとも、需要がどこから来るのかを説明できたのです。

振り子を一方の極に揺らしすぎないようにしましょう。マーケティングや広告業界がわたしたちの好みを変え、需要を生むという証拠がもちろんないわけではありません。業界のインサイダーによって書かれた多くの本には、キャンペーンの前後で売上高が変化したことを示す統計情報がたくさん載っています。ただほとんどの新製品は失敗しますが、失敗を書き留めた本はあまりありません。買い物や業界の研究によって、広告は子どもたちの需要をたしかに非常に効果的に刺激することを示す証拠が確かめられました。だからこそわたしは、子どもを対象とした広告を全面的に廃止することを強く唱えています。それは有害な結果をもたらす可能性がとても高いのです。対照的に、わたしが調べたところでは、大人への広告を止めても、消費財の需要はほとんど変わりません。

結果として広告と消費者の関係は、ときにますます奇妙なものになっています。トリニダードでは、広告代理店は視聴者を怒らせたくないので、インド系やアフリカ系の人ではなく、混血のモデルを普通は使っていました。研究のために、消費者と一緒に広告をみて反応を測定したところ、混血を促進しようとするビジネスと政府の陰謀に、インド人たちが憤慨していることがわかりました。インド人はインド人同士で結婚すべきという内婚制の原則を破っていたからです。怒られないようにした結果、さらに多くの怒りを生んでいたのです。

視聴者が自分で広告の内容を選んで受け取っていることは、はっきりとしていました。ネスレが販売したサプリゲンと呼ばれる豆乳飲料のキャンペーンを詳細に追ってみましたが、この商品は、トリニダードの代理店のもっとも一般的なイディオムのひとつである、セックスをテーマとして販売されていました。テレビCMでは、ジムでのようにレオタードで運動している女性に続いて、足のあいだで削岩機を操作している、波打つ筋肉を持つ男性が登場します。女性は男性にサプリゲンのカートンを投げて、サプリゲンのパックからなるドアを通って一緒に出て行くように視聴者にウィンクして誘います。パックには、彗星のようにみえるものが描かれていますが、それはあきらかに勃起した陰茎として取られるように意図されています。広告のスローガンは、「栄養がパフォーマンスを支える」で、オフスクリーンの声は、「より長い活動を助けます」とささやきます。伝統的に男性が性的欲求を維持するのに役立つとされているピーナッツやひよこ豆を付けて、そのドリンクは売られていました。街角のピーナッツ売りがよく言う、「銃に弾丸を！」を体現していたのです。わたしと一緒に研究を進めていた広告代理店の幹部は、戦略の本質にセックスが絡んでいることを隠そうとしていませんでした。

ここまで読んでくると、セックスが露骨に表現されていたようにみえるかもしれませんが、テレビCMの視聴者は、サプリゲンをセックスに関連づけませんでした。受け入れられたのは、飲み物に栄養があって、激しい仕事やレジャー活動に役立つというメッセージで、セックスではありませんでした。視聴者の典型的な回答は、「健康飲料のようなもので、一生懸命働いている人が映っていますね」とか、「飲んだ後に良い仕事ができると示すために誰かを映しているだけ」というものでした。「とても元気で、一生懸命何かをしている様子が伝わってきますね。他には何もありません。パッケージは……電球だね」という回答もありました。セックスを売りにした他の広告では、こうした慎みはみられなかったにもかかわらずです。

幹部が売上高をみたときに、その理由はあきらかになりました。サプリゲンはかなり売れていたものの、おもな用途は学校の弁当用でした。通常の牛乳飲料よりも体力をつけるのに役立ち、とくに子どもたちの脳に良いと考えられていたのです。学童に関係するもののなかに、セックスをみたい人はいないでしょう。このことはビジネスの圧力を受けつつも、どのように意味や使い方を集団は決定しているのかという人類学にとっては魅力的な問いを投げかけます。でもより直接的には、ビジネスは積極的で消費者は受動的であり、両者はシームレスにつながっているという仮定が怪しいことが、ここでも重要なのです。

今や広告についてのわたしの理解は、教科書とは程遠いものになりました。消費の原因というより、それにともなう副次的な結果として広告はおそらく捉えられるのです。こうして広告に関してあきらかになった利益団体やイデオロギーのあいだの矛盾や衝突が、では次には、より大規模な経済にどれほど当てはまるだろうかとわたしは考えるようになりました。

偶然にも、当時はトリニダードの企業はかなりうまくやっていました。この地域の二大多国籍企業がトリニダードの地元企業だと知って驚きました。ニール・アンド・マッシー社とアンサ・マッカル社はカリブ海地域最大の企業のひとつでした。リーバ・ブラザーズやネスレなどの企業の雇用者がそれぞれ五〇〇人程度だったのに対し、ニール・アンド・マッシー社は七〇〇〇人近くの従業員を抱えていたのです。そうした企業にとっての問題は、商業にかかわるものではありませんでした。むしろ企業は、より高次の経済思想の影響に苦しんでいました。当時、経済学のなかでグローバルに流行していたのは、「構造調整（structural adjustment）」にかかわるものでした。部分的には旧ソ連圏の解放に対する対応としてあったこの構造調整主義は、保護主義や通貨管理であろうと、まともな福祉の提供であろうと、すべての地域的な関心を自由市場の歪みとみなす厳格な経済理論を各国に押し付けました。資本主義について書いたわたしの本では、この二つの力がいかにつねに対立してきたかを論じています。純粋な資本主義を目指すトップダウンの経済理論からやってくる圧力は、トリニダードの大企業が成功するための足かせになったのです(7)。

これは一部には、トリニダードの資本主義が、非常にローカルな仕方で運営されていたからです。わたしは資本主義と呼ばれるものについての教育を受けてきましたが、その際、この言葉はつねに同質的なものについての論理を意味していました。問題は、資本主義の支持者と批判者の両方が、「資本主義」という言葉で表される命題を単純化することにおいては、共謀してきたことです。しかしエスノグラフィックな研究をおこなうと、資本主義は複数形で語られるべきであることがみえてきます。そのおかげで、世界のみえ方が変わりました。より広く文献を調査すると、英国では年金基金によって資本主義が動かされているのに対し、ドイツでは銀行が重要な所有権を握っており、中国では国家、とくに地方の政府の役割が大切であることがわかりました。中国に関していえば、今日もっとも成功しているのが、共産主義資本主義であるらしいという事実は、資本主義という言葉が何を意味するのか、さらにていねいな学術的な考察が必要なことを教えてくれます。

こうして地域に応じてさまざまな特殊性や規制システムが残存しています(8)。わたしが広告においてあきらかにしてきたように、これらの制度は、時にはそれなりにうまく機能します。地域の人びとは、十分に知性的でまた機敏なので、小利権集団をさまざまな仕方で発展させ、競争上の優位を得ているのです。時にはそれらが矛盾して、危機に陥ることもあります。こうした証拠は、経済に包括的な知性、合理性、または道徳があることを疑わせます。魔法使いがいるとしても、それはオズの魔法使いのように、結局はまやかしなのです。

以上のことはすべて、わたしがエスノグラフィーという手法を用い、ビジネスを研究することであきらかにしたことです。他のエスノグラフィーに基づく研究も、グローバルな金融という高次の領域でも矛盾は現れると結論づけています。ホーのウォール・ストリートについてのエスノグラフィーは株主価値という理想に注目し、それが資本主義を対立する二つのビジョンに引き裂いていると主張しています(9)。経営の観点からみた社会的な組織としての企業と、株式市場の観点からみた金融資産としての企業というビジョンに資本主義は引き裂かれ、統合失調症に陥っているというのです。

同様に、ウルゾッフは、経済において同じく重要な位置を占める格付け機関に対してのエスノグラフィーをおこなっていますが、そこでも矛盾に焦点を絞っています(10)。ウルゾッフの場合、キーになる矛盾は、投資によって生じる損失のリスクを企業の経営者が実際には定量化できないときちんと認識していることです。しかしいわゆる証拠がなければ誰も企業に投資しないので、みかけ上の数値をしぶしぶ提供しているというのです。これが金融システムを把握しがたいものとし、危機を周期的に引き起こす原因になっています。

このように、経済は何をしているはずかではなく、実際に何をしているのかを人類学者たちはエスノグラフィーを用い詳細に研究してきました。それによって、あらゆるレベルで矛盾があたりまえにみられることがわかってきました。しかし、ではなぜ、逆に経済には矛盾がないかのように捉えられているのでしょうか。

信念・認識論・経済学

ビジネス、経済学、金融を理解しようとし始めた際、権威あるガイドと思われるものを読んでみることにしました。『ファイナンスの達人（*Mastering Finance*）』という本です。[11] その本は、フィナンシャルタイムズと世界有数のビジネススクールによって高く評価されていました。そこでは価値（*value*）がもっとも重要な主題であると論じられており、「理論的には、株式は実物資産に対する債権であり、資本や土地は、実際の商品やサービスの販売からその価値を引き出す[12]」と主張されています。「理論的には」という言葉が、この本でそうした資産について言及されるのが、この一回だけである理由をよくあきらかにしていると思われます。この本が本当に関心を持っているのは、投資判断に適用されるリスクという考え方です。そこでは、「投資家は株式市場のリスクにさらされているからこそプレミアムを受け取っている[13]」という道徳的な立場が擁護されます。リスクを受け入れさせる代償として、市場は報酬を与えなければならないと、道徳的に求められているのです。

道徳は、科学に基づいたものとされます。市場は効率的なシステムであり、また知識を価値に変える一種のテクノロジーとされているからです。ヒロカズ・ミヤザキ（宮崎広和）は、日本の裁定取り引きをおこなう者が、価格が正しい市場水準と乖離していることに気づくことでいかに儲けているか論じています。[14] ただし投資家は科学に従うだけではなく、逸脱を罰し、市場を効率的なものとして再確立する道徳的なエージェントとしても活動しています。経済学者は、ある種の科学として、企業のボラティリティー〔価格の変動の度合い〕や市場全体のボラティリティーに由来するさまざまな種類のリスクを測り、モデル化することができます。こうしたボラティリティーを測る手段が、「ベータ」と呼ばれています。理想的には、過去のパフォーマンスは、将来のパフォーマンスを予測するのに役立ちます。その結果、ポートフォリオはより効率的なものになり、リスクはほとんどなくなるのです。ただし残念ながら、現実の世界は理論通りには動いてくれません。「現実には、高ベータ株を購入した投資家が、低ベータ株を購入した投資家よりも高い収益率を達成しているわけではないように思われる」[15]のです。同様に歴史的な記録によれば、長期的にみれば、株式は債券よりも一般的にリスクが低くなっています。[16] 配当は価格に影響を及ぼすとされていない一方で、小型株は大型株と比較してより大きなリターンをもたらすとされていますが、[17] どちらもまちがっています。[18]

　この意味で教科書は実質的に三つの要素に分けられます。もっとも支配的なのは、方程式によって記述される科学として教えられるべき包括的なシステムとしての金融のあり方です。その背後にある第二の要素では、この科学は、リスクを取るなど特定の方法で行動する人びとに、何らかのかたちで道徳的に報いるようになっています。しかし第三に、実際の市場は、これまでのところ科学や道徳が想定しているようにはほとんど振る舞っていないという、おおやけにはされていないものの明確な証拠があります。この三番めの要素は、他の二つの要素に大きな影響を及ぼすことは許されていません。

さらに驚くべきことに、常識と呼びうるものは、教科書ではまったく受け入れられていません。たとえば経済学の専門家以外で、売買する人たちが強気かどうかが、市場に反映されていることに驚く人はいないでしょう。また実際に企業を支配することに、特別の経済的なメリットはないと考える人もいないはずです。[19] しかし教科書によれば、効率的な市場の理想に反している以上、そうした利点は存在するはずがないのです。[20]

いったい何が起こっているのかを理解するために、認識論、つまり知識とは何かについての理論に少しだけ寄り道する必要があります。このような議論は今日では稀ですが、わたしが考古学の学生としてキャリアをスタートさせたときには、さかんにおこなわれていました。[21] 認識論はわたしたちが生きている世界を分割し、支配する並々ならぬ力を持っています。簡単にいえば、過去三世紀のあいだに自然科学が勝利をおさめ、今ではあたりまえと思われている無数のことがあきらかにされてきました。自然科学は、普遍的で予測可能なルールがあり、実験をくりかえすことのできる非文化的な世界を研究しています。ラトゥールらが主張するように、[22] 実践としての科学に文化的性質があることも知られています。ただしあたらしい薬が製造されたり、航空機の部品がテストされたりするときには、モデルや分析や反復や実験や証明を通して知識は発展するという見方にわたしたちは一般的に同意しています。飢餓状態に陥っていたであろう何十億人もの人びとを、緑の革命によって救ってきた科学を、否定することはできません。[23] 科学の実践はあきらかに文化的な影響を受けていますが、それによって、良い科学と悪い科学を区別するための超越的な基準を保持したいという願いがすべて否定されるわけではないのです。

科学のこうした大成功を考えれば、他の分野の多くの学者が、同様の評判と確実性を得たいと思ったこともうなずけます。しかし自然科学の理論がうまく通用するのは、その研究対象が予測可能で再現可能な状況に従う物理的な諸力である場合にかぎられます。子どもをどうやって育てるべきかとか、どの車を買うべきかなどを決めたりする文化的実践に対して、自然科学的方法がうまくいくと仮定するのはまったく不適切だと思います。しかし経済学は（多くの場合、同じ認識論的な方向性に沿って動いている心理学の支援のもと）実験、モデル化、再現可能なプロセスと証明を熱望しています。なぜ金融の教科書があのように書かれていたかを、これはよく説明してくれます。経済学（そして実際には心理学）の研究は、こうした認識論に従っているために、実際に人びとが暮らしている世界との関連性を欠きがちなのです。

自然科学の認識論に染まっている人たちは、わたしがおこなっているような仕事にほとんど価値をみいだしてくれません。サンプルや仮説や証明といった学術的な知識や証拠といえるものが、どこにもみつからないからです。それなのに、なぜそのような研究に資金が提供されているか納得できません。そうしたタイプの人が学術界で圧倒的な地位を占めていることを考えると、わたしがおこなっているような研究に英国で資金がほとんど提供されなくなった理由も理解できます。対照的に、経済的、心理的な人間の行動に関する人工的な実験には多くの資金が投入されています。しかしそれらの研究は、実際の日常的な生活のなかで人がどう振る舞うかについてほとんど教えてくれません。モデルや実験によっては、人間が日常生活のなかでどのように行動するかを推定できないからです。このような無駄な研究に莫大なお金が使われていることに、わたしは憤っています。

実際の物ごとは境界線上ではどっちつかずなのでしょう。しかし「硬い（ハードな）」経済学者と「柔らかい（ソフトな）」人類学者が、おたがいの仕事やジャーナルをわざわざ読むことはほとんどありません。白か黒かでなくなればいいのですが、専門家としてのキャリアのなかで、この根本的な行き詰まりが少しでも解消されているのをみたことがありません。

こうした学者たちは、自分たちの科学を利用しない者は、すべてをやみくもに受け入れる過激な相対主義者にちがいないと思い込んでいます。わたしは社会科学を信じ、忍耐強い広範な観察が必要であると信じています。だからこそ、人類学は商売にほとんど使われません。というのも商売は、発見を公表するまで少なくとも一年間、学術的な研究に費やすようなタイムテーブルを許してはくれないからです。人類学に、短いエスノグラフィーなどありません[24]。知識と無知、教育と憶測のあいだにははっきりとしたちがいがあると、わたしは考えています。わたしの仕事は、理解を深めるために学術的知識が貢献できる多くの方法を学生たちに教えることなのです。

経済学は、かつては商業が実際にどのように機能するかについて、同様に学術的に観察する社会科学であったと思います。しかし今では経済学は、代わりに自然科学を模倣することを選んでいます。実験や証明、数学の言説を可能とする、文脈から切り離された寄せ集めのデータをモデル化することを目指したのです。ちょうど先ほど引用したエスノグラフィーに基づく研究は、人類学、社会学、人文地理学でますます一般的になっていますが、わたしたちが科学者ではないという理由で無視されてきました。結局、『ファイナンスの達人』のような教科書は、市場が合理的で効率的な実験室のプロセスであったら可能だったはずの科学を想像する練習のようなものにすぎなくなっています。経済学の言語、あるいはマクロスキーが経済学のレトリックと呼ぶようなものを知れば[25]、経済学者がどのような仕方で罰と報酬を基盤とする単純な道徳を科学的要素に加えているかがわかります。マルクス主義経済学も、価値の科学を掲げ出発しているという意味では似たようなものです。この場合は、市場が有する道徳ではなく、不道徳に対して断固とした主張が向けられています。

この本は経済学についての本ではありませんし、短く論じるだけでは過剰な一般化に陥ってしまうことをわたしはよく理解しています。ここで焦点を絞っているのは、教科書を支配している経済理論の形態で、それはたいてい学生が経済学の試験で単位を得るために学ばなければならないようなものです。しかし経済学は広大な分野で、フェミニスト経済学から、脱自閉的経済学〔post-autistic、古典派経済学を「自閉」したものとみなす運動〕、ケインズ主義、行動主義、環境主義など、他にも多くの経済学があります。またマルクス主義者として軽々しく分類した者のなかにも、より洗練された左翼的な多くの批判者がいます。これらの代替的な経済学の領域では、商業実践のエスノグラフィーの例を通してわたしが提唱してきた学問に近いものを、「実世界の経済学」といった名前で提供することへの関心も強まっています[26]。真面目な学生ならきっとこれらの代替的な経済学を学ぶことに、時間をかけていることでしょう。

集合的に「物ごとが起こる」ということ[27]

　社会科学者によるエスノグラフィーの他にも、経済が実際にどのように機能しているのかを教えてくれる二つの主要な情報源があります。それらは経済が実際にはどう動くかを、疑似的な科学によって歪められたものとしてではなく、きちんとした情報に基づいたものとして教えてくれるのです。そのひとつは、オルタナティブな経済学者による批判的な記述です。この点では、デヴィッド・ハーヴェイのようなマルクス主義的な立場の著者がとくに役立ちます。二〇〇八年の金融危機の余波で、消費と広告の世界と、銀行と金融の巨大なシステムとのあいだに、何らかのつながりがあることがあきらかとされました。では、どんなつながりでしょうか。

　教科書によると、つながりの鍵になるのは株式市場で、それは企業に資金を提供しています。しかし幸いにも、それとは別の話を教えてくれる批判的な研究があります。ウォール・ストリートについての本でダグ・ヘンウッドは、その反対が正しいことをよく示しています。[28]暴落の前の時期には、企業は金融に投資していました。企業は実際の商業に投資するよりも、金融に投資した方がはるかに高いリターンを得ることができたためです。「一九五二年から一九九七年までのあいだに、事業投資のほとんどすべて（九二％）が企業の自己資金で賄われていた[29]」のに対し、「一九八一年から一九九七年までのあいだに、米国の非金融企業は、買収や自社株買いのおかげで、発行済の株式よりも八一三〇億ドル多く償還した[30]」といわれます。一方、市場から資本を調達することで利益を得られたはずだった中小企業は市場からまったく無視されたせいで、銀行システムをおもな資金源として、より厳しいルールの下で借り入れをおこなわなければならなくなりました[31]。こうしてマネーは事業資金として下向きに流れるのではなく、利益として上向きに流れるようになり、より上層のファイナンスの自己運動的なマネー・マシンの餌となりました。結論として、ヘンウッドは「米国の金融システムは、社会の貯蓄を最適な投資の追求に向けて効率的に誘導するというみずからの宣伝文句を、しぶしぶ従っているにすぎない」と主張しています。「米国の金融システムは、驚くほどコストが高く、資本配分に対してひどいシグナルしか与えず、実際の投資とはほとんど関係がない[32]」というのです。

これはかなり古くからある話です。ヘンウッドはいくつかの箇所でケインズを引用していますが、ケインズもまた、金融市場は「非合理的で、不安定化されており、逆説的に保守的な制度であり、広く安全な繁栄を育むよりも、配当を受け取る者たちの富を拡大することに役立っている[33]」と論じています。またケインズによれば、「投機家は安定した企業に従う泡沫《バブル》としては害がないかもしれない。しかし企業そのものが投機の渦に巻き込まれた泡沫《バブル》になると、事態は深刻なものになる。国の資本開発がカジノの活動の副産物となると、仕事は失敗に終わる可能性が強い[34]」ということになります。この意味では、消費が小売りや広告などの多くの商業行為を必要なものとみせかけているのと同じようにして、融資に依存する企業こそが高次の金融部門の発展を正当なものとみせかけています。そうした金融機関は、実際には投資とはまったく別の活動に従事しているにもかかわらずです。だからこそ、くりかえしになりますが、金融を原因としてではなく結果として捉えたほうがよいのです。

批評家は普通、エスノグラファーが求めるような具体的な人間の諸活動の水準で、事実を直接的に観察してくれるわけではありません。しかしインサイダーによる金融実務について、こうした水準でおこなわれた優れて質的な観察もあります。最高の経済ジャーナリズムのなかには、きめ細かいエスノグラフィーに期待されるような詳細な情報を提供してくれるものがあるのです。このジャンルの古典的例には、『野蛮な来訪者――RJRナビスコの陥落（*Barbarians at the Gate*）』[35]や、マイケル・ルイスの『ライアーズ・ポーカー（*Liar's Poker*）』[36]などがあります。これらの本には、教科書のモデルとはかけ離れた行動を示す伝説的な人物が登場してきます。狡猾さ、ハッタリ、そして相手の意図を推測する能力を持った人びとです。

『ライアーズ・ポーカー』を書いたマイケル・ルイスは、最近『世紀の空売り――世界経済の破綻に賭けた男たち（*The Big Short*）』[37]という本を出版しました。金融の世界では、市場の動きを正確に予測することで、おもに利益は獲得されています。その意味でもし二〇〇八年の暴落が誰かの陰謀、または少なくとも予測可能なものであったならば、投資の仕事をしていた抜け目のない者たちは、この結果に賭けて大金を稼ぐことができたはずでしょう。しかし実際には、ほとんど誰にもできませんでした。ルイスの本によれば、サブプライムローンの意味を実際に理解して、それが暴落することに賭けて金を稼いだ者は、わずか一〇人から二〇人でした。[38]それらの人びとと、証拠が至るところにあるにもかかわらず事態を予測できなかった何千もの人びとをルイスは対比しています。経験豊富で賢い金融マンでさえ、「合成サブプライムローンに基づく債務担保証券（CDO）」[39]と呼ばれるものが何なのか完全には理解できなかったのです。にもかかわらず、金融業者たちは商品の取り引きを止めませんでした。知的に考えることを放棄することで得られるインセンティブが、大きかったためです。

わたしは「愚か（stupid）」という言葉を使いますが、ルイスの本では「ばかみたいな（moronic）」とか「幼い（imbecilic）」などの言葉がくりかえされます。でも約一兆ドルの被害を生んだあやまちに対する怒りとみれば、こうした中傷も合理的なものといえる――もともとは存在しなかったはずの一兆円なのですが――でしょう。(40) さらに大きな問題は、家を所有するという願望を達成したと残酷なまでに思い込まされた多くの人びとです。そうした人びとは、その後、文字通り道を踏み外してしまう〔土地を失う（lose the plot）〕という苦しみを背負うはめになりました。ルイスの本には方程式やモデルが用いられていないことにも注意しましょう。この本は、優れた質的情報から得られる洞察だけでできているのです。

経済学の教科書も、市場は本質的に合理的であるとしても、市場を動かす人びとは合理的ではなく、投資家が非合理にも高揚感に溺れることを認めています。しかしヘンウッドとルイスがあきらかにしたのは、きわめて巧妙な運用者たちもいたという事実です。非合理な高揚感と崩壊を引き起こしたのは、トレーダーの愚かさなどではなく、市場の内部矛盾と不条理さなのです。市場というシステムを説明するために、「愚か」という言葉を使うのは、通常は市場自体が本当の理解力や知性を持たずに盲目的に動いているからです。市場自体の複雑さと、生み出された力が偶然に矛盾をつくりだすせいで、そうなってしまうのです。米国財務省でさえ、自分の行動がさまざまな機関に予期せぬ影響を与えていると知っています。コントロールできる力がかぎられていたり、それらの機関がどう対応するか予測がむずかしいためです。こうした不確実性は、株式市場の変動に加え、為替、商品価格、中国の台頭など、その他さまざまなものにも同様にみられます。

それでもなお経済全体の特徴を示すものとして、「愚か」という言葉を用いるのは、かなり強い主張と思われるかもしれません。そこでこの主張を補強するために、さらに二つの例を紹介したいと思います。はじめの例は、現代の資本主義を「誰が所有しているのか」という、ごく単純ですが、わかりやすい問いに基くものです。もともとマルクス主義を学んでいたときには、わたしは資本主義とプロレタリアートのあいだには根本的な対立があると教えられました。しかし二〇世紀末には、イギリスの資本主義は誰のものかという問いに対する正しい答えは、「プロレタリアート」になりました。英国の上場株式の約四五％は、年金基金と生命保険会社が所有しているのです。残りの所有権がばらばらであることを考えると、事実上、これらの年金・保険基金が英国資本主義のほとんどを所有しているといえますが、それらはおもに労働者によって信託されたものなのです。

こうなった理由は、またしても偶然です。年金や保険会社は、将来の義務をはたすために莫大な金額を保持しておかなければならず、さらにこれらの資金を利益ができるだけ出るように運用することが期待されています。先に触れたように、最高の収益を上げていたのは市場だったので、資金は資本主義へと投資されてきたのです。幸いなことに、これにかんしては優れた研究があります。地理学者のゴードン・クラークによる『年金基金資本主義』[41]です。当初、所有は受け身のものにすぎませんでした。しかし次第に、年金基金の運用者により積極的な関与が求められるようになりました。そうしないと英国の財務大臣のような人たちから、投資戦略の失敗を非難されてしまうことになったからです。そのため、「ますます年金基金は、投資先の企業に対して発言権を要求していくことになった。たとえば、取締役会の任命、役員報酬、重要な会社設立条項に対する拒否権などである[42]」。これにより、企業の経営方法を最終的に決定するのは、実際の企業のCEOではなく、年金基金の運用者であるという状況が生まれました。

続けてクラークがあきらかにするのは、これほど深刻な影響力を及ぼすものでなければ、まったく笑い話になるような状況です。年金基金は管財人によって管理されており、多くの場合、年金の受益者の代表として任命されます。しかし歴史的に、多くの会社は年金基金の管財人をとくに優れた仕事をしていないが、解雇はしたくない人に割り当てる無害な地位とみなしていました。本当に優れた経営者は、会社のなかで積極的に経営するのが一番だと考えられてきたのです。そのため会社のなかでもっとも能力の低い構成員が、管財人になることがしばしばでした。さらに、「英米圏で得られたすべての証拠からは、ほとんどの管財人が投資理論と実践についてあまり詳しくない状態で任期を始めることがわかった」[43]そうです。管財人がただ受け身の株主だったときには、それほど問題は大きくありませんでした。でも次第に、特別の能力を持つわけでもなく、投資に関する知識もほとんどない人びとが英国でもっとも強力な企業の最終的な所有者となり、意志決定者になってしまいました。くりかえしになりますが、この馬鹿げた例は誰かが意図したものではなく、複雑な関係のなかで生まれた偶然の結果にすぎないのです。

企業のCEOが年金基金の運用者に権限を譲った一方で、CEO以外の権限は、興味深いことに、これもまた資本主義に後から参加した経営コンサルタントに奪われてしまいました。年金基金の場合と同様に、コンサルタントにさえこれは驚きでした。ある大手コンサルタント会社に二〇年以上勤務している人にインタビューしたことがあります。入社した当時は、会社の主要業務であった会計士の仕事を彼女はしていました。しかし次第にクライアントのために幅広いプランを建てるようになり、トレーニングを受けることもなく、コンサルタントに転身していったのです。最初のうち彼女は、自分の主張をして帰るだけでした。しかし報告書には多額の費用がかかっているのだから、コンサルタントはもっと責任を持って、あたらしいシステムを導入してほしいと企業は考えるようになりました。それが今の彼女の仕事なのです。

彼女の話は、アンダーセン・コンサルティングの成長の縮図のようなものです。アンダーセン・コンサルティングは、会計士事務所アーサー・アンダーセンから分離独立した会社ですが、一九九五年には年収四二億ドルを稼ぎ、従業員四四〇〇〇人を雇い、四七カ国に一五二のオフィスを持つまでに成長していました。歴史的にみれば、これは「一夜にして」起こったことです。一九八〇年から一九八七年のあいだに、登録された経営コンサルタント会社の収入は五倍に増え、それと同時に、経営の達人《グル》、ビジネススクール、経営セミナーなど、スリフトが「ソフト資本主義」と呼ぶようなものにかかわる例が増加していきました。[44] 経営コンサルタント会社は、大学の卒業生の主要な就職先となりました。またむずかしい決断や問題のある結果の責任をかわすためにCEOはますますコンサルタント会社を利用するようになり、コンサルタント会社にさらに多くのお金が支払われていったのです。

それ以降、マッキンゼーのような会社は、企業だけでなく、政府や国際機関にもアドバイスをし始めました。マッキンゼーは現在、世界でもっとも強力な企業といってもいいでしょう。わたしの知っている何組かの家族では、一流大学を卒業した優秀な子どもが、ビジネスの経験がないにもかかわらず、経営コンサルタントとして雇われていきました。経済学の専門職の場合と同じように、もっとも知的で立派な人物が、相対的に無能なロボットに変えられてしまうのです。オシェイとマディガンは、経営コンサルタントが訴えられた際の裁判の記録のような有益な資料を利用して、変化がどのようなものであったのかをあきらかにしています。[45] その研究で「危険な会社」と呼ばれるようなコンサルタント会社に膨大な支出をしても、得られるものはかなり疑わしいものだったのです。

消費の世界から話がずれてしまったようにみえるかもしれません。でもこうした企業をよくみてみれば、その仕事の原動力が、消費に対する研究からあきらかになるものと驚くほど似ていることがわかります。コンサルタント業は、まったく流行《ファッション》産業なのです。コンサルタントは、自分が企業を成功に導く最新のアイデアを持っていることを企業に受け入れてもらわなければなりません。

そうした最新の流行の典型例が、「株主価値」です。それによれば、賢明な企業は、収益性といったマイナーな問題に注意を払うのをやめて、株式市場で価値を維持し、成長させることに全力を注がなければならないことになります。もしもビジネスについて何も知らず、先に述べたような教科書だけで教育を受けた人がいたら、これは完全に正しいことにみえるでしょう。市場は、企業に関するあらゆる情報を効率的に価値に変換する合理的なシステムであり、株価が企業の業績を測る適切な尺度になると、テキストで読んだはずだからです。

この流行は、一連の疑似学術的なビジネステキスト[46]に基づいて生まれました。それは、価値を適切に測るための測定基準と、必要とされる変化を生み出す方法を教えてくれたのです。たとえば、一九九五年にマッキンゼーの幹部が執筆した『企業評価と経営戦略――キャッシュフロー経営への転換（*Valuation: Measuring and Managing the Value of Companies*）』[47]では、株価評価とは、ビジネスをより効果的に運営する評価の手法が自然に進化したものとされています。「われわれが提示する技術や手法は、株主価値の最大化がすべての企業の基本的な目標である、またはそうあるべきであるという信念に基づいている」[48]といわれ、「株主からの外圧を受けたり、潜在的な買収者が現れたりしたときの一回かぎりの作業として、株主価値は光を当てられるべきではない。継続的に取り組まれなければならないのである」[49]とされます。収益性などの伝統的な尺度は、株主価値という真の目標をうやむやにする煙幕にすぎないと考えられているのです。

この意味で経営コンサルタントは、株主価値を流行らせる宣教師の役割をはたしました。人類学者のカレン・ホーがおこなったエスノグラフィーは、経営コンサルタントがいかに人びとを改宗させていったかをあきらかにしています。[50]金融の中心にある投資銀行のさらに中心で株主価値が揺るぎなく信じられているという事実に、ホーは直面しました。株主価値というコンセプトはどこにでもみられるものになっており、一緒に働いていた人びとは、企業の利益と、株式の価値を高めるための献身とのあいだに矛盾があると考えることさえできなくなっていたのです。[51]ホーのエスノグラフィーは、「株主価値を達成するはずの戦略が現実には失敗したことを、どのように情報提供者は説明したのか」という問いに答えることに多くを割いています。[52]

株主価値という概念が拡がることで、多くのマイナスの結果が生まれました。ひとつは短期的な思考が支配的になったことです。企業買収が迅速に実施されるようになることで、一時的な株価低下も許されなくなりました。[53]それゆえ株価を上げるために、手っ取り早い手段が求められました。おもに人員削減によってコストを削減する方法がしばしばとられ、そのせいで質の良い顧客サービスなどの重要な要素が崩壊し、全体的な士気も低下しました。さらに利益のうち、株主への配当や管理職への報酬へ回す割合が増え続け、実際の投資に当てられる金額は少なくなりました。もうひとつの作戦は、企業が自社株を買い戻すために利益を使うことで、それは需要を増し供給を減らすという両面から株価をしばしば上昇させました。この戦略はレバレッジド・バイアウトと呼ばれ、『野蛮な来訪者——RJRナビスコの陥落』の物語の中心部分になっています。

経済構造を苛んでいるのはさまざまな矛盾だけではなく、こうした流行への志向が強くなっていることです。ホーの本を読むと、経済言語のレトリックに関するマクロスキーの議論が正しかったことが分かります[54]。わたしはトリニダードで広告が実際にどのように用いられているかを確認することで、いくつかの証拠を得ました。それと年金基金資本主義や経営コンサルタントの台頭から得られる証拠を合わせると、「愚か」という言葉が、個々の企業の業務から全体としての政治経済学に至るまでの経済の全領域に及ぶ実践の少なくともある部分を要約するのに妥当であることがみえてきます。「株主価値」という言葉を発明したとされるゼネラル・エレクトリック社のジャック・ウェルチ会長（当時）でさえ、最近になって、「株主価値」は世界でどうやらもっとも愚かなアイデアであると認めているのです[55]。

デイビスは[56]、近年の銀行危機の原因として三八の候補を挙げています。その悪のリストのなかには、経済学のトレーニングや、ビジネススクールの教育に浸透しているイデオロギー（効率的な市場への信仰や、より純粋主義者であるシカゴ学派の支配など）に基づくものがいくつかみられます[57]。ロンドン・スクール・オブ・エコノミクスに「資本市場の機能不全に関するポール・ウーリー研究所」[58]が設立されたことを知って、わたしは少し安心しました。忙しいセンターになるでしょうね。個人的には、マッキンゼーのような企業や、ドルチェ&ガッバーナらしさのようなものを追求する経営コンサルタントの責任について、もう少し強調すべきだと思います。そうした企業やコンサルタントは、会社に対して経営管理の最新スタイルを売り込み、株主価値を良くしておかなければ、株式公開をしたとしてもひどい目に遭うと吹聴しています。しかしこれらの流行は総体としては、決して良いものを生まなかったのです。

これらの三つの例は、経済のすべてが愚かであることを示すものではありません。もしそういいたいのであれば、それ自体が愚かな主張といえるでしょう。そうではなく、現在のように本質的な知性や合理性、あるいは道徳を想定するのではなく、愚かさから出発した方が、経済をはるかに有利に理解できることを示しているのです。

もうお分かりでしょうが、わたしは政治的にはノルウェー的な社会民主主義を信じています。資本主義に代わるものを提唱しているわけではないのです。人びと、また企業はあきらかに銀行や資本、複雑な国際貿易を必要としていて、現在の消費水準はそれらなしでは実現できません。そして、たしかに経済学者は必要です。経済学者は金利をいつ下げるべきか、あるいはあたらしい税金がインフレに与える影響を判断するための定量的なテクニックの訓練を受けており、さらにたとえばわたしなどが知らない多くの事柄について深い知識を持っています。

幸いなことに、純粋な経済神学から遠ざかる傾向が今では顕著です。ノーベル賞を受賞した経済学者のアマルティア・センに敬意が払われていることが、そのもっとも良い例となります。センは、より広い人間の福祉という目的に焦点を絞るために、経済学的手段を利用し、合理的選択論を含む多くの既存の教義に否定的立場をとっています。ジョン・メイナード・ケインズからジョセフ・スティグリッツ、そして「実世界の経済学（Real World Economics）」と呼ばれるものにいたるまで、経済学にはつねにあたらしい分派が生まれてきました。わたしは、たらいの水がどれほど汚れているのかを示そうとしてきましたが、一緒に赤子を流そうとしているわけではありません。

わたしの基本的な立場は、ヘーゲルの『法の哲学』[61]から来ています。わたしたちに仕えるすべての組織は、わたしたちを犠牲にして自分たちの利益に奉仕する自律性への傾向をもともと持っています。政治経済学の経済的側面から政治的側面に話題を変えても、同じ議論が正確に当てはまることを、以下で簡単に示してみましょう。

ベスト・バリュー（最高の価値）？[62]

数十年にわたり、経営コンサルタントや年金基金の台頭によってビジネスが変革されてきました。他方、公職に就いた学者として働くことで、わたしは同じように強力で止めがたい力の台頭を目の当たりにしてきました。それが、監査（audit）の台頭です。

かつては、何時間も学生とアカデミックな議論をすることがわたしの楽しみでした。しかし、こうした直接の教育的な取り組みの代わりに、「教育の質保証（Quality Teaching Assurance）」[63]やREF（「研究評価制度」Research Excellence Framework）といった名前の巨大な監査システムを気にかけることが多くなっています。大学の経営陣は、おこなわれるすべてのことは、監査が設ける成功の基準にかなうものでなければならないと言ってきました。他の業界の業績目標と同じように、監査を受けないものは、やる意味がないとされたのです。先ほどの話と関連しますが、ひとつにはこうした監査は、国家が〔教育分野に〕商業と同じ規律と科学的効率を課していると言い訳するためのものでした。しばらくすると、個々の学者が自分の学術的な仕事に対する攻撃を防ぐためにできることは、ほとんどないということがわかってきました。少なくとも意図したものとはまったく異なる結果になったという明確な証拠がないかぎりは、それを拒否できなくなったのです。そして、そうした証拠を得るためには、エスノグラフィーが必要となります。[64]

ただし監査をエスノグラフィックに監査するならば、もっとも大規模のものを選んだほうがよさそうです。二〇〇一年には、イングランドのすべての地方自治体のサービスを対象とした「ベスト・バリュー」という興味深い名称の監査が始まりました。[65]わたしはその本部に出向き、検査員のチームにオブザーバーとして参加できないか尋ねたところ、快諾されました。その後、図書館、ゴミ収集、ITサービス、公園の維持管理などについて多くのことを学びました。この監査のポイントは、おこなっているサービスの価値が高いと行政が感じていたとしても、それを批判者に証明しなければならないということでした。最近では、裁定を下す人は経済学者である傾向が強いため、監査は質的な要素を失い、さまざまなあらたなかたちの定量化や業績目標を踏まえて価値を測定するものに成り下がっています。にもかかわらず、これらの測定法は、ゴミの収集や公園の花に対する感情など、高度に質的な経験に適用されるのです。

監査が求められたのは、地方自治体が選挙民の要求に敏感に応じるようにするためです。しかし数日間の視察で、それはすでに実現されていることがわかりました。地方自治体には、ウェーバー流の地域社会への奉仕の意識がまだ残っています。(66) この部門の労働者は、コミュニティへの奉仕に誇りを持っているからこそ、民間企業よりも劣悪な給与や勤務条件を受け入れているのです。しかしいったん監査がおこなわれると、地域住民への配慮は失われ、代わりに監査官を満足させることが主要な関心事になってしまいます。働く人の言い方に従えば、「自分でやり方を決められる」という感覚が失われてしまうのです。

つまり、「ベスト・バリュー」は、その善意にもかかわらず、意図したものとは逆の結果を生んでしまいます。エスノグラフィーは、これがどのようにして起こるのかあきらかにすることが可能です。ベスト・バリューは、四つのCという言葉で説明されていました。自治体は、自分たちのサービスがどのように、そしてなぜ提供されているのかを示すことに挑戦（Challenge）し、他と比較（Compare）して、公正な競争（Competition）を受け入れ、利用者と協議（Consult）しなければなりません。

ここでは紙面を節約するために、そのうち二つだけを取り上げましょう。まず挑戦（Challenge）は、特定のセクションの基本的な存在理由《レゾンデートル》を問うものです。専門用語を使わずに明確な目標を設定し、官僚主義や煩わしい手続きを減らして、目標を達成することが求められます。具体的には、今後五年間で、どうやって自分のサービスパフォーマンスをすべての自治体の上位四分の一のものにするかを示さなければなりません。しかしベスト・バリューの圧倒的な重要性からそのために取られた方法は、ベスト・バリューについて専門的に詳しい役人をあらたな幹部として採用することでした。この専門家たちは各地方自治体のセクションに高得点で審査を通過する方法を教え、余分な専門用語を生み出しました。学術的な専門用語がわざと難解なものにみせかけるために使われるのに対し、この専門用語は透明にみせかけるためのパロディとしてあり、実際、それを使って実質的な内容も具体例もない決まり文句が何ページにもわたり延々と書かれていきました。「地方自治体が効果的なパフォーマンスを管理するためには、政治的かつ経営的な主要な意思決定者が、パフォーマンスに関する事実に基づいて行動を起こせるよう、協調的な計画とレビューシステムが必要である」といった具合にです。[67]

こうしてそもそも官僚主義と専門用語を減らすことを目的としていたベスト・バリュー的取り組み（Challenge）は、実際には余分な官僚主義と専門用語を生んでしまったのです。

同様にベスト・バリューは、自治体が一般市民と協議（Consult）することを目的としていました。ベスト・バリューの報告書は、協議のために証拠を提供し、目的、優先事項、実施内容を決定するために利用されることになっていたのです。それを前提として、不運な市民が集められ、何が優先事項かを聞き出すためのフォーカスグループと呼ばれるものに参加させられました。地方自治体の仕事の多くは市民の関心を引くものではなく、市民は交通機関の長期計画を解釈する訓練も受けていませんでした。しかし、犬のフンを踏んだことはあったのかもしれません。そのため市長の交通計画は軽視され、犬のフンの問題が優先されることになりました。

さらに自治体は消費者の要求に応えなければならないといわれていますが、一方で政府の政策を実施することも求められます。そのため、哀れにも自治体は、一般市民を適切に「教育」しなければなりません。そうすれば、一般市民は自発的かつ優先的にリサイクルを「選択」するようになり、その選択があたらしい政府の政策に適合し、それを正当化するとみられたのです。こうして実際に協議する（Consulting）のではなく、協議（Consulting）に基づいたとされる行動を演じることが必要になっていきます。これはわたし自身の仕事にも通じます。わたしは学生たちが無心になって日々の行動記録をノートに記しているのをしばしばみますが、これは管理のプロセスを監査されたものにみせかけることで、それを実際に管理している人の時間を奪うだけのものなのです。

同じような矛盾が、「ベスト・バリュー」のあらゆる場面で生じています。全体的にはコスト削減を目的としていましたが、自治体の計算では約二・五％のコスト増となりました。せめて目標値が何年か変わらなければ、ある程度一貫した方法がとれたのでしょうが、ベスト・バリュー自体が、異なる目標値を持ち、異なる専門用語を使う別の監査にすぐに取って代わられてしまったのです。最高におかしかった（あるいは悲しかった）瞬間は、民間業者と地方自治体のあいだにあたらしい公平な競争の場ができたので、消費者は効果的なサービスを受けられるようになったと検査官が言ってきたときでした。しかし検査官はつづけて、民間業者の方が、ベスト・バリュー検査などの官僚的なお役所仕事による追加コストや要求がないため、費用対効果が高いとも主張しました。これが作り話だったら良かったのですが。

政治の世界には、高度に知的で理性的な人や、わたしがみたかぎりでは（一般的な常識に反して）きわめて道徳的な人が数多く参加しています。自治体職員とも検査官とも密接に仕事をしたので、両者が世間の酷評とは異なり、良心的で道徳的にも誠実であることを確信するようになったのです。問題はやはり人ではなく、最善の意図を持った手続きが、抽象的で自律的な特性を持つことです。そのためにそれは本来あるべき姿とは正反対の、愚かとしかいいようのないものに変わってしまいます。この意味で「愚か」という言葉は、経済についてだけでなく、政治経済学そのものにも当てはまるのです。

ヴァーチャルはいかにリアルを生み出すようになったか[68]

経済学から政治学へと話を変えることで、消費という問題に戻ることができました。消費こそ、経済や政治の問題を引き起こしている原因だからです。監査が名声を博したのは、消費を中心とした言説に基づいてのことです。そうした言説には、消費者の権利や権威に対するあらたな関心が含まれていました。

医学や教育の分野は、サービスを利用する人びとの求めに応えることをまったく怠ってきました。そのため監査によってたしかに初めはサービスの質が向上し、患者や学生への関心は高まったのだと思います。しかし監査を推進したのは政治的には右派であり、国家によってサービスを提供するのではなく、商業的なサービスに切り替えることを強く望んでいる人びとでした。そのため監査は過剰化し、専門家の権威を失墜させました[69]。消費者と協議するという理想は、フォーカスグループに聴取するだけで充分とされ、普通の消費者が複雑な政府の政策を適切に評価できると根拠なく仮定されました。現代のカリフォルニアで、市民が喜んで減税とサービス向上に同時に投票しているように、消費者民主主義も含めて民主主義が行き過ぎてしまうこともあるのです。

その結果、たとえば大学で監査は学生に関心を持つことを妨げ、むしろ関心を持つという理想を何らかのかたちで数値化して表現する一連のメカニズムになってしまいました。今日、大学関係者は時間をかけて、学生たちにわたしたちのパフォーマンスに関するフィードバックを記入させなければなりません。学生もつまらなそうです。だって、もうそんなものに記入しても意味がないことをわかっているからです。

このようにあらゆる分野で現在、実際の消費者が、これからわたしが「ヴァーチャル」な消費者と呼ぶものに置き換えられていく現象がみられます。医療サービスでは管理の手続きにお金が使われ、管理者こそがヴァーチャルな（つまり代わりの）患者になっています。その他のおもなヴァーチャルな消費者は弁護士で、監査や経営の場合と同様に、実際の患者や学生の代わりに、あるいはそうした人びとを代表して立ちあがり、機関を訴えると脅してひどい恐怖を与えています。同時に、いわゆる倫理委員会もその機関に対する訴訟を防ぐことをおもな目的としてつくられています。

これらのさまざまな断片を合わせると、どんな絵柄がみえてくるでしょうか。全体としては、たしかにいくつかの共通点があるようです。驚くべきことは、これが消費者という比喩を軸に展開されていることです。監査がビジネスや経済学から取ってきた用語やプロセスを使っているのは、経済学の構造全体がもともと消費者の要求を満たすためのより効率的な方法とみなされているからです。競争や自由貿易なども、消費者の需要をより効率的に満たすと想定されています。経営コンサルタントがさかんに企業経営に介入しているのも、企業が消費者との関係を失ったと感じ、消費者との関係を再構築するために外部の力を必要としているからです。

とはいえ問題は、経済学者は消費者ではなく、経営コンサルタントも、弁護士も、経営者も消費者ではないことです。それらの人びとは皆、ヴァーチャルな消費者にすぎません。かつては消費者とみなされていた大勢の一般人から権威と力を吸い取り、それを利用して巨大な資源を再分配することが正当化されているのです。ヴァーチャルな消費者は今、大いに消費していますが、真の消費者の代わりにそうしています。こうした個々の出来事の総体を、わたしたちは「ヴァーチャリズム」と呼んでいます。デジタルな意味においてではなく、[70] リアルな消費者の代わりをしているという意味でこの言葉を使いたいのです。

ヴァーチャリズムのもうひとつの大きな特徴は、それが実際の消費者を置き換えるだけではなく、世界を変える力を持っていることです。これまでわたしは経済学で使われるモデルと、それがモデル化するはずだった世界がいかにずれているのかに注目してきました。しかしそれが重要なのは、経済学者に世界を変え、世界を自分たちのモデルと一致させる力があるからです。構造調整のような経済体制を国に課すのは、通貨管理や福祉の提供など、モデルに対する「歪み」となる慣行を廃止するためです。その結果、国はますます経済学者の理論的モデルである適切な市場であるかのように振る舞わなければならなくなっています。ある意味で「ヴァーチャリズム」は、資本主義がマルクス主義に追いつく手段になっています。マルクス主義はあるべき社会の理想的なモデルに従って、経済全体を変革することを目的とした政治経済理論でした。それと同様に、金融の教科書は読んだ人にイメージ通りに世界を書き換えることを促します。だからこそわたしはそれに反対しているのです。[71]

スリフト[72]によれば、こうしたことが起こるのは、資本主義がその自己成就的《パフォーマティブ》な性格も含め、自分が何をしているかについて今ではより多くのことを知っているためです。ただしわたしが集めた証拠は、別のことを示唆します。エスノグラフィー的に検証すると、資本主義による世界の変革は知識や意図によって引き起こされているわけではなく、あまりに多くの権力を行使したことによる気まぐれとして起こっていることがわかります。結果として、観察されるものの多くは自己矛盾に陥り、危機に瀕しています。これこそが、消費が引き起こしている最大の問題のひとつです。

価値――問題から解決まで[73]

ではヴァーチャリズムに代わるものはあるのでしょうか？　それはあると示すことで、この章を肯定的に終わらせることにいたしましょう。

マルクス主義であれ、市場主義であれ、経済理論のもっとも根本的な問題は、価値という特定の概念に基づいていることです。『ファイナンスの達人』は最初の章で、価値の増大こそが金融の本質であり、だから価値について書くのだと宣言しています。マルクス主義の理論は、マルクスが発見したとされる労働価値説を土台としています。マルクスは次のように述べています。「商品を交換可能なものにするのは貨幣ではない。その逆である。すべての商品が価値として、人間の労働力によって実現され、それゆえに交換可能であるからこそ、それらの価値は同じ特定の商品によって測定することができ、そうした商品はそれらの価値の共通の尺度、すなわち貨幣に変換されるのである」[74]。他方、マッキンゼーをはじめとする経営コンサルタントたちは、もうひとつの究極の価値である「株主価値」を認めるべきだと世界に発信する宣教師となりました。さらにイギリスでおこなわれた史上最大の監査の名前は何だったか、おぼえているでしょうか。ベスト・バリューです。

ただし使用されている「価値」という言葉には、それぞれ異なる意味があります。では価値とは根本的には何なのでしょうか？　これらの疑似科学的な認識論においては、価値は実際に一貫して存在している必要があり、他のすべてのものは最終的にそれに還元されます。対照的に、人類学者としてわたしはそうした前提には従いません。価値という言葉が何を意味するのかではなく、何をしているのかについて、少し立ち止まって考えてみたほうがよいのです。

使われ方という観点からみると、この言葉は実に特別で、逆説的な概念だとわかります。日常の世界では、「価値」にはまったく逆の二つの意味があります。価値は一方で、骨董品の磁器や家を評価する場合のように対象物が持つとされる金銭的価値を意味し、価格と同義で用いられます。しかし他方で、家族や宗教を大切にしているというように、金銭的な評価に還元できないことも意味します。わたしたちは「価値」というひとつの言葉をある意味で用いる一方で、まったく反対の意味でも用い、時にはまったく平然と、両方の意味を隣り合った文章で使うのです。しかしもしこれこそがポイントだとしたら、どうでしょうか。つまり価値とは、価格としての価値と、交換不可能なものとしての価値、つまり価格のつかないものとのあいだに、橋を架けることなのではないでしょうか。

社会学者のヴィヴィアナ・ゼライザーの仕事は、この問題を中心に展開されています。[75]ゼライザーの著書『価格のつかない子どもに価格をつける（*Pricing the Priceless Child*）』[76]は、価格がつかないとみなしたいものの典型である子どもの死に対して、賠償のために金銭的価値をつけなければならない保険会社の苦悩について書かれています。また近年、ゼライザーはケアや愛情を金銭とは関係なく注いだはずなのに、相続や離婚の問題で金銭的な補償を計算しなければならなくなった場合の裁判例を調べています。[77]わたしが尊敬するのは、こうして現実の価値の世界と渡り合っている組織です。そうした組織は、すべてのものを単一の価値に還元しようとする疑似科学を信じるふりはしません。それらは、価値の両端にある質的なものと量的なものの双方を扱うのです。二つだけ例を挙げておきましょう。

わたしの財布を引っかき回せば、ジョン・ルイス・パートナーシップのクレジットカードがみつかります。ジョン・ルイスは英国最大の百貨店チェーンで、ウェイトローズという比較的高級なスーパーマーケットと合同して、ずっと成功してきました。ショッピングと小売業を研究していた頃、これらの企業では従業員がどの企業よりも自分の企業に好意的で、共感していることがわかりました。またジョン・ルイスは買い物客がもっとも好意を寄せる企業であることも、定量的な調査で裏付けられました。[78]つまり従業員をもっとも大切にする会社は、顧客をもっとも大切にする会社でもあったのです。

わたしの調査では、ジョン・ルイスに関連して一番よく使われた言葉は、品質と価値でした。ジョン・ルイスは何かひとつのことに秀でているわけではありません。ジョン・ルイスの商品は、もっとも安価なわけでも、もっともスタイリッシュでも、もっとも質のよいものでもありません。代わりにジョン・ルイスでは、機能、デザイン、価格がバランス良く結びついた商品が売られています。買い物客は「この店はお買い得だ」と述べることで、これらの要素の理想的なバランスを自分の代わりにみつけてくれたと語っています。客はデザインと価格、どちらかに偏ることのない商品を求めています。両立しがたい質的なものと量的なものを両立させることこそ消費者のもっとも重要な仕事なのですが、つまりジョン・ルイスはそうした作業を助けてくれることで客から信頼されているのです。

加えて、ジョン・ルイスの店員は、他の小売店の店員と較べてもはっきりと買い物客に信頼されていました。店員は、商品について正しい情報を持っており、客のニーズに対して人間的な共感を示し、他の店で遭遇するような「良い一日を（Have a nice day）」といったおざなりのやり取りとはまったく異なる態度を取るとみられていました。ジョン・ルイスの店員は、特定の顧客に対して個人的な対応をすることで、特別な特徴を店に加えています。

この意味でジョン・ルイスの価値は、価格やデザインなどに還元されない、より全体的な妥当性に基づいています。その価値には、顧客の声に耳を傾け、個人的なアドバイスをすることなども含まれているのです。これは会社組織のなかでいかに価値がつくられているのかを、鏡のように反映しています。ほとんどの客は、ジョン・ルイスの成り立ちが特別のものであることにまったく気づいていません。しかし競争相手となるほぼすべての企業とは異なり、ジョン・ルイスには株主価値がありません。なぜなら同社は株式を発行していないからです。ジョン・ルイスは共同経営されており、すべての従業員がパートナーで、つまり労働者協同組合として運営されています。再投資のために必要とされないすべての利益は、株主ではなく労働者に分配されます[79]。ただし一九七〇年代の高度に政治的な社会主義者の労働者協同組合とはちがって、平等の概念は杓子定規には当てはめられてはいません。

販売員は相談を受けますが、経営する権限はなく、経営は専門的な経営者の手に委ねられています。ジョン・ルイスには創業時からやや家父長的なオーラが残っていますが、それでも労働者は雇用主に対してあきらかに好意的です。疎外感が相対的に少ないのは、販売員がただ自分で考えて働いているからだけでなく、実際に会社そのものを所有していることにおそらく由来しています。

二つ目の例は、政治の分野でみつかります。本書の序文からもあきらかでしょうが、スカンジナビアにわたしは魅了されてきました。スカンジナビアは社会民主主義の長い歴史のなかで、世界でもっとも裕福な地域のひとつになっただけでなく、もっとも倫理的で、そしておそらく歴史上もっとも平等な地域にもなったのです。理論的なものやユートピア的なものよりも現実の姿がわたしは好きなので、この地域に欠点があることも十分に承知しています。スウェーデンには優生学の暗い歴史があり、この地域には強力な民族主義的政党があります。それでもわたしがいいたいのは、スカンジナビアは他のどのモデルよりもうまくいったケースだろうということです。

ロハスは、著書『スウェーデンモデルの勃興と衰退（*The Rise and Fall of the Swedish Model*）』[(80)]のなかで、社会民主主義体制のもとでスウェーデンは資本主義を受け入れたが、その分野は慎重に決められ、その社会的な影響は厳しく制限されてきたと述べています。市場の自由な技術革新や投資のおかげで、スウェーデンは驚異的な成長率を達成しました。しかし市場が平等性を損なうことは許されておらず、雇用者と被雇用者の収入の差は他の国と較べればほとんどありません。スウェーデンを訪れると、子育て支援や医療へのアクセスの良さ、そして何よりも、貧困層が大規模には存在しないことを羨ましく思うようになります。アメリカやイギリスでは、経済的成功のためには給与格差を大きくして競争することが欠かせないと主張されていますが、スウェーデンのケースはその反論となるのです。

すべての組織が、最終的には自己肥大に陥る傾向があるとわたしは示唆しました。ロハスによれば、成功したスウェーデンのモデルも、結局はイデオロギーの物象化と、妥協点のバランスの崩壊に陥りました。一九九三年までに国家支出はGDPの七四％にまで増加し、政府はますます官僚主義的になり、相対的な平等を絶対的な同質性と勘ちがいするようになりました。社会民主党は力を失い、一般的にいえば独特の平等主義が残っているとはいえ、北欧はますます他と似たような国になっているのです。しかし衰退したからといって、一九三二年につくられたこの国の長期間の成功から学べることがないわけではありません。量と質、お金と交換できないもの、利益と人びとのあいだで価値のバランスをとれるのならば、富と福祉の両方が手に入れられることを、それは教えてくれるのです。

このような地域的な代替モデルが力を弱めた別の原因は、ヴァーチャリズムに基づいたグローバルな金融構造が、すべての国をアカデミックな経済モデルに合致させようと圧倒的な力を奮ったことに求められます。このような侵略を正当化するために使われたのが、「効率性」という仮説だったのです。ただしこの仮設は誤っていました。米国の労働者は、北欧の労働者と同じ収入を得るために、三分の一ほど余分に働いており、にもかかわらず福祉は充分ではありません。わたしは、社会民主主義は存続できると信じています。たんに流行っていないので、経済学の支配的な公理のなかでは歴史的な先例として引用されないだけなのです。

オルタナティブな政治経済の例として、ユートピア的なものや実現不可能なものを選んだと非難されることはないと思います。わたしが選んだのは、英国でもっとも一貫して成功し利益を上げている企業のひとつであり、また世界でもっとも成功した豊かな地域経済のひとつだからです。その意味でこの章がただ反対するためだけではなく、むしろ擁護するために書かれていることは明確であると思います。[81]

ここまで消費者や消費を直接取り上げることを避けてきたようにみえるかもしれません。しかしここでヴァーチャリズムと呼んできた多くのもののほうが、消費者のあらたな志向を代表しているかのように装うことで、自分を正当化してきたのです。これに異議を唱える必要があります。実際には、リアルな消費者がヴァーチャルなものに置き換えられているだけなのです。対照的に、わたしはジョン・ルイスやスカンジナビアにおける社会民主主義の成功の背後には、オルタナティブな価値理論があると信じています。そうした価値理論は、官僚制のもとで匿名性を守りつつも、現実の人びとの具体的な行動や幸せに質的に関心を寄せることを求めるのです。エスノグラフィーは具体的で忍耐強く理解することを可能にします。それは人類学が理想とするように人びとを全体的に、また共感を持って把握することにそのままつながるのです。「価値」という言葉の普段使われている意味をベースとすることで、同じように人びとを全体的に、また共感を持って理解する学問へと政治経済学を変えることができるし、またそうすべきなのだと思います。[82]

結論として、本書は反消費者的というよりも、あきらかに反企業的な立場をとっています。営利企業も貧困の削減と福祉の向上に貢献していることは、何度も言及してきました。同様に企業は消費者の役割を擁護し、尊重してきました。企業は商品に対する消費者の要求を、惑わされているとか、愚かであるとか、または広告に騙されているだけとかといって否定してこなかったのです。

ただし同時に、金融システムを主犯としたとみられる大規模な金融危機の後でさえ、そのシステムに挑戦したりそれを抑制したりする真剣な試みが現れなかったことは、驚くべきことです。金融システムは、理想化されたアカデミックな経済モデルと密接な関係を保つ傍らで、より現実的な世界との接触をほとんど失い、それが金融危機の原因になりました。にもかかわらず金融システムの利益は、日常的な商業の利益以上に、そしてそれが仕えるべきはずの人びとの利益よりも優先されたままなのです。

ひとつの原因は、経済学を学問として教える方法を再構築する見通しが立っていないことでしょう。スカンジナビアやジョン・ルイスのような例、または年金基金の資本主義や流行を追うコンサルタント業で目立つ矛盾を例とすれば、人びとの幸せや地球への影響に焦点を合わせた現実世界についての政治経済学を教えることができるのではないでしょうか。理論的で自律的な構造として、手段が目的に取って代わられた経済学ではなく、福祉を充実させ倫理的な目的を成し遂げるために経済的手段をどのように使うかを主題とした教育がありうるのです。にもかかわらず経済学が社会的な文脈を排除し、質的研究を無視したモデルに支配されているかぎり、人間の福祉に反したシステムが生み出され続けていくしかないでしょう。

第6章　地球を救う別のやり方

グレース：こんにちは、お入りください。よくいらっしゃいました。

マイク：どうも。立派な猫ですね。純血のトラ猫ですか。妊娠しているようですね？

グレース：いや、とんでもなく太っているだけなんですよ。でも色がいいでしょう。年を重ねているので、普段は隅っこで寝ている姿しかみられないのですが。

マイク：お二人にまた会えてうれしいです。前回のおしゃべりはとても楽しく、考えさせられました。でも今日はもっとむずかしいことになりそうですね。消費や世のなかについて意見を書いたり、述べたりしているだけでは駄目です。最終的に何か具体的な解決策を提示すると約束しましたね。

グレース：とりあえず、ダニエル・ミラーの最新作をみんなで読んでみることにしましたよね。どうでしたか？

マイク：うーん、なんというか、環境については何も書かれていなかったですよね。

クリス：わたしも特別の感想はないんですよ。ミラーは、「余分な付け足し（More Stuff）」とかのタイトルにすべきだったんじゃないかな。

マイク：それとも「意味がないもの（Stuff and Nonsense）」とか。

グレース：ああ、男の学者に別の男の学者の仕事について尋ねると、こうなってしまいますよね。わたしだってあまり得るものはなかったのですが、それはミラーの成果を授業でたくさん教えているからです。書かれていたように、基本的にはこれはミラーがすでに発表した作品の要約です。たしかにもうちょっとうまいジョークがあったらよかったのですが。

マイク：実は本を読むだけではなく、いろいろ準備してきました。今日、この討論会をどうしてもやりたかった理由のひとつは、ある計画を練っていたからです。これだという解決策を発見できたと思っています。それを共有することを心から望んでいます。要するに問題はこうです。わたしたちはここに座って議論を楽しむことができますが、同時に社会科学者としては、何ものにも、あるいは誰にも影響をほとんど与えられないことに気づいています。

クリス：それはちょっと言い過ぎでしょう。

マイク：でも、経済学者や科学者以外の学者の集まりに注目が集まったのは、いつ以来でしょうか？ヨーロッパじゃなく、ここイギリスで。この国では学者に耳を傾ける前に、サッカー選手の妻の話を聞くのです。

　だからもう少し現実的に考えてみましょう。わたしたちが学者として達成したいと思っていることがありますよね。わたしからすれば、学者の取り組みを受け入れてくれるのは、まさに教育界だけです。もし影響を及ぼしたいなら、消費の出所と結果についてトータルに考えるようにわたしたちは意識を変えなければなりません。それはまさに教育の問題で、わたしたち三人が現実に取り組んでいることでもあります。

なので、まずは学校の基本的なカリキュラムについて、素朴な疑問を投げかけてみるべきでしょう。(1) なぜ、今、教えていることを教えているのか、わたしには理解できません。化学式やローマ人について学ぶことは悪いこととはいえませんが、その知識が大人になってどれほど役立つのでしょうか。一方で、子どもたちは身の回りにあるモノについては、何も知りません。わたしの学生の半数は、金属加工やプラスチックはおろか、織物の仕組みも知りませんし、その状態はますますひどくなっています。ミラーが本の最後で述べていたように、学校に浸透しているのは、世界を欺く理論経済学の馬鹿げた公式なのです。やがて子どもたちは、合理的な選択のために必要な知識を持たないまま、合理的選択理論についてとうとう論じるようになるでしょう。もし消費が由来するところや、実際に商品をつくった人たち、さらに消費が何を引き起こすのか、ろくに知らないまま学校を卒業したら、その後、消費のあり方を変えるなんて期待できませんよね。

クリス：わたしが通っていた学校では、カカオ農園で働く人たちの笑顔や、カカオが船でイギリスに到着し、板チョコになるまでの映像をみましたよ。でも、生産者にとってどんな意味を持つかなどまったく考えることなく、もっとチョコレートを食べたいと必死に思っていたことをぼんやりとおぼえていますよ。しかし今では、オックスファム〔貧困と不正の根絶を目指す慈善組織〕などがスポンサーとなったこうしたテーマの優れたコンテンツがたくさんあるんじゃないですか？

マイク：たしかに。でもわたしが考えているのは、教育の中核となるもので、たんに付け足しではありません。またずっと効果的に教育する方法もあると思います。いくつか挙げてみましょう。子どもたちが喜ぶのは、自分に直接関係のあるストーリーだと思うのです。だから農園での作業や鉱物の採取、奇跡のように完成した商品の姿だけではなく、消費の全体像を紹介したいと思います。子どもたちはすべての段階、つまり出荷や加工だけでなく小売店のバイヤーや管理者、品質管理者について知らなければなりません。しかし本当に重要なのは、消費される商品に物語性があるかどうかです。商品には生徒の名前や、それが無理ならせめて学校の名前を入れたラベルが貼られるべきです。

グレース：ごめんなさい、全体としては何をしたいのでしょうか。物流を変えるとかですか？

マイク：すべての学校が生産者とウェブカメラでつながっているとします。ごく普通の商品をつくっている三つのタイプの生産者です。ひとつ目は、バナナのようなシンプルな製品がいいでしょう。農家が農薬を散布したり、出荷したり、ポーツマスの倉庫で熟成させたりと、毎週ウェブカメラでバナナの成長過程が映し出されます。しかもこのバナナは、特定の人のためのもので、たとえばノートン・オン・シーにあるセント・メアリー小学校のために栽培されたものです。

次に、より複雑な製品、たとえばジンジャービアはどうでしょうか。この場合も企業は一本一本のボトルに学校名のラベルを貼ることになっており、小学生たちは自分たちが飲むジンジャービアができる過程をみることになります。このような「オーダーメイド」のボトルは多少高価になりますが、この規模であればそれほど高くはないでしょう。毎週ウェブカメラを使って、生姜の生産、砂糖の生産、ガスを発生させる産業廃棄物の処理過程、ガラスの瓶詰めなどを追いかけます。中学生はＩＭＦやバイオ燃料に関するヨーロッパの政策についての農家の意見や、規制や自由化についての労働者の話も聞けます。またエネルギーやカーボンフットプリントなどの環境問題や、公正さや福祉の問題について、さまざまな水準から知ることができます。そして何よりも消費者の選択が環境問題のみならず、あらゆる問題に影響を及ぼしていることを理解できるのです。

三つ目の製品は、地元のもの、つまり子どもたちの親が働き、将来的に自分が働くことが想像できる場所のものがいいでしょう。逆もまた真で、カリブ海諸国の子どもたちにカドベリーチョコレートを食べてもらいましょう。カカオを精製しているのはここイギリスにおいてなのであり、だからこそわたしたちがカカオに何をしているのかを知ってもらうべきなのです。ミラーのブルージーンズの話を参考にして、子どもたちに綿花が膨大に水を吸い上げるという問題や、ジーンズを擦り切れたようにみせかけるための加工の問題をみせてあげましょう。[2] できればジンジャービアの空き瓶を捨てるところまで追いかけて、廃棄物の段階もみせたいと思います。廃棄物はしばしばあたらしいサイクルの始まりで、消費の重要な結果のひとつだからです。[3] つまり基本的にわたしの考えは消費とそれが引き起こす結果を、「教育」〔一説には、外へ導くことが語源〕という言葉の意味するものの中心に置くことです。自分が実際におこなっていることと、それが何をもたらしているかについて学ばせることが、本当の教育につながるのです。

グレース：素晴らしい提案だと思いますよ、マイク。あなたの理想主義が大好きなんですよ。でも「はい、やりましょう」としかいえないのが残念です。正直に言うと、あなたは少し早とちりしているのではないかと思います。今日は、より多くの問題とその潜在的な解決策についてもっと幅広い議論ができると期待していました。それができて初めて、あなたの計画の実現可能性はいうまでもなく、それがどこにうまく当てはまり、実際に何が達成できるのかが、わかるのだと思います。

マイク：うーん、なんだか物足りなさそうですね。本当にこれはだめだというんですか？　学校で地理のカリキュラムを担当している何人かの人と話をしたのですが、うまくいきそうでしたよ。

グレース：だめだと言ってはいませんし、もう一度この問題に戻りたいと思います。関心がないわけではないんですよ。ただ、もっと幅広く議論した後に、それにどういう意味があるのか、確認しなければならないと思うのです。そうすれば、あなたのプランももっと魅力的にみえるかもしれません。でもとりあえず様子をみるということで、いいですか。

（話題を変え）わたしたちも怠けていたわけではなくて、博士課程の学生であるトム・マクドナルド[4]のいる中国を訪れていました。多くの人が上海や北京、あるいは伝統的な農村に行くのに対して、わたしは学生たちに中途半端な普通のものを探させています。トムも、誰も特別、研究する理由のないような小さな町を拠点にしています。でも、その場所が素晴らしかったのです。ル・コルビュジュは建築家ではなく、感染症だというべきかもしれません。何万もの真新しい住戸を内蔵する高層住宅という病、石造りの床タイルやプラスチック製の家具、バスルームやキッチンのユニットを売る店が立ち並んだ通り。まだほとんど交通量がない広い道路と、あたらしいきらびやかなガラス張りのバスステーション。消費を大規模に増加させるためにインフラが構築されているのです。それは前回お話ししたように、フィリピン人の親類が魂を売ってまで望んでいるものです。年配の中国人は、わたしも貧困のなかに生まれ苦しみを味わっていたと気づくと、わたしがこれをとんでもない幸せと一緒に祝福してくれると期待していましたよ。

クリス：まもなく来るはずの住宅バブルの危機まではね。もちろんわたしは、経済危機を当然の因果応報として祝うような人間ではありませんよ。一貫して貧困に反対しているのですから。

マイク：いいものをみましたね。でも、もし北京に行っていたら、同じぐらい伝説的な交通渋滞やスモッグを目にできたでしょうね。もちろん何らかの対策は講じられていますが[5]。でも本当はインドや中国などの場所から話を始めたくはないのです。ロンドンの友人たちは、気候変動の原因として中国を責めているようですが、それにはうんざりしています。すべての指標が、この物語ではわたしたちのほうが悪者であることを示しているのですから。一人当たりでいえば、依然としてより多く問題を生んでいるのは、わたしたちのほうです。でも前回言ったことをくりかえしたくはありません。どこで消費が増えているかは問題ではありません。地球のことを考えると、気候変動の影響を受ける地域は、その原因となった地域とはしばしばまったく関係ないからです。これはまさしく地球規模の問題です。

わたしの教育プランに納得していただけないようなので、別の側からより広い文脈で問題を取り上げてみましょう。クリスは貧困にこだわっているようですが、わたしは別のことにこだわっています。二〇一四年に報告が予定されている『気候変動に関する政府間パネルの第五次評価報告書』です。ちょっと舌がもつれそうですけど、誰もが注目すべきものです。前に会ったとき、ヒュームと気候変動の不確実性の話を持ち出しましたね。本当にこれは真面目な学術的な問題です。

グレース：ちょっと真面目すぎやしませんか？

マイク：このトピックに関して、真面目すぎるということはないのです。とにかく、もしわたしの計画を受け入れてくれないのであれば、真面目に、退屈でつまらない科学の話をくりかえさなければなりません。ひどい冬を過ごしたり、どこかの洪水のニュースを読んだりしたからといって、気候変動を認めたわけではないのです。本当の気候科学者は、さまざまな状況下での何千もの観測に基づいてデータを集約するという退屈な作業をやっています。気候科学者は確率を扱うことにも熟練しています。気候変動に関する科学的な報告書(6)が出されるたびに、気候変動の原因、性質、範囲、潜在的な影響など多様な情報にかかわる、より権威あるデータがあきらかになります。気候変動は、たとえ優れた対策を講じたとしても元に戻せないか、完全に戻すために場合によっては千年単位の時間がかかることが、今では通説になっています。人間の活動の結果としてすでに深刻な問題が発生しているのです。

グレース、消費量の大幅な増加が避けられないというあなたの見通しに異議を唱えるわけではありません。でもだからこそ、これらの問題に対して迅速に行動しなければならない、みてみぬふりをしてはいけない、という思いも強くなります。わたしも歳をとりました。世界を台無しにしていると知りながら、将来の世代のために行動を起こさなかった世代になるのは耐えられないのです。何しろ、ずっと前からこのことを知っていたのですから。

前回会ったときにもお話ししましたが、わたしの意識改革は一九七二年のローマクラブ報告書(7)

までさかのぼります。環境保護活動家にとっては、ビートルズをみたというようなものです。今では、海面上昇によって住む場所が浸水する可能性がある人口が六億人であることを、誰もが知っています。気候変動だけではありません。最初の環境問題にかかわる議論では、天然資源が枯渇するまで搾取されることが問題になっていました。この問題は今でも解決していません。さらに有毒性の物質や病気への懸念、世界規模の農業や貿易が世界的な伝染病を引き起こす可能性についての証拠もあります。気候変動と同じように、わたしは鳥インフルエンザの脅威にも怯えています。地球規模での農業の問題は、さまざまな理由からわたしの課題であり続けているのです。

でもこれまでずっと破滅論に加担してきたとはいえ、わたしは「世界の終わりが近づいている」というプラカードを持ってオックスフォード・ストリートを現代の預言者のように歩き回りたいとはまったく思っていません。批判をただくりかえしても、自己満足に陥るだけなのです。重要なのは、解決しがたい真実を直視することです。どうにかして、消費を劇的に増やすことと減らすことを両立させなければなりません。ユートピア的な環境主義の理想を語っている場合ではないのです。何かうまくいきそうなもの、実現可能なものをみつけたいのです。実現可能な選択肢を探すことこそ、本日の仕事ですよね。それができるまで帰れないのですよ。

クリス：わかりました。せっかくグレースがミラーを読ませてくれたので、ミラーがたどり着いたところから始めてみましょう。消費に焦点を絞った本であるにもかかわらず、最後の章で経済学を明確に批判していることには、驚かされましたよ。一方で、この章は例外的にナイーブである気がします。何であれ、「陰謀」のようなものが現代の政治経済学を動かしているという考えを否定しているように思えたからです。モンビオがあきらかにしたような、アメリカのティーパーティー〔ポピュリズム的保守派の運動〕の設立に、企業のロビー団体が影響を及ぼしていることについては、どうでしょうか。[8] それら一連の物ごとは、ミラーが認めようとしているよりも、ずっと意図的に、また直接的に影響を及ぼしているのです。

　さらに残念なことに、ミラーの本を読んでも、わたしがもっとも気になる消費の帰結、つまり搾取や抑圧については何も書かれていませんでした。人びとの苦しみを放っておく人類学者とはいったい何者なのでしょうか？　グレース、あなたはそんなことはしませんよね。洋服を買いに行くと、あなたはいつもファストファッションの傾向や、スーパーやプライマークでの馬鹿げたほどの低価格が、バングラデシュの労働者のひどい状況と直接つながっていることについて、ミニレクチャーをしてくれますよね。かつて仕立屋をしていた人が、夜な夜なスパンコールを縫っているんですよね。[9] これは経済的な原因と結果の、文字通り「まっすぐな（down the line）」〔生産ラインに従った〕つながりです。なぜミラーはこの話をしないのでしょうか？

グレース：クリス、この話は何万回もしましたよ。ミラーを含め、人類学者は製品が再び生産に戻るまでの商品の連鎖にずっと注意を払ってきました。ミラーは、倫理的《エシカル》なファッションと労働者への影響について教えています。ボーキサイト採掘が、インドの先住民に与えている影響についての最新の研究を教えてくれたのもミラーです。しかしどれほど労働者に対する影響を意識しても、状況を変えることができません。消費が何であるのかについて、誤解しているためです。ミラーは、わたしたちがなぜまちがい続けているのか説明することで、マイクの言葉を借りれば、実現不可能な理想を実現可能な解決策に変えようとしているのです。そうすれば方程式をもういじらなくてもよくなるのです。

クリス：すみませんが、苦しみの経験を具体的に喚起しないのであれば、わたしには心のない消費の描写にしかみえないのですよ。いずれにしても市場資本主義の本質については、ミラーがまちがっていると思います。デヴィッド・ハーヴェイは、民営化や証券化、その他の新自由主義的な計画の背後には、特有の論理と権力のあり方があることを何年もかけてあきらかにしてきました。そうした論理と権力のあり方は金融危機についての研究に匹敵するほどの長い歴史を持つだけではなく、ずっと金融危機の原因になってきたというのです[10]。ハーヴェイのような書き手にミラーも学ぶべきではないでしょうか。お二人が受け入れてくれるとは思えないので、ハーヴェイに基づくわたしの理論を披露するつもりはありませんが。

でもこれはマイクが提起した問題にとっても重要なことです。というのも、ミラーが見逃しているもうひとつのポイントは、ティム・ジャクソンなどの書き手が指摘しているような、市場にもたらされた変化だからです[11]。わたしはなお資本主義という言葉を使います。なぜならその言葉は、ミラーがいうような内部的な矛盾という主張では捉えきれないものを含んでいるからです。資本主義は、継続的な増加と拡大、あるいはそれに逆行する恐慌という二つのギアだけでいつまでも動くメカニズムのようなものです。この市場という乗り物をつくったのが誰かはわかりませんが、その人はギアボックスにニュートラルのスロットを設けるのを忘れてしまったのです。というわけで、持続可能性に関心があるからこそ、わたしたちは問題の重要な部分に資本主義があると主張し続けているのです。市場は充足や満足という概念さえ解決できず、その性質上、容赦なく拡大していきます。つまりわたしの考えでは、ここには二つの明確な問題があります。ひとつは消費、そして人びとがなぜ商品を欲しがるかについてです。でもわたしからみれば、システムとしての市場自体にも同様に解決しがたい問題があるのです。

グレース：まさにそうですよね。気候変動に対する解決策を提示されたとき、信じられないほどの怒りを感じるのはそのためです。いわゆる解決策を聞いていると、正直に言って、怒りを爆発させてしまいそうになるのです。

マイク：あなたがそうなる前に、ちょっと心配なことをお伝えしておきます。正直に言えば、グレース、もちろんわたしもあなたと同じように市場と消費について懸念を抱いています。これはわたしが経験してきたことですから。京都からコペンハーゲンへと環境問題の議論の場は動いてきましたが、現在は荒波のなかで立ち往生しているようです。とはいえこうした仕事のすべてを否定しないでください。複雑な議論にかかわるたくさんの友人のなかには、誠実で良心的な人も多いのです。

グレース：それは、そうでしょうが……

マイク：いや、本当に、ジャーナリストの前で自然崇拝の儀式をおこなっているような口先のうまい活動家だけではないのですよ。友人の多くは真剣に活動していて、その理由についてはあなたもきっと称賛してくれるはずです。活動家たちは会議の前後で、リサーチや長時間の労働をしています。証拠を厳密に調べ、結果のさまざまな面について考えるためにです。

グレース：マイク、わたしが何を言いたいのか、わかっていらっしゃらないようですね。善良であろうがなかろうが、アクティビストにはまったく関係のない話なのです。わたしが攻撃しようとしていたのは、そうした人びとではありません。わたしにはやらなければならないもっと大事なことがあるのですから。

マイク：すみません、でも最近、わたしたち緑の人がどう描かれているかに敏感になっているのです。そして、正直に言うと、この前の会話は役に立ちませんでした。でも、とにかく意見を言ってください。わたしは自分の番が来るまで待ちます。

グレース：心配しないで、わたしはクリスにはすっかり慣れましたよ。クリスは他の人が割り込もうとしてくると、どうしても舌打ちをしてしまうのです。

クリス：ごめんなさい。自制していたのですが、本題を始めてもいないのに、中断されてしまい……

グレース：気づいてはいましたが、でもあなたの話に素直に感心したんですよ。今、気になっているのは、あなたが言った市場と消費に関することです。マイク、わたしは活動家や緑の人びとのせいで、京都やコペンハーゲンで問題が起こったとは思っていませんよ。環境保護活動を称賛していますし、自分がそのような活動に参加していないことに罪悪感をおぼえます。思うに、問題はその反対側にあります。問題は、誰が今この時点で力を持ち、提示された解決策を決定しているかにあるのです。

会議の結果、何も起こらなかったわけではありません。未達成の目標ばかりですが、たとえば、炭素市場というまったくあたらしい市場が意図的かつ組織的に発明されたことは、驚くべきことです。まったくあたらしい市場を発明して、軌道に乗せるだけでも大変なことです[12]。でも、だからこそ、クリスはミラーに反対しているともいえます。解決策を考える際にも、市場について話さなければならないのです。

マイクのほうがずっと専門的な知識があると思いますが、わたしが知るかぎりでは、気候変動問題には、大きくいえば二種類の解決法があります。ひとつ目は、まさに炭素排出のあらたな市場をつくりだす際にみられたやり方で、炭素を追加で生み出すと高くつくようにするものです。わたしの理解するかぎり、二酸化硫黄や窒素酸化物などの他の汚染物質の市場も考えられます。二つ目に目立つトレンドは、環境に配慮した消費者向けの製品の数を増やす方法です。最初それらは傍流だったと思いますが、今日ではスーパーマーケットでの主流の選択肢になっています。環境に優しい製品がもっと大きな影響力を持つべきと考えるならば、これは悪い話ではありません。

オーガニック製品や環境破壊の少ない製品を購入することで、多くの人が環境保護にちょっとは貢献していると感じたいと考えているのだと思います。それを受けて、環境保護を望む消費者が、より持続可能な、より地球に優しい消費財を選べる可能性もどんどん大きくなっています。この点では、運動家たちは政治家と同じ側にいるようです。わたしたちは、ガソリン車よりも電気自動車を、そして石油よりもバイオ燃料を支持するようになっています。政治家もそれに結託しています。非熱帯で育った農作物からつくられたバイオ燃料は環境に優しくないという証拠があるにもかかわらず、バイオ燃料が受け入れられるように補助金まで出しているのです。政治家を含めわたしたちは、環境に優しい製品は未来の世代に対する愛と関心を表現しているので、人びとはそれを好むようになるという幻想を抱いているのです。

では、問題は何でしょうか？　オーガニックのシャルドネを素敵なグラスで飲みながら、炭素市場やエコグッズの台頭を祝わないのは、なぜなのでしょう？　ごめんなさい、マイク、ステレオタイプな表現は控えると約束しましたよね。実はこの点では、本当に真面目な話をしたいと思っています。これこそわたしが怒っている原因だからです。今説明したことについて、一分間考えてみてください。気候変動に関して、現在提案されている二つの有力な解決法は何でしょうか？　第一の解決法は、あたらしい市場の開拓であり、第二の解決法は、環境に優しい製品を含めた消費者の選択肢の拡大です。でも五分前にクリスは、気候変動という問題を生み出した二つの大きな原因、二つの力が何かについて説明してくれました。ひとつ目の原因は市場が持っている性質で、二つ目は消費は拡大するという性質です。これらによって、需要の止めがたい拡大が必然的に引き起こされているのです。

実際に怒るつもりはありませんが、ホーマー・シンプソン風のアクセントで言えば、「なんてこった、オレたちはなんて愚かなんだろう？」ということになります。提示されている二つの解決策は、まさしく問題を引き起こしている二つの事柄に他ならないからです。気候変動は、市場と消費者の選択の拡大によって引き起こされているにもかかわらず、提示されている解決法は、市場と消費者の選択をよりいっそう増やすことなのです。世界の想像力の深い水槽には、この二つ以外には何もいないのでしょうか？　他の魚はすべて喰らい尽くされ、餌になるのはその魚だけなのでしょうか。

マイク：その通りですが、わからなくなってきました。あなたがミラーを気に入っていることは知っているので、これを巨大な陰謀論とみなしているとは思えません。あなたは、消費を擁護していましたね。ではなぜこうした話になってしまうとお考えでしょうか。さらに、なぜこれを信じられないほど愚かなことだとみるのか、まったくわかりません。問題を起こす道具を解決する手段として使うことは、それほど珍しいことでしょうか。

グレース：それなら最初の質問から始めましょう。どうしてこんなことになっているのかということは、そんなにむずかしくありません。というのも結局のところ、政府や産業界にこの方向に進むように働きかけられる権力を持っている者は、まちがいなく活動家ではないからです。最近ではそれは、たいていの場合、経済学者です。経済学者は、近年では誰もが耳を傾ける唯一の人になっているようです。ただしミラーが論じていたように、同じ認識論的なベッドで寝ている心理学者は別ですが。そして、歌詞を書いているのが経済学者であるかぎり、誰もが同じ古い讃美歌の楽譜で、市場と消費者の選択に賛美とハレルヤを歌い続けるでしょう。正直なところ、経済学者にそれ以外のことは考えられないと思います。わたしも、もちろんすべての経済学者がそうではないことは知っています。ケインズ学派はちがうのかもしれません。だからわたしが経済学者という場合は、ミラーと同じく、支配されている人たちではなく、支配している人たちのことを指しています。ですから思うに、問題と解決策にまったくちがいがないことには、きわめて単純でもっともらしい説明ができるのです。

これが、マイクの質問の二つ目のより重要な質問につながります。解決策がうまくいくと考えられる何らかの理由があれば、問題はないのかもしれません。しかし、解決策はうまくいくはずもないでしょう。わたしは、マイクと同じところから始めたいと思います。今日の準備のために、スターン報告書を読み返してみました。気候変動の問題に取り組むために政治を動かそうとするもののなかでは、最高のものかもしれません。しかし、この報告書はともかくなお「気候変動の経済学」と名付けられています。[13] その意味でその長所にもかかわらず、それは責められるべきものとわたしが思っている典型的な例になります。この報告書は、ひどいバイアスのある、まさしく経済学的なものにとどまっています。物ごとがうまくいくのは、より良い市場とインセンティブのおかげであり、炭素市場[14]だけではなく、排出削減についても市場化される必要があるというのです。[15]

実際、解決策はつねにより良い市場をつくることのようです。ちょっとノートをみると、スターンは、「炭素の外部性の将来的な価格設定が確実でないことが、イノベーションのためのインセンティブを減らす」といっていたり、[16] 研究開発はおもに民間企業がおこなうべきと述べたりしています。[17] スターンにとって規制のおもな目的は、市場を生み、育てるのを手助けすることなのです。[18] ただ奇妙なことですが、マッケンジーが示しているように、あたらしい炭素市場の創設に、民間セクターは実際にはまったくかかわっていません。政府が政策のイニシアチブを取ったのです。しかし研究など、わたしたちが深くかかわる分野で政治や政府がはたした明確な役割は、つねに軽く扱われています。倫理に関する部分でさえ馬鹿げた代数式[19]が多用され、ずる賢く組み込まれることであたかも経済学の公式のようにみせかけられているのです。

スターンは、政府の役割を最後の「適応」に関する部分だけで認めます。つまり防げなかった気候変動がもたらす壊滅的な結果にどう対処するかにかんしてだけです。現実に向き合っている点では歓迎すべきともいえますが、いずれにしても、これは政府が存在するのはおもに市場の混乱と失敗を償うためであるという、本質的に典型的な経済学者の考え方です。少なくともスターンは、洪水や飢饉を市場にとっての好機、またはイノベーションを刺激するものとして捉えるような経済学者ではありません。スターンは問題に光を当てることにたしかに貢献しています。しかし一方では、他の経済学者同様に、これまでに起きたほとんどすべての経済危機の原因が市場にあったことを無視するという偏見を持っています。すべては市場によって解決されると考えているのです。

マイク：スターンをいじめるとは、おもしろいですね。わたしも同じことをしています。学者は神学者のようになりがちですよね。ほとんど同じ信念を持ちながら少しばかり外れた異端者に対して一番、厳しい態度をとり、本当のろくでなしに対しては、悪口は控えるのです。たしかにスターンは経済学者で、経済学者が抱える問題点をよくあきらかにしてくれます。しかしなぜスターンだけをいじめて、気候変動を否定するような古い考えの人たちは放っておくのでしょうか？　認めていただいたように、少なくともスターンは良心的で、それが考えにもはっきりと現れています。記憶によるとこの報告書は、アルミニウム製錬をアイスランドに移すことが有益であるといった、小さな賢明な提案をたくさんしています[20]。スターンは、バングラデシュのような低地に巨大な人口を抱える地域が優先されるべきと理解し、また人間の幸福にかかわる倫理を少なくとも全体として捉えようとしており、気候をたんなる外部性のひとつ以上のものとみなそうとしています。スターンはわたしたちの味方です。だからこそ真の敵ではなく、友人を攻撃することから始めるのは、少し不作法のようにみえるのですが。

クリス：お二人とも、グレースが初めに言いたかったことから、すっかりずれてしまっているのではないでしょうか。誰と結婚しても、しばらくするとその人と話が合うようになりますよね。わたしは経済学者の美徳や悪徳が問題だとは思っていません。重要となるのは、炭素市場が気候変動への対処に実際に役立つのであれば、すべてが正当化されるということです。最初にマイクが指摘したように、気候変動はあまりに大切なことなのです。

では炭素市場などをつくることは、地球に大きな利益をもたらすのでしょうか？　この問題については時間をかけて議論してきましたが、グレースもわたしも答えはあきらかに否です。実際、炭素市場は経済学者のように、複雑な問題を過度に単純化し、単純な問題を難解なものにしてしまいます。結局、炭素市場は何をしてくれるのでしょうか。炭素を使用するための許可証を交換するのです。つまり汚染する権利を途上国に譲り渡すことで、先進国はあたかも炭素を削減しているようにみせかけるのです。これを実現することは、さほどむずかしいことではありません。最近のイギリスのような国では、製造業への投資が少なくなっており、そのおかげで容易に二酸化炭素の発生量を少なくみせかけられます。鍵になるのは、製品をつくるために出される大量の炭素です。その炭素は、結局は輸出先の先進国によって消費されるのですが、その先進国こそが最初に炭素排出権を売りに出していたのです。公式には、ＥＵは一九九〇年から二〇〇八年のあいだに炭素排出量を六％削減しています。しかし「全体的にみると、豊かな世界の『炭素輸入』の増加は、先進国自身の炭素排出量の削減よりも六倍大きくなっている」ことを考慮に入れなければなりません。[21] 炭素は、生産のために使われたエネルギーを含んだ完成品というかたちで、ブーメランのように戻ってきます。

これとは別に各国が簡単に数字を偽造できるために、短時間で大量の炭素が消えたようにみせかけることもできます。[22] 結局、炭素市場と呼ばれる市場で実際に取り引きされているのは、たんに責任の所在です。誰もが簡単に誰かのせいにできるようになりました。くりかえしになりますが、市場は効率的なモデルとは程遠く、実際に何かを実現するためには、まったく非効率的で効果のない道具だと結局わかってきました。炭素市場は気候変動の解決には役立ちません。気候変動の問題を経済学者がよく知っている問題のようにみせかけるだけです。これはミラーがヴァーチャリズムと呼んだものの一部です。問題に対処しているかのように錯覚させることで、利益どころか、大損害をもたらしているのです。

グレース：何かがみえてきましたね。わたしたちは、炭素市場がごまかしであることに同意しました。経済学者に気候変動の解決策を任せることは、羊がいなくなっている理由を探すために狼を雇うようなもの、というわたしたちの仮説をますます説得力のあるものにしてくれます。でもマイクが混乱したということに話を戻すと、最初の会話で消費を強く擁護していたのはわたしでした。ですからわたしは、現在提案されている解決策のうちの二つ目、つまり気候変動問題に関して消費者がはたすべき役割があるという見方とも断固として戦うべきだと思っています。なぜなら消費者に訴えかけることは、市場に訴えかけることよりも、ある意味では悪質だと考えられるからです。そしてこうした話をするためには、ミラーの研究を参照する必要があると思います。買い物の章の最後に書かれたエスノグラフィックな議論を思い出してください。倫理的《エシカル》な買い物の矛盾や、実際には自分の利益がおもな動機となっていながら、消費者は買い物の選択で良いことをしていると思い込んでいることなどについて書かれていましたね。

たしかに正直に言えば、とくにこの問題に関連したミラーのエスノグラフィーはなお充分ではないと思います。でも最近、米国の文化人類学を学んでいる大学院生シンディ・アイゼンハワーの素晴らしい博士論文が送られてきました。[23] アイゼンハワーが調査の対象としたのは、「最善(best practice)」の消費者と呼べるような人びとです。消費の選択を通じて持続可能性を促進することに真剣な関心を抱いている、スウェーデンのかなり裕福な消費者が選ばれたのです。アイゼンハワーは、よりいっそう強固な証拠を用いて、ミラーとよく似た指摘をしています。アイゼンハワーは、消費者が自然をどのように概念化しているのか、消費者が自分の消費の選択をどんな仕方で正当化しているのか、環境に配慮するようにみせることでどんなかたちのステータスが得られるのかを、素晴らしいエスノグラフィック・ルポルタージュによってあきらかにしています。「消費者の選択を擁護することは」、実際には「権力と特権を擁護することになるとみられる」というのです。[24]

同じことが、ノーガードの最近の著書でもより深く支持されています。[25] わたしたちは、現存する社会のなかでノルウェーが一番ということに同意していますが、ノーガードのエスノグラフィーではノルウェーの〔匿名化された〕街、「バイグダビー」について書かれています。この街は小さな田舎町で、住民の政治的関与が大きく、環境問題への意識が高く、美徳や倫理に対して正当にも断固として主張する、完璧なコミュニティのようにみえます。しかしこの街でも、環境に関する実際の知識はほとんど無視されています。環境に関する話題は、世間話という一般的な領域に押し込められているのです。気候変動は結局のところ、天気の話題に関することにかぎられ、そして天気はいつも世間話の主役です。でもこれらの話題は、スカンジナビアの人びとの罪悪感をいつものように高めるだけで、実際の環境問題にはほとんど影響を及ぼしていません。

スカンジナビアは、自然に対してはっきりとした配慮を示すとともに、持続可能な戦略の基礎として国家主導の合理的な近代化を理想として掲げるお主要な地域のひとつです。その意味で、環境に配慮した消費を始めるには最適な地域だと考えられますよね。でもアイゼンハワーとノーガードは、たとえ理想的な市民的消費者でも、経済学者のように消費者の選択に重点を置くだけでは、地球に大きな影響を及ぼす構造的問題をほとんど解決できないと述べています。環境に優しい電気自動車に切り替えたとしても、人びとがより多く運転するようになることで、環境面でのメリットは相殺されてしまうと長年にわたって推測されてきました。その証拠が今ではあります。ハイブリッドカーに乗り換え、以前よりも運転するようになることで、スウェーデンの交通システムは切り替え前よりも多くの温室効果ガスを排出するようになっています。[26] モンビオはこのような解決策に懐疑的でしたが、それが正しかったことが実証されてしまったのです。[27]

マイク：この前うちに来たときに気づいたでしょうけど、わたしはエコで環境に優しい製品が好きです。しかし最近、企業が自分を良くみせるために、「グリーンウォッシュ[28]」に喜んで参加していることをご存知でしょう。より汚染のひどい企業ほど、環境保全のための広告予算を多く支出でき、だからこそ環境に優しい商品が溢れているのではないかと、買い物をしているときに思うことがあります。おかしくなりそうですよ。

グレース：同情します。だけどもっと大きな視点からみると、環境に配慮した消費が気候変動を解決するための正しい方法だと考えられているのは、経済学者が消費者の選択の道徳的権威をもっと高めたいと思っているからです。消費者の選択は経済学者がこれまで認めた唯一の権利ですが、それさえもしばしば理論上のことにすぎません[29]。でもご説明いただいたように、気候変動は消費者の選択によってはカバーできない、はるかに重い問題です。スーパーのレジ袋を持っているか、家の外にリサイクルボックスがあるかによってステータスが決まると考えられるようなことに、地球の未来は託せません。アイゼンハワーが指摘するように、主婦の多くが雇用され労働しているのと同時に、家庭の責任も負っています。育児と洗濯の合間に地球を救う責任を取らなくても、主婦はもう十分責任をはたしているのです。わたしの感覚から言えば……

マイク：気候変動が消費者の贅沢品であってはならないことには、たしかに同意します。あなたのいうように人びとは、景気が良いときには環境に優しい商品を優先し、アル・ゴアの話を聞きますが、不景気になると、別の事項を優先してしまうという証拠があるのです。政治家たちは、一時的に躍起になって環境に配慮した意見を取り入れていましたが、それでは選挙に勝てないとわかると、別の問題に目を向けるようになりました。前回のイギリスの選挙の前に、キャメロンが環境問題を重視していると主張していたのをおぼえていますか？　いったいどうなったでしょうか？

グレース：デヴィッド・キャメロンを擁護するつもりはないですよ。でもいつも政治家を非難することが浅はかである理由を、あなたは教えてくれましたよね。政治家は大衆の意見に従わなければ再選されません。本当の問題は、不況で気候変動が国民の優先課題ではなくなることで、政治が変化してしまったことです。でも突き詰めれば、気候変動は起きているか、起きていないかのどちらかです。それが起きているかどうかを、消費者の関心や市民の投票によって決めることはできません。だから投票に基づく政治にも左右されないのです。

マイク：最近では、わたしたちにできるもっとも過激なことは、政治家を擁護することではないかと思いますよ。

グレース：わたしもそう思います。少なくとも母国では擁護なんてできないですから。しかし、わたしがいいたいのは、民主主義的な理想を超えるものがあるということです。ミラーが監査をエスノグラフィーとして描きだすなかで議論していたことを思い出してみてください。市民は、市長の交通計画と路上の犬のフンのどちらを優先させるかを問われます。すべてを投票で決めれば、専門家の権威は失われてしまいます。消費者が皆、スターン報告書やマイクの超絶長い科学レポートを読んでくれるとは、期待も仮定もできません。

率直にいえば、はるかに多くの消費者が買い物の際に環境に配慮したとしても、気候変動への影響はわずかなものでしょう。スーパーマーケットの袋やリサイクルボックスは、消費者が自分は善良な市民であると信じるための記号にはなりますが、今、本当に必要な行動はそれではありません。アンソニー・ギデンズ[30]のような学者が、気候変動の影響が緊急の課題と認識されていないことが原因のひとつであると主張していることを、知っています。人びとが気づけば反応するというのです。でもギデンズは消費者について実践的に研究をしたわけではありません。現実の消費者について調べたミラーやアイゼンハワーやノーガードたちは、誰もこうした推測を支持していません。問題は消費とは何か、また消費者がどうあるべきかについて、みんな勝手な考えを持っていることです。経済学者は、経済を刺激する特定の方法で消費者に行動してほしいと思い、環境に関心がある人びとは、経済を抑制するように消費者に行動してほしいと考えています。でもこれは期待の投影にすぎず、消費とは何かについてのアカデミックな研究から得られた考えではないのです。

マイク：たしかにミラーは消費を、何らかの目的であれやこれやのものにしようとするのではなく、詳しく観察し、それが実際に何であるのかを突き止めようとしていましたね。そのやり方はあざやかでした。

グレース：そのミラーの結論は、何でしょう？　ほとんどの消費は、あるレベルでは食料や衣料などの基本的な家計のために、またはセンが言うところの「世界における自分の能力（ケイパビリティ）を高める」ためにおこなわれます。[31]さらに深い水準では消費は、もっとも大切にしている人や一緒に暮らしている人との関係の強さにも、また社会的なステータスや地域の象徴的なシステムにも関係しています。加えて消費はクリスマスや倹約、フランスの階級関係やトリニダードの民族にも関係していました。これからも消費はこれらの事柄にかかわり続けるでしょう。消費を他のものに変えようとしても無駄なのです。消費を地球温暖化防止のために利用することの問題点は、ミラーがラジオシリーズ『アーチャー家の人びと』のリンダ・スネルについて語っていたことに端的に表れていました。

マイク：秘密にしていましたが、悪癖を告白いたしましょう。わたしも実は一〇年ほど『アーチャー家の人びと』を聴いていました。このささやかな「聖なる」一五分間の邪魔をしないように、子どもたちをしつけていました。ソープドラマ中毒だったというよりも、小さな子どもたちの世話を絶え間なくしなければならなかったことの反動だったと思いますが。

グレース：謝る必要はないですよ。テレビで『イーストエンダーズ（*EastEnders*）』を見逃すと、クリスも不満そうですから。しかしリンダ・スネルについての話のポイントは、気候変動や世界の倫理といった大きな話題について語り続ける人は、けっして温かく迎えられないということです。そうした人は、むしろ冷たく遠い存在のように思われます。それは日常の消費が、おばあちゃんや恋人など、身近な人を思いやっておこなわれていることが多いからです。消費が本当に物欲だけのためにおこなわれているなら、気候変動の問題はもっと簡単だったはずです。

これは、世界の残りの地域ではよりいっそう当てはまります。フィリピン人が何を望んでいるのかという話題は、もう飽きてしまったかもしれませんが、最近、南インドのケーララ州における消費の増加とその環境の影響に関するウィルハイトの研究[32]を読みました。予想通りのことが起こっていました。持参金の高騰などの地域的な要因と、湾岸諸国への移住などのグローバルな要因が組み合わさって、エアコンの設置や車の購入など、高エネルギー消費を日常化することへの期待が高まっているというのです。その一方で、宗教に組み込まれていた質素倹約の理想は豊かさへの願望へとますます置き換えられてしまっています。テレビによっていつでも、自分も豊かになれると示唆されているためです。つまりインドの農民からスウェーデンのエリートまで、同じ結論に達しています。地球は、環境に配慮した消費によっては絶対に救われません。まとめましょう。市場の供給と消費者の需要の関係に基づく過剰な消費に対する唯一の解決策が、さらに別の市場とより多くの消費者の選択であるという事実に、わたしは憤慨しているのです。クリス、それは経済学者の陳腐さを示しているだけではありませんよ。それがあきらかに解決策として機能していないことが、マイクが指摘し続けているように重要なのです。

マイク：いやはや正直いって、たいへん驚きました。あなたは反対の意見を述べ、消費者が持つ力を無視していると非難すると思っていました。だからわたしは、消費者の教育から議論を始めようとしたのです。ミラーと同じく、あなたは消費者にこだわっていたので、消費者は地球温暖化防止にほとんど貢献しないとみているとは予想できなかったのです。馬鹿げたことに、わたしは環境に配慮した古典的な消費者です。たいてい慎重に吟味し、悩んだ上で買い物をしています。しかしあなたの主張は、個々人の行為の責任をまったく否定するわけではないのでしょう。環境に優しくあることを目指すべきことには同意していただけると思います。そして、そろそろ自分の計画に戻りたいのですが。

グレース：もちろんどうぞ。

マイク：わかりました。許可をいただきましたので、消費者がどれほど責任を受け入れるかに地球の未来を委ねることはできないと、今度はわたしのほうが譲歩してもいいと思います。あなたのおっしゃることは残念ながら、まさにその通りです。ここまでくると、わたしたちはネガティブな意見で一致しているようにみえますね。しかし今日の議題から考えると、あなたがたの批判はすべてはじめの一歩とでも呼ぶべきものにすぎません。それが出発点にならなければならないのです。短期間で効果のあるような代替案を出すことで、わたしが何をしたいのかをはっきりさせなくてはなりません。消費者教育のアイデアは、もっと長期的なものだと思いますので。

グレース：よかった。マイクが発言する際には、それが大切になると思っていました。責めるわけではありませんが、もしあなたが地球を救うための個人的な計画を他に持っていなければ、今回の討論会は開かれなかったと考えていたのです。何がうまくいかず、また実現できないかについてより確信しているという意味で、わたしが困った立場にいることを認めましょう。優先すべきと決めたにもかかわらず、代替となるポジティブで具体的な提案となると、わからなくなってしまうのです。

マイク：謝らないでください。発言の用意は万全で、ずっと待っていました。わたしたちが何をしようとしているのか、またはしていないのか、はっきりさせておきましょう。先ほどわたしは、気候変動の問題に、一緒に検討すべきすべてのことを追加しようとしていましたが、もう少し謙虚になってもいいと思います。

グレース：え、わたしの夫も一緒に？　できっこないですよ。

クリス：いや……

マイク：いいですか、わたしたちはもともとたしかに、寡黙と呼べるような人間ではありません。でも、関連するすべての問題を解決できると考えてもいないのに、三人で偉そうに話をしているのは誉められることではありません。たとえばグレース、あなたは難問をもっとむずかしくしているだけです。皆、消費について教えているということで集まったのですが、あなたは消費を抑制すべきと認めようとせず、環境に配慮した消費もあまり意味がないと言います。では、何が残るのでしょうか？　わたしたちにできることは、消費される対象としての地球を確実に残すために、消費について今わかっていることを持ち寄り、合法的なものや正当なものと、違法なものや破壊的なものとを区別することだと思います。知っていることだけに集中し、その他の問題は他の専門家に任せることにしましょう。

クリス：（グレースがうなずくのをみて）はい、三人で話してきたことが本当に「まとめ」に値することだとすれば、グレースもわたしもそれに賛成します。

マイク：では、わたしがエコノミスト誌の『テクノロジー・クォータリー』を読むたびにおぼえる興味から始めたいと思います。それを読んで、マニアの心を刺激されたような歓喜の状態になっているところをクリスにみられましたよね。数え切れないほどの気候変動関連の本で、古い技術の問題を解決するために、塩水農業や藻類バイオ燃料などあたらしい技術が必要だと論じられています。[33]宇宙に傘をつくって太陽から地球を守るというSF的なシナリオさえありますが、より堅実なものもたくさんあります。たとえば、最近、ビョルン・ロンボルグの『気候変動を解決する賢いやり方（*Smart Solutions to Climate Change*）』を読みました。そのなかに「ブラックカーボン・マイグレーション」という素晴らしい論文[34]が掲載されていて、代替技術についての物語が書かれていました。わたしはこうしたロマンティックなジャンルが好きなんですよ。この論文によれば、カリフォルニアの元ヒッピーたちが、地方でまだ薪などを使っている人たちのために、完璧なストーブをつくっているそうです[35]。どうやら目新しい工業団地ではなく、仕方なく薪を使って料理をするときに発生する煤のほうが、気候変動で鍵となる問題のひとつであるようです。人口増加のせいで、この問題は大きな影響を及ぼしています。これはグレースさんにとって魅力的なことではないでしょうか。なぜなら文化人類学的問題であるとともに、開発学につながると思われるからです。

グレース：マイク、あなたは学問についてもっとよく知るべきですよ。文化人類学と開発学はたしかに領域を共有していますが、ほとんどの場合、おたがいを絶対に受け入れません。

マイク：それは残念ですね。学際的な仕事が大きな助けになる場合も今ではありますからね。たとえば、わたしの野望のひとつはデジタル・サステナビリティセンターを設立することです。これまで「デジタル・サステナビリティ」というと、デジタルフォーマットをいかに維持するかという意味合いが強かったのですが、それを変えて、デジタル文化と環境保護に関する教育をリンクさせたいと考えています。あたらしい技術がすべて気候変動の問題に拍車をかけると考えてはなりません。デジタル技術はあきらかに、逆の方向に導いてくれます。今では、音楽は物質的な製造過程をともなわず、また写真も化学薬品を必要としていません。このセンターでは、社会的利益を維持しつつも、持続不可能な物質文化を置き換えるために、デジタル文化を体系的に利用する方法をあらゆる角度から検討します。携帯電話やその他のデジタル技術が古い技術を飛び越えて世界の貧困層に届くようになった今、クリスにとってもこれは魅力的ではないでしょうか[36]。

クリス：正直に言うと、第一印象は「それは、そうだけど」という感じです。地球を救う核心的な話をするのだと思っていましたが、それが本当にあなたの解決策なのでしょうか？　あたらしいデジタルギミックやテクノロジーが？

マイク：もし、核融合エネルギーの問題をどうにかできたら……、でも、いや……、わたしもそう思います……。技術の問題は注目すべきで、議論に含める価値は絶対にありますが、今のところ、自己満足を超え、はっきりとした力を持つようなものではありません。しかし、そうなることを祈るべきだと思います。なぜならわたしが今、目をつけている代替案よりも、この種の技術的な解決策のほうがうまくいくと容易に想像できるからです。

前回のミーティングから、わたしはかなりの影響を受けたと思います。わたしはあきらかに、道徳と実際の問題とをごちゃまぜにしていました。地球を救うことは、自然とのふれあいを取り戻し、調和を保った生活を送るといったユートピア的な考えを実現する道筋でしかなかったのです。持続可能性の必要性によってすべてが正当化されると考えていました。でも気候変動に直接関係する対策を、魂の救済や禁欲的な反物質主義から切り離すべきというグレースの主張のほうが説得力があることを、今では認めたいと思います。

こうしてすべてを捨て去ると残されるのは、プロの研究者として日々おこなっている一貫した基盤だけです。観察されたものしか信用できないとする認識論的な考えとしての実証主義を批判する風潮のなかで育ち、(37)科学を社会的実践として文脈化しようとする試みのいくつかのバージョンを経験してきました。最新のバージョンはたぶんブルーノ・ラトゥールの著作ですね。(38)わたしは社会科学者として、絶対的な真理や証明があるという主張には懐疑的なのです。

クリス：もう「しかし」がみえてきました……

マイク：そうです、しかし……、実際に、経済学や心理学を真剣に批判したいのであれば……

グレース：進化人類学者を忘れてはいけません。本当に我慢できない異端の学問なのです。

マイク：わかりました。誰であれ、何であれ、わたしが言いたいのは、自然科学を全体として受け入れた上で、この種の批判はしたほうがよいということです。物理的世界へ近づくために自然科学をわたしが尊重していると知って、学生たちがショックを受けることがあります。自分がナイーブだとは思いません。科学者は、社会科学者と同じように自分がみたいと思う最良の結果を選び、自分を良くみせないものはなんとか避けようとしているのでしょう。実践としての科学が文化的であることを、わたしは知っています。

しかし科学から始まったテクノロジーにどれだけ依存しているかを認めないなら、わたしたちは偽善者になってしまいます。気候変動という寄せ集めで不確かな領域においてでさえ、科学者たちは確率に対して学術的なアプローチをとりつづけています。データが集まれば集まるほど、予測される気温の変化の幅は大きくなります。(39)科学者たちは、異なる解釈があるかどうかや、予測の不確かさに非常に敏感です。しかし、最終的には一〇〇〇人の科学者が一〇〇〇種類のデータを使って得た証拠にもっとも近いものが妥当であると認めており、そうしたデータを分析することでできるだけの仕事をしています。

ミラーのいうように、認識論的な問題があることも理解しています。しかしミラーは自然科学が何より問題であるとみなしているのではなく、大部分が文化的なものである経済に科学的手続きを不適切に適用していることを疑問視しているのだと思います。また進化論的研究に反対するグレースの意見には同意しますが、それが人間の行動にも当てはめられることこそ問題であり、だからこそグレースと同じくわたしも実験心理学に疑念を抱いているのです。しかし経済学者や心理学者の話がもっともらしく感じられるのは、学者が自然科学者のような言い方をすることを学んだからで、それとは別に、自然科学が成功しておりそれによって食物やエネルギーなどのシステムがうまくいっていることをわたしたちは日常的に理解しているのです。

クリス：いやいや、すみません、あまりにもうわべだけの、単純すぎる話になっていますよ。あなたが何をしたいか、まだわかっていませんが、実験室での化学反応が予測可能で再現性があるという単純なイメージを持っているのではないでしょうか。しかし先ほどあなたがおっしゃったように、気候はしばしば偶然の産物として集められた膨大な数の不確かな諸力の集合体であり、社会科学の対象に近いものです。(40) またこうした立場は、ヒュームの『なぜ気候変動に同意できないのか』を読んであなたが提示した論点を、すべて無視しているように聞こえます。ヒュームの本は、文化が差異を生むといった当たり障りのない記述にとどまってはいませんでした。どの章でも文化がどのようにして、なぜ、そしていかなるちがいを生じさせるかが示されていたのです。

いいですか、わたしは頑迷なポストモダンの相対主義者ではありません。日常的なことでいえば、わたしたち三人が、たとえば政治についての論文を採点すれば、同じような成績をつけるでしょう。それは証拠に基づいて論じるという学問のルールを共有しているからです。同時に、ある種の期待やイデオロギーも一部ではあれ共有しています。率直にいって、あなたの発言は異端を排除するための学問的な咳払いのようにしか聞こえません。自然科学の旗を掲げることが、どうして現実的な解決につながるのでしょうか。

マイク：神経を逆なでするると思っていました。科学と認識論こそ、学者たちの相性を決める基本的な要素になりますよね。しかしわたしとクリスを両端とした科学的感覚を結ぶ線のどこに立つのかは、あまり問題ではないと思います。「知識が高価だとしても、無知よりはまし」という反緊縮のデモ〔公共支出削減に反対し二〇一一年にロンドンで起きたデモ〕で使われたスローガンを思い出してください。科学がどんなに複雑で、文化的で、解釈に依存し、問題含みだったとしても、わたしが気候変動を受け入れるのは科学的な証拠があるからです。その意味では、わたしの船はヒュームよりもジョージ・モンビオに近いところを航行しています。

ではなぜそれが重要なのでしょうか？　科学によって問題に対する理解が得られるならば、それは解決へのルートになると主張したいからです。ここで話しているのは、経済学のようなエセ科学ではなく自然科学です。たしかに数多くの影響が絡み合っていますが、わたしたちには優先順位を決める責任があります。今できるかぎり正確に知りたいのは、どの化学物質がどのようなプロセスと運動によって、またどのような方法で気候変動の問題を引き起こしているかです。汚染を引き起こす無数の要素のなかで、もっとも被害がひどく、緊急に対応しなければならないものはどれなのか？　それは黒いすすなのか、それともスプレー缶に含まれた聞いたこともないようなマイナーな成分なのか？　セントラルヒーティングではなくエアコンを、あるいはあの農薬ではなくこの農薬を用いた場合、総合的な効果はどれくらいになるのか？　実際に行動を起こそうという話を始めるためには、どのような行動がどのような影響を与えるのかを、具体的に知っておく必要があるのです。

　あるレベルでは、わたしの関心がマニアックであることは知っています。トイレの温風乾燥機で使用されるエネルギーが、ペーパータオルの代替品をつくり廃棄する際に使用されるエネルギーと較べて多いのか少ないのかといった、新聞に掲載されている小さな質疑応答が好きなのです。[41]科学を知れば何を考えるべきかわかるという、子どもじみた信念があるからでしょう。

　しかし、それはたんに子どもじみた考えにすぎないのでしょうか、あるいは判断を下すためにぜひとも必要なことなのでしょうか。どのようなものが短期的に被害をもたらし、どのようなものが一万年も大気中で持続し、どのようなものが太陽光を遮り、どのようなものが枯渇していることが問題かを知りたいのです。電子機器に多くのレアアースが使用され、バイオ燃料がブラジルで栽培された場合は有効でも、ドイツではひどい結果を生むこの世界に暮らしている以上、環境への影響を体系的に監査してほしいのです。決定的な証拠が欲しいわけではありません。でもまったく無知でいるよりは、証拠に基づいた推定値が欲しいのです。遺伝子組み換え食品が貧困を解消するのに役立つかもしれないといったイデオロギー的な立場には、わたしは実は懐疑的です。そうではなく、ある製品が大気と相互作用して地球温暖化を引き起こしているとか、ある毒素が食物連鎖に与える影響が汚染や病気に結びついているといった明確な証拠を探しており、また環境に影響を及ぼさずそれをどのくらい使えるかが知りたいのです。

世間の評価に任せるわけにはいかないというグレースの意見に、賛成します。世間に従えば、一般の人の目につき、気持ちよく感じられるものばかりに力が入れられてしまうでしょう。スーパーの袋を使い捨てからリサイクル可能なものに変えるなど、自分たちでできる行動が取り上げられがちです。しかし、バーナーズ゠リーは、「香港への一回の旅行と同じ二酸化炭素排出量を節約するためには、一〇年間毎日スーパーに行って、毎回九三枚の使い捨てバッグを持って帰らなければならない[42]」と言っています。バーナーズ゠リーが言及しているのは通常のフライトで、ビジネスクラスでは、より多くのスペースとより多くの二酸化炭素排出が必要とされます。このような知識を身につけると、優先順位が変わります。わたしのデジタルサステナビリティプログラムでは、ウェブカメラやヴァーチャル会議施設の設置を奨励します。それによって一〇回の出張のうち九回は飛行機を使わずに済ませられるのです[43]。

グレース：実際に仕事をするために、会議やミーティングに参加しているかのように聞こえますが……

マイク：馬鹿にしてもいいですけども、ときにはそうする人もいて、そういう人は代わりにビデオ会議で仕事ができるなら家族と離れなくて済むとたぶん喜ぶのです。いずれにしても、真面目にいえば、世間の思い込みや好みにたとえ合わなくとも、優先順位をつける勇気が今すぐに必要なのです。くりかえしになりますが、世論や人気のある学者たちのあいだでは、グローバリゼーションやグローバルトレードが大きな問題になっています。しかし科学的にはその逆が真実です。国際貿易の大半は、エネルギー使用量が比較的少ない海運によって担われています。逆に各国の生産を自給しようとすると、資源の無駄遣いがかなり多くなってしまいます。[44] あなたが定量化を嫌っているのは知っていますが、それは定量化が不適切に使用され、統計的な重要性だけで科学的重要性が判断できると誤解されているからです。しかし優れた分析は、実際に起こっていることを理解するための最良のガイドになります。それをもっと理解したいのです。

グレース：わかりました。でも読んで、読んで、できるかぎりの情報を得て、どうなりました？ 気候変動関連の大会で議論に勝てるようになって、何か変わりましたか？

マイク：すみません、個人的な話をしすぎました。あなたの言い方だと、自己満足に浸りすぎたのです。必要とされているのは、集合知であって、わたし個人がこれらのことを知らなければならないわけではありません。気候変動に関する政府間委員会を、特定の消費の影響に関する政府間委員会にまで拡げる必要があります。なぜなら、解決策は規制によって可能になると思われるからです。ただし規制は消費の源流、つまり生産にまでさかのぼっておこなわれなければなりません。消費はどんなものであれ、生産と密接に結びついているからです。

中国を旅してまわっていたとき、地球の破壊の兆候が工場とスモッグからみえました。前回会ったときに、世界のアルミニウム産業が環境に及ぼしている影響に関する本について話してくれましたね。正直なところ、その本のことは知らなかったのですが、実際に読んでみると、実に恐ろしい話でした。最近、生産現場があまり非難されていないのは、採取産業が発展途上国に移転されているからで、それがわたしの言いたいことのひとつです。ハンガリーのボーキサイト採掘によって有毒な汚泥が出たり、さらにはBP社によるニューオリンズ周辺の流出事故のように、身近なところで起きた場合にだけ、わたしたちは心配します。しかし今では、生産にかかわる問題のほとんどは「みえないところ、気にならないところ」に追いやられてしまっているのです。

ですからどの商品、どの化学物質、どのプロセスが問題なのか優先順位を定め、源流で阻止することが大切なのです。消費者の選択や市場を基準とした解決策が役に立たないと思うなら、消費者や有権者ではなく、科学に基づいた専門的な権威を前提とした国際的な規制を導入する必要があります。わたしは権威を下にではなく、上に譲りたいと思っています。これはますます自由主義的傾向を強める世界では流行からまったく外れていますが、わたしが言いたいのは、消費者やその選択が環境を破壊していると心配するばかりではなく、おもに生産レベルにおいて、どのような物質を禁止し、どのようなプロセスを縮小しなければならないかについて法律を制定する国際的な科学機関が必要ということです。

やらなければならないことの多くは、この水準で初めて可能になります。大きなエンジンを搭載した燃費の悪い車があることが、自動車にかんしてまず問題になります。なぜあるサイズを超えたエンジンが必要なのでしょうか？　フードマイレージにも制限を設けることができます。水道水の安全性が確認されている国では、ペットボトルの水の輸入を全面的に禁止してはどうでしょうか。オフィスビルではエアコンの設定温度が低すぎ、膨大なエネルギーが無駄に使われています。熱帯の灼熱から戻ると、凍えないように服を重ね着しなければならないのです。一般的に認められた快適さのレベル（たとえば二三度）を下回らないように設定し、企業がそれを変えようとした場合には罰金が科されるようにすべきなのです。

そのためには、自然科学者以外の人にも相談する必要があります。部屋の温度などに関する文化的規範や快適性の問題について、あたらしい社会科学的議論が次々と発表されています[45]。目に付きやすいそうした消費の規制に加え、製造業に対するあらゆる規制も検討されるべきです。どのプラスチックがつくられるべきで、どのプラスチックはつくられるべきでないのか、飼料は何からつくられるべきでないのか、いかなる工業プロセスが許容できない排出を引き起こすのか、といったことです。消費者による選択が解決策にならないことに同意するなら、規制が解決策になることを認めなければならないのです。

グレース：おたがいを驚かせる、まだ知られていない部分があるようですね。環境問題に関心のある人たちは逆の方向に進みやすいという印象を持っていました。環境問題に関心のある人の多くは、自由市場は好きではないかもしれませんが、政治的にはリベラルです。何をすべきか、何をすべきでないかを指示する匿名の世界的組織を信用するよりも、権力を分散させることを好むと思うのです[46]。

とはいえ、より一般的にいえば、京都やコペンハーゲンを経た後には、グローバルな、あるいは国際的な協定によって規制をつくるという理想など、まったくユートピア的なものに思われます。起こりそうにないとはいえ、たとえ多くの国々が禁止や抑制に合意したとしても、アメリカ政府が大きな譲歩をしないことは明白です。ほとんどの現実的な規制は国レベルにとどまっているのです。国々が問題のある市場を規制するという社会主義的な理想を抱き育ってきた人もいます。クリスは、幸運にも、まだそのような夢を持っていますが。しかし国際的な規制は現実には不可能です。[47]だとすれば、ありえない、そして実現可能でもない解決策を考えることに何の意味があるのでしょうか？

マイク：もちろん、環境と政治に関する教科書的知識ぐらい知っています。わたしはこのテーマで三つの講義を担当しているんですよ。しかしある意味で、それがわたしの言いたいことなのです。教科書に書かれているのは、解決策を出すと期待されていた政治が、かえって動きを止めるレンガの壁になったということです。もし今述べたことが政治的なプロジェクトとして受け取られるなら、国際的な「対話」の流砂のなかでかならず足を取られてしまいます。ピールケが最近示したように、[48]気候変動の緩和に向けた努力は、まさに問題が過度に政治化されることによって、逆行させられているのです。

しかし政治の日が及ばないところでは、グローバルな規制と国家の規制はうまくやっています。それらが、ほとんど政治化されていないためです。インターネットをはじめとするグローバルなテクノロジーは、グローバルな規制のもとでうまく働いており、航空機のメンテナンスや、航空管制などがますます一般的になっているように、本当に重要なものには基準が設けられています。有害な物質や問題のある物質に対する世界的な禁止もたくさんあります。

医療認可の手続きをみてみましょう。規制は広大な領域にわたっていますが、それがうまくいっているのは、おもに裏方の仕事とみられているからです。わたしたち一般市民は、あえて理解しようとはしていないので、あまり気にしていません。それよりも、物ごとがうまくいくかいかないかに関心があるのです。毎年、より多くの規制が導入されていますが、問題が発生しないかぎり、当然のものと考えられています。

先ほど述べた消費から生産へと焦点を移すという課題に、これは関連してきます。大衆的な関心が寄せられるせいで、消費は政治的な場となってしまっており、そのせいで合意はほとんど、またはまったく結べなくなっています。しかし多くの人は、工場でどのような規制が適用されているのか、漠然とした知識しか持っていません。なぜならそれを目にすることもなく、関心もないからです。だからこそ、規制が適用されるべきなのです。もし化学物質の使用を禁止したければ、広く分散した消費に対してではなく、それ以前に生産の時点でチェックする方がはるかに簡単です。工場の数は家庭の数よりずっと少ないからです。消費される商品のエネルギー効率の悪さを解消するには、鉄鋼の製造や使用するプラスチックの種類と製造を規制するなど、素材を加工する段階で変えることが最善の方法なのです。

欧州委員会モビリティ・運輸総局（European Commission on Mobility and Transport）や米国連邦航空局（Federal Aviation Administration）について聞いたことはありますか？　ないでしょう。知らなくても、飛行機に乗れるからです。しかし、飛行機の背後に膨大な規制があるということについて少し考えてみましょう。自動車の故障は誰でも時々経験しますが、飛行中の航空機の故障は、一生に一度しか経験できません。多くの航空機が安全に飛行し続けているという記録は、奇跡としかいえません。規制は、あたりまえのように考えられていますが、プラスチックから薬までほとんどすべての分野に及んでいます。インターネットが発展すると、必然的にドメイン名などの専門的な問題を扱うＩＣＡＮＮ[49]のような機関が生まれ、ＷＩＰＯ[50]やより一般的なＷＴＯのような広範な知的財産制度と連携するようになりました。規制が必要なのは、このようなレベルにおいてなのです。

なぜならわたしたちは実際には、リベラルな世界に暮らしていないからです。わたしたちが暮らしている世界は、目に映り、意識し、気にかけることができるもっとも表面的なレベルでは、開放的で自由です。しかしその背後では、安全や福祉は、基準や保護措置、制限などの厳しい規制や取り締まりに支えられています。これらが注目されるのは、失敗したときだけなのです。その際には「必要のない」死があったと、痛烈に抗議されてしまいます。

ほとんどの人は理解できないけれど、何をつくり、何をつくらないかを定める難解な規制によって、地球は救われるべきだと思います。科学が政治的であることをわたしたちは知っていますが、ほとんどの人はそれが非政治的であると信じていて、おもしろいことにそれが現時点では、かなり有利に働きます。政治の影がみえないかぎり、制限は受け入れられるからです。グレースのいう通り道徳的な課題でも、またクリスのいう通り政治的な課題でも地球が救えないとしたら、わたしたちは技術的な計画によって地球を救わなければならないのではないでしょうか。

クリス：マイク、見下しているわけではないのですが、あなたの魅力的なところは欠点をはっきりと認識しているところです。航空業界の言い分を引用し続けているのは、あなたが地に足をつけていないからではないですか。技術的な解決策を夢みるマニアックな傾向のために、あなたは問題の社会的側面をみられなくなっているのです。科学者たちが気候変動を防ぐために何をすべきかを語るのはよいですが、それではグレースとわたしが現代中国について話したときに述べた指摘を解決できません。解決策とは、あなたが提案するものではなく、人びとが実際に受け入れるものだからです。規制当局は、プラトンの洞窟に座って高みからわたしたちの幸福について決定するような賢い長老たちではありません。施行の実務レベルになると、規制当局も抜け目のない国の政治に翻弄されるのです。

皮肉なことですが、社会主義者であるからこそ、わたしはビジネスが物ごとを成し遂げる大きな能力に他の人以上に注意を払い、敬意を捧げていると思うことがあります。実際のところ、環境保護という目標によってこれまで何が達成されてきたかというと、多くは地域レベルのもので、地域コミュニティや地方議会によって主導されたものです。しかし同様に大企業も最前線にしばしば立っています。カーボンニュートラルの実現に向けてもっとも革新的な取り組みをおこなっているのは、それが長期的な利益につながることを実際に理解している企業自身です。実際には自然災害に保険金を支払わなければならない保険会社のように、カーボンニュートラルの実現が短期的な利益につながることが明白な企業もあります。(51)

あなたの出発点に異論はありません。たしかに規制について議論する必要があり、その多くが技術にかかわってきます。誰もが顔のみえない官僚を軽蔑していますが、わたしは擁護しています。官僚は、平等というプロジェクトに対して、根本的な貢献をしてくれているからです。しかし鍵となるのは、これをどううまくいかせるかです。なぜなら、この問題が消費者の選択におさまらないことには同意しますが、消費者が受け入れることでうまくいくとも考えるからです。規制は必要不可欠なものかもしれませんが、人びとが実際に望んでいるものを禁止することにもなりかねません。何らかの意味で支持されない禁止を無効化してきた長い歴史が社会にはあります。たとえば少なくともインターネットに関しては、規制がどのようにつくられてきたかだけではなく、どのように規制が無視され回避されてきたかについて語る必要があります。

前回お会いしたときに言いたかったのは、消費の問題は不平等といったより広い社会問題と切り離せないということです。たとえば『平等社会――経済成長に代わる、次の目標』を思い出してみてください。多くのモノを持っていないということだけのせいで、二流の市民であるかのように感じ、発展を求める人びとが世界中にいるのです。お二人とも、わたしがいつも同じことをくりかえし主張し、すべてを社会的不平等に押し付けているとお思いでしょう。しかし不思議なことに、それが解決策をこじ開ける唯一の決定要因ということに、今では同意してくれるのではないでしょうか。実際、社会的側面について考え始めると、当初の想定とまったく逆のものになってしまいます。重要なのは、人びとが世界についてあまり理解していないことではなく、理解しすぎていることなのです。

これこそ気候変動に対する市場的な解決策が、うまくいかない最大の理由です。さらに市場は不平等の問題を悪化させ、より多く消費し欲望を持つように駆り立てています。これが貪欲ではなく、不公平の問題であることには同意してくれましたよね。発展途上国の人びとは、先進国のレベルに達するまで、消費の抑制を受け入れてはくれないでしょう。これこそが、コペンハーゲンとそれに付随する会議から得られたもっとも重要な教訓です。そしてそれは、グレースが最初から主張していることでもあります。気候変動という困難な課題を解決するためには、平等というさらに難解な問題を避けては通れません。敗北主義に陥っているように聞こえるかもしれませんが、実際には、マイクよりも、現実的な解決策への道筋を示しているつもりです。

マイク：現実的な解決策？　いいですか、問題の解決をむずかしくしてしまったのは、あなたがたのほうですよ。良心的なものにみえていた社会主義がポル・ポトのレベルにまで達したときに、計画に対する信頼感は失われました。わたしの学生さえ、もっとも賢明な過激派は反国家的な無政府主義であり、自由とは法の外にいる純粋な個人によって達成されると考える世代に属すようになっているんですよ。こうした見方は、学生たちが戦っていると錯覚している新自由主義経済と同じように、自由主義的なものにみえます。学生たちは、個人の自由を守るのは法律であり、企業を抑制するのが国家の規制であることを理解していないのです。

クリス：「あなたがた」とはどういう意味ですか？　ポル・ポトのために行進したことはないですよ。わたしの社会主義が、あなたも好きなノルウェーの社会民主主義と実はあまり遠くないことを忘れているのではないですか。わたしにとっての社会主義とは福祉国家を守ることで、専制政治を強制することではありません。

マイク：すみません、夢中になっていました。しかし、わたしたちが合意した今日のための優先事項を、過去に信奉していた主義の話にあなたは引き戻しているのではないでしょうか。

クリス：じゃあ詳しく説明しましょう。わたしが教えた博士課程の学生の一人、ガブリエル・ホセインは、トリニダードで小文字の政治としての地方市場のミクロ政治と地方の支援者についての研究をおこないました。[52] この研究は、公平さの原則が認められると、政治全体にどのような影響があるかを理解する上で、目が覚めるほどに役に立ちます。国家に対して賛成か反対かではなく、国家権威が合理的な立場から合理的に政治をおこなっているように感じられるかどうかが重要だったのです。中国政府の抑圧に関してさえ、腐敗した官僚が不公平であることが問題になっているようです。前回、アマルティア・センの正義に関する最近の著作では、公平さが大きなスケールで擁護されていると述べました。[53] 同様にウィル・ハットンは、公平さがどのようにして英国の政治から追い出されたか、しかし公平さが必要であること、さらに重要なことに、公平さを取り戻すための手段について四〇〇ページにわたる本を書いています。[54]

ではなぜ公平さが、議論を左右する重要なポイントになるのでしょうか？　重要なことは、マイクが科学を好きで、規制を好み、何をすべきか、何を優先すべきかを決めることができても、そのルールが受け入れられるかどうかは、規制がどのようにおこなわれるかにかかっているということです。秘密の悪徳を貪るように、地球を救うことが望まれているわけではありません。消費を抑制することが受け入れられるのは、抑制に透明性があり公平である場合にかぎられます。もし禁止されたものをそれでも保有し続ける人がいたら、最終的に規制は失敗し、権力や権威を巡るまったく別の争いの一部になってしまいます。

たとえばマイクが述べたように、科学者たちが自動車のエンジンサイズは一・六リットル以上にすべきではないとか、特定の液体で冷凍庫をつくってはならないとか、すべてのあたらしい建物には特定の種類の断熱材が使われなければならないとか、綿花の洗浄や殺虫剤に使われる化学物質を禁止しなければならないということに同意したとしましょう。地球に悪影響を及ぼすと判断された場合は、生産を許可すべきではないというマイクの意見に賛成します。けれどもマイクとは異なり、わたしは潜在的な消費者に注目します。もし一・六リットルのエンジンを上限とするなら、あなたが億万長者であろうと、アメリカ、またはどこの国に住んでいようと、そのようなエンジンはつくられてはならず、みつかったら没収されなければなりません。誰に対しても、どこに対しても、特権は与えられてはなりません。もしより安価だとしても地球に危険を及ぼすプロセスを禁止するのであれば、それを隠してはなりません。禁止されていることがはっきりと、どこでも、そして等しく公表されていなければならないのです。

もしあたらしい規制が公平な原則に基づいて実施され、金持ち——富裕な国だけではなく富裕な人も——も逃れられないことを目の当たりにすれば、消費者があたらしい制度や制限に従う可能性はずっと高くなると、心から思います。公平な規制という概念は、例外や妥協のない、完全にシンプルな状態でのみ機能します。透明性が鍵なのです。絶対的な禁止は、例外や曖昧な妥協をともなう禁止事項よりもはるかに執行しやすいからです。

『平等社会——経済成長に代わる、次の目標』が論じる平等の正しさすべてについて賛成しなくてもよいですし、消費が何を実現するかについてのグレースの議論に賛成する必要もありません。それらの問題は、命と肝臓が許すかぎり、酒を飲みながら議論することができます。ただ単純には、できるかぎり権威のある人たちが、例外のないシンプルで明快な規則をつくることに賛成できさえすればいいのです。消費は競争的な模倣によって引き起こされるというかつての理論をミラーが否定したのは正しいと思います。それでもなお、基本的な公正さは重要になると思われます。自分が持っていないものを、生まれや腐敗といった理由だけのために他の人が持っているのをみると、公正さの感覚は損なわれてしまいます。ですから、科学の絶対的な性格を利用し、恐れや好意に屈することなく、禁止を絶対的に適用しましょう。そうすれば、受け入れられるのではないでしょうか。

グレース：すっかり混乱してきました。あなたは、反対という名目でマイクに賛成しているようにみえるのですが。じゃああなたの解決策は、ユートピア的な国際主義の場合と同じ問題に悩まされないのでしょうか？　聞こえはいいけど、今まで実現しなかった規制ですよ。平等という理想に基づいた普遍的な規制や抑制を、どうやってアメリカのティーパーティーに同意してもらうのでしょうか？　また、ハマー〔GMが販売していた大型車〕をマスコットとして自慢する人たちに、一・六リットル以上のエンジンサイズを禁止することにどうやって同意してもらうのでしょうか？

環境保護主義の目標は、共産主義の失敗から学ぶ必要があります。さもなければ、失敗をくりかえすことになるでしょう。もっとも大きな問題は、権威主義です。環境に優しい人びとは、自分たちは正しいだけでなく、道徳的な必要性という権威を体現していると考えています。地球を救わなければならないから、何でも正当化されるのです。社会主義も同じで、そのせいでしばしば暴力に頼ることになってしまいましたよね？　かなり権威的な解決策に二人の男性が賛成しているのがわかって、とても驚いています。なんらかの規制によって地球を救う必要があると信じることはできても、それを世界に押し付ける権威はどこにもありません。どのような欠点があろうとも、わたしは民主的なプロセスを支持します。わたしの国は、うまくいったものであれそうではないものであれ、寡頭的な政治が示す家父長主義《パターナリズム》の傲慢さにずっと苦しんできたからです。

クリス：すみませんが、前後を逆に捉えているのではないですか。わたしが言いたかったのは、公平さに注意を払えば、コンセンサスを得られるということです。それに対して、裏口からでも科学を押し付けるべきと考えたのがマイクでした。たしかにアメリカのティーパーティーはこうした制限を受け入れないでしょう。困ったことに、アメリカの民主党が受け入れるかさえまったくわかりません。

　ただ近年の議論から、アメリカは一般例ではなく例外だということがわかっています。世界の他の国々の多くは、こうした問題を認めようとする動きを徐々に、しかし着実に進めています。ヨーロッパ諸国は巨大なブロックとなっており、それらの国とＢＲＩＣｓ諸国[55]とのあいだで、公平性という問題が共有されています。ヨーロッパ諸国とＢＲＩＣｓが参加すれば、今議論しているような問題は実現可能だと思います。そうすれば世界のほとんどの国も参加するでしょう。アメリカが最初に批准しなくてもよいのです。もし一・六リットル以上のエンジンを搭載した車をいっさい認めないとか、一定以上のスピードを出せないようにすれば、アメリカから車を輸入できなくなります。アメリカのメーカーは、収益を世界市場に依存しています。大きな国際的変化として必要になるのは、WTOのルールと態度を変え、旧来の保護主義から真の環境問題を区別できるようにすることだけです。旧来の保護主義は、ここではマイクに同意しますが、気候変動問題にはあまり効果がないのです。

偶然にもこうした貿易ネットワークの外では、世界は信じられているよりもはるかにグローバルではありません。(56) 広大で扱いにくい国際的なコンセンサスを得ることから始める必要はありません。すでに実現可能とわかっている国単位の政治的・規制的意志をしっかり固めることからスタートすればいいのです。ところで、規制は男性的なものだという指摘については、あえて触れませんでした。グレース、規制が女性的でないからといって、子どもたちに荒廃した地球を残したいとは思わないでしょう？

グレース：そう言いたいわけではないのですが……

マイク：納得しました。もちろん発言にあった平等と公平性に焦点を絞ることをなおざりにするわけではないのですが、出発点は変えましょう。自然科学を経済的な疑似科学の支配から解放し、優先順位を決めるための自律的な力を与えなければならないのです。その上で、規制を迅速に実施すると同時に、有害な排出物を真の意味で削減するためのイノベーションが必要になります。どうやって消費者に同意してもらうかという問題に戻るなら、わたしが教えている世代は、「キャプテン・プラネット」のようなアニメをみています。そのなかでスーパーヒーローは環境保護主義者で緑色の姿でしたが、悪役はいつも白衣を着た科学者でした。しかし、この二つのグループが何より協力し合う必要があるのです。

グレース：わかりました。では、どうやって消費者の同意を得るかという問題に取り組みましょう。科学的権威に関するマイクの議論は、クリスにはナイーブに聞こえたようですね。科学が提示する常識も、それをいかに実施するかという政治的な問題を度外視してしまうと、意味があまりなくなるからです。でも愛する夫の、実施には公平性に依拠した政治的コンセンサスが必要だという見方は、まだナイーブに聞こえます。わたしは、政治がそのような権威を取り戻すことはないと思っているからです。とはいえ、人びとが喜んで受け入れなければ、ちゃんと禁止できないというのは正しいと思います。航空会社の規制は、航空会社の破綻を強く望む者がいないおかげで、うまくいっているのかもしれません。しかし一・六リットル以上のエンジンを搭載した車を禁止すると、一・八リットルの車を所持しなければ生きている価値がないと考える人も出てくるのではないでしょうか。それに世間の共感が集まれば、規制を回避する道も生まれるかもしれません。

マイク：そのとおりです。グレース、うかつにも、あなたはやってしまいました。

グレース：すみません、何をやったのですか？

マイク：最初に約束したことです。わたしの教育計画が意味を持ち、重要な役割をはたす状況をあきらかにしてくれました。

グレース：そうですか？

マイク：そうですよ。考えてみてください。今、わたしたちが言っているのはこういうことです。わたしたちは、気候変動に対処する潜在的な計画、より重要なのは、有効と思われる計画に到達しました。単純ではなく、直接的ではなくとも、有効と思われる計画を考えるというのが、約束でした。最終的には、ミラーを読んで得たバックグラウンドが不可欠だったと思います。というのも、それまでわたしが従っていたかなりナイーブで一般的な反消費主義に、ミラーは歯止めをかけてくれたからです。地球を救うことはライフスタイルの選択以上の意味を持つというグレースの指摘と合わせると、これまでわたしはまったくまちがった方向に進んでいたのだと今では納得しています。

単純な反消費主義は、問題を混乱させ、ごちゃまぜにしてしまうので、かえって事態を悪化させます。だからわたしが先に言いたかったのは、反消費主義に陥るのではなく、地球の未来にもっとも問題のある行為や物質を正しく特定し、真正面から光を当てなければならないということです。生産や産業の問題にかんしては、先ほどの主張を貫きたいと考えています。医薬品から汚染物質まで、無数の問題がある物質に対してみえないかたちで規制する権限が必要です。また優れた科学を効果的な規制に結びつける仕事に取り掛かる必要もあります。これは、政治の目の触れないところでおこなわれるのが理想です。しかしクリスの言うことも、半分は正しいと思います。なぜならば、消費財に変化を及ぼす場合には、すべてが透明で公正でなければうまくいかないだろうからです。

しかしこれもまたグレースの最後の反論、つまり同意をどうやって確保するかという問題に取り組むなら、実現可能だと思います。ここでわたしの教育計画が出てくるのです。わたしの計画があまり真面目に受け止められなかったのは、それが環境に配慮した消費をするように子どもたちを説得するものと考えられていたからではないでしょうか。消費が何を起こしてしまうのかを示す証拠をみせると、子どもたちはすぐに考えを変えると。そうした懸念はたしかに当たっており、あなたがたの言う通り、計画はナイーブだったかもしれません。

しかし計画の目的が、環境保護を喜んで選択させるようにすることではなく、地球を守るために必要な政治的変化を受け入れさせることだったとすれば、どうでしょう。子どもたちが実際に消費する製品を例として、消費が何を引き起こすのかを教育の中心に据えることは、その場合にはうまくいくのではないでしょうか。実際、それは必要不可欠なことです。そうすれば、問題に対する意識を高めることができます。結果として、少なくとも必要な規制に対する集団的な反対を防ぎ、規制を実施するために必要な権限を認めさせることができるようになるでしょう。

これが妥当なら、長期的な対策と短期的な対策の両方が整ったことになります。長期的な対策は子どもたちに対するものですが、それは、クリスの主張にも通じます。なぜなら、公平さを率直に求めるグループがあるとすれば、それはきっと子どもたちだからです。

グレース：それで思い出したのですが、そろそろ帰って子どもたちを迎えにいかなければなりません。でもとにかく、とても魅力的な結論が出ましたね、マイク。これなら、あなたの教育計画を温かく受け入れられると思います。最初に説明されたときには、少し突飛なものに聞こえましたが、今ではわたしたちが一緒につくった建築物の基礎のように思えます。

クリス：グレースの言うとおりです。わたしたちは行かなければなりませんが、でも、最後にお礼を言わせてください。マイク、最初のアイデアとそれを最後まで貫き通してくれたことに対して、そして今日の寛大な対応にも感謝します。次回の会合では、わたしたちが消費に関するどんなコースを担当しており、またそこで何を読ませているのかを比較することに決めていましたよね。ユーストンの近くにあるブリー・ルイーズというパブで会いましょう。そこには素晴らしいビールがたくさんあり、わたしは熟成ビールを飲む会（CAMRA）[57]のカードを持っているのですよ。

マイク：願わくは、今日出た解決策の問題にも戻りましょう。この将来性のある計画の骨子に、肉をつけてあげたいのです。

グレース：賛成です。

あとがき

ここでクリス、グレース、マイクの三人のそれぞれの貢献に感謝を伝えたいと思います。それとともに、三人にはカーテンの後ろに下がってもらい、本書の著者として批判の矢面に立たなければならないでしょう。この本の主張の多くは、長年にわたって続けてきたわたしの消費のエスノグラフィー的研究を前提としています。ただし政治経済学や気候変動など、消費が及ぼす影響に踏み込んだ箇所では、他の学者の力を借り、その議論を大いに参考にしました。消費についての本を書くならば、消費が引き起こす、これらの何よりも重要な影響について少なくともコメントする責任がわたしにはあると感じられたのです。

振り返っていただければ、この本全体がひとつの論理によって貫かれていることがおわかりでしょう。消費がもたらす影響を巡る議論の多くは、消費がそれ自体ひとつのプロセスとしてあることを理解できていないことによって生じているという論理です。議論を進めるためには、だからこうした誤った理解を修正する必要がありました。

共産主義的な、または環境保護的な主張を持つ批判的な学者は、自分の議論を進めるために望ましいことや必要とされることを消費にしばしば投影してしまいます。左翼の批評家は、消費はおもに広告によって突き動かされ、需要はビジネスによって生み出されると主張します。こうしたモノは地位を競い合う競争を助長し、結果として階級的な、そして社会的な不平等の拡大という資本主義的な帰結を生み出すとされます。左派がこのような信念にこだわるのは、もしこれが真実であれば、比較的簡単な敵をつくれるからです。広告を廃止したり、階級差を縮小したりして原因を取り除けば、需要はなくなるとされるのです。さらにこうしたかたちでの消費の削減は、とにかく社会にとって有益なものとみなされています。

残念なことにノルウェーが広告を禁止し、社会的不平等をさらに縮小し、ビジネスを制限することで、資本主義から社会主義により近づいたと想像してみましょう。わたしの予想では、商品の需要はそれでもほとんど変わりません。第二章、第三章、第四章で分析されたような消費の目的は、まったく変化しないまま残ると考えられるからです。

他方、環境保護主義者はより広い、さらに概してもっと使い勝手の良い見方をしています。環境保護主義者は、一般的な消費を物質主義と関連づけ、消費を非難することに高い道義的根拠を与え、地球を救うとわたしたちの魂も救われると説くのです。

こうした前提をわたしは受け入れません。それはわたしがあきらかにしてきた証拠と少しも合致しないからです。ただし環境保全主義者と共産主義的志向を持つ者の両者の熱望は支持したいと思います。地球とそこに住む人びと両者にとっての幸福を同時に向上させ、保護する必要があるのです。わたしは、環境保全主義者と共産主義者が持つ幅の広い道徳的理想を一部ではあれ、共有しています。

ただわたしがとくにこだわっているのは、世界各地でフィールドワークをおこなうときにつねに直面するような貧困や剝奪をなくすという道徳的要請です。貧困は絶対的に減らすべきで、ひどく不公平だと思うからです。

ですから消費とその原因が誤解されているという議論は、たんに学術的な修正が求められるだけの問題ではなく、またある種の真実や教育への関心にかかわる問題でもありません。これらだけでもそれにかかわる議論に全面的に参加するのに、十分な動機になるとしても、です。

本書の中心となる三つの章が提示する証拠は、消費とは何かについての別の見方を支持します。消費社会としてのトリニダード、ロンドンでのショッピング、ブルージーンズが買われる理由について、エスノグラフィックな研究をおこなったそれぞれの章では、消費がこれまで考えられてきたものとはまったく異なっていることを論証しようとしました。地位の競争や物質主義への執着も働くかもしれませんが、複雑な社会関係やより広い宇宙観を表現するために、膨大なモノの差異を利用することのほうが消費とずっと深く関係しているのです。その一例としての愛や、普通であるための努力などは、それ自体として自立した意味を持ち、文化と呼ばれる多様性の豊かさを充分に担っていると考えられます。

こうした物質的なモノがどのようにして文化をつくりだすのか示すために、前著『もの』は書かれました。そこでは、この三つの章の中心的な主張を裏付けるより多くの証拠について触れられています。しかし『もの』でわたしがやりたかったのは、モノが良いものであるとか悪いものであるとかを決めることではありませんでした。「物質的な文化（material culture）」という用語はできるだけ中立的であるために用いられているのです。エスノグラフィーが教えてくれるのは、商品が文化生活のなかの並外れた表現力を持った場で用いられていることだけです。商品はわたしたちの価値観、宇宙論《コスモロジー》、さまざまな感情、同一性と差異の感覚を明確に表現するために用いられ、また他の文化と同様に、娯楽やコミュニケーションのために、さらには日常生活のなかでわたしたちの能力を高めるために使われているのです。

資本主義は、たしかにこうして商品が使用される背景となっています。しかしわたしはそれが原因であるだけではなく、同時に結果であることも主張してきました。古代ローマや中世の日本から、最近の社会主義の試みに至るまで、資本主義的ではない、またはなかった他の社会も、消費や物質文化と深くかかわっていました。オーストラリアのアボリジニ社会やアマゾンの部族でのように、モノをあまり持たない人間集団はより機能主義的で、必要なものにより多くの関心を示すと考えるなら、人類学を曲解することになってしまいます。わたしが専門とする人類学では、ほとんどの場合、反対のことがいわれます。そうした人びとが持つわずかなモノは、宇宙論《コスモロジー》に関係して驚くほど創造的な行為をするために何より使われているのです。そうした人びとが自然を幻想的で文化的な星座（constellations）に変えることにしばしば熟達していることは、感動的なぐらいです。疑問があるなら、アマゾンやメラネシアを対象とした人類学を読んでみてください。

わたしが言いたいのは、消費そのものを否定したり、それを引き起こす原因をどうにかして取り除こうとしたりしても、どこにもたどり着けないだろうということです。社会的な関係こそ、消費の最大の原因です。これは、わたしたちが設定する道徳やその他の目標にとって不都合であるという意味で、耳の痛いメッセージかもしれません。しかし耳をふさぐ代わりに、消費が現代生活の中心にあることを認め、国家的なシステムの公共的な利用から衣服のワードローブ、住宅からあたらしいデジタルライフにまで及ぶ、消費の具体的な細部について解きほぐしていこうではありませんか。

もちろん商取引をブラックボックスのままにしておいて良いわけではありません。同じくエスノグラフィックな手法を、金融や小売りにも適用する必要があります。そうすれば、既存のイデオロギーや表象を超え、商取引も実際には、日常生活を支えるインフラの複合体としてそれ自体、理解する必要があることがわかります。商業の世界を理想化された、あるいは悪魔的な力を持つ経済モデルのイメージに置き換え、理解しがたいものにみせてきた学者の言い分を打ち破る必要があります。消費に対する以上に、資本主義への批判をおこなうべきです。なぜなら社会民主主義的政治のもとでのように抑制されなければ、資本主義は人びとの幸福のためよりも自分の利益のために働くことを示す証拠がたくさんあるからです。資本主義は財を広く供給するというその主張に反して、ますます不平等を拡大してきたのです。

こうした批判には、気候変動という緊急の課題を加える必要があります。消費に対する理解を深めれば、消費そのものに対する壮大で単純すぎる批判はできなくなります。その代わりに、気候変動はそれ自体、固有の課題として真剣に受け止められるようになるはずです。科学と学問を駆使して集めた証拠に基づいて、地球を救うために変えなければならないことを明確に選び抜く必要があります。消費を全体として抑えようと考えるのではなく、また貧困の解消や福祉の向上に商業や消費財が貢献していることを否定するのでなければ、悪質な物質や慣習を排除することはずっと容易になるでしょう。

クリス、マイク、グレースの三人が、気候変動に迅速に対処できる、シンプルで簡単な万能薬を考え出せなかったことを残念に思う読者もいるかもしれません。わたしの理解と想像力の限界に、三人は囚われているのです。マジシャンのように帽子からウサギは出せませんし、実際には帽子すらわたしは持っていないのです。

しかし現在進行系の議論に対する三人の貢献は根本的なものだとも思います。いま提唱されているおもな解決策がうまくいかないだけでなく、根本的にまちがっていることを、わたしは三人の議論を通して示そうとしてきたのです。

わたしは経済理論こそこうした混乱を引き起こした最大の原因だと確信しています。経済理論に気候変動の解決を任せたことが、そもそも失敗だったのです。あらたに市場をつくったり、消費者の選択肢を増やしたりしても、気候変動は食い止められません。その代わりに、わたしは短期的な、および長期的な一連の対策を提唱しています。気候変動の科学によって、生産段階でもっとも問題のある原因物質を禁止する、より直接的な規制をかけられるはずです。こうした規制が消費の分野にまで及んだ場合は、透明性と何よりも公平性が維持されているか、そしてそれが受け入れられるかが、成功の鍵となります。また長期的には、消費の原因と結果について自覚的になることを教育システムの目標として中心に据える取り組みも必要になります。

わたしの目的は、すでに興味を持っている学者にたんにさらなる議論を焚きつけることではありませんでした。だからわたしはこの本を読みやすいかたちで書きました。この本で提起された問題は現在、これまでになく重要になっているからであり、それゆえ学術研究の成果も消費され、何かしらの変化をもたらさなければならないと本気で考えているからです。

訳者あとがき

本書は、ダニエル・ミラーの *Consumption and Its Consequences*（Cambridge: Polity, 2012）の翻訳である。著者ダニエル・ミラーは、ユニバーシティ・カレッジ・ロンドンで教鞭をとる文化人類学者である。もともとミラーは、*Material culture and mass consumption*（Oxford: B. Blackwell, 1987）を代表とする理論的書物を書く消費の理論家として登場してきたが、本書からもわかるようにトリニダート島とロンドンをフィールドワークの対象の中心としながら、それにとどまらない多様な分野の書籍を発行しており、近年はFacebookなどのＳＮＳや携帯電話が社会のなかでいかに用いられているかをあきらかにする書物を書き、デジタル人類学（Digital anthropology）を代表する研究者の一人にもなっている。

こうして著名で、現代的でもあるミラーの本がこれまでなぜ日本に紹介されなかったかは不思議だが、ひとつには研究の対象が多岐にわたり、ミラーの主張や分析を一貫して理解していくことがむずかしかったこともあるのだろう。ミラー自身がある意味でそう感じていたと考えられる。ミラーは、自分の著作を貫いているものが何かを再考する『もの』（*Stuff*, Cambridge: Polity, 2010）を執筆し、自分の仕事が何であり、それがいかなる意味を持つのかを再構成しているのである。

それに続けて、同様の意図で書かれたのが本書である。その意味で、本書はミラー自身による彼の仕事と、さらには彼が専門としてきた文化人類学のわかりやすい入門書になっており、ダニエル・ミラーの仕事を日本に紹介する第一歩として、ふさわしい本といえるだろう。
ここでまとめられる仕事はとくに彼の消費論である。前著『もの』が異なる文化のなかでモノがいかなる意味を担っているかをさまざまな事例を用いてあきらかにした文化人類学の王道を行く本だったのに対し、ここでの関心は、そうしたモノがいかに消費されているのかという理論的方面にまで拡張されている。

ただし本書で展開されているのは、無味乾燥な経済学的消費論や、抽象的・哲学的なものになりやすいポストモダン的消費論とはまったく異なるものである。たしかにヴェブレンや、ボードリヤール、メアリー・ダグラスやピエール・ブルデューの理論は要領よくまとめられており、それだけでも本書の価値は高い。しかしミラーが好むのはそうした形式論を重ねることではなく、モノがなぜ消費されているかを具体的にあきらかにすることである。たとえばジーンズや、家庭の買い物、トリニダード島におけるコーラや自動車の消費が分析され、広告の現代社会における意味、消費の祭りとしてのクリスマスの歴史的意味があざやかに語られる。こうした分析のおもしろさこそ、本書の魅力のひとつであることはまちがいない。

さらにそれらの事例は、ただ好事家的に、まとめられているわけではない。ミラーがこうした事例を用いるのは、あくまで独自の消費論をはっきりと提示するためなのである。

それがいかなるものかは、詳しくは本文に任せよう。ひとつだけ強調するとすれば、ミラーの消費論の基盤になっているのは、消費をくりかえしている人びとに対する道徳的な善悪を超えた「肯定」的まなざしである。人びとはたんに自己表現としてではなく、家族のためや、自分へのちょっとしたご褒美のため、または社会に溶け込むために消費をおこなっているとミラーはいう。そうした消費の日常的な「切実さ」をミラーは大切なものとみなすのである。

とはいえ本書は、消費をたんに擁護するものではない。ミラーは消費が生み出す不平等、そしてとくに地球環境破壊について正面から向き合い、その問題を彼がこれまで考えてきた消費の理論と接合しようとする。ミラーは登場人物の一人であるマイクに、消費についてはいくらでも議論できるが、今では議論は何より「環境問題というひとつの要請に貢献することが期待されてい」（本書一一頁）ると語らせている。このマイクの意見は、おそらくミラー自身のものだろう。ミラーはここで彼が長らく取り組んできた消費についての理論的考察を武器に、環境問題についてこれまで語られてきた解決策を検討し、そのどこがまちがっているかをあきらかにしようとしているのである。

それがどのように進むのかは、読者に確かめていただくとして、その道のりがけっして平坦なものではないことは確認しておこう。先にみたように、ミラーによれば消費は集団的に必要とされる切実な実践としてあり、環境問題の原因としてそれを非難したり、倫理的《エシカル》な消費をおこなうように説教しても、自己満足に終わるだけである。そうではなく、より現実的に気候変動の対策を練るべきというのがミラーの主張であり、そうした解決を世界の人びとに受け入れさせるためには、そもそも消費がグローバルには不公平におこなわれている現実を是正する必要があるとミラーは結論するのである。

以上のようなミラーの消費にかかわる議論は、興味深く、妥当なもののように思われるが、いくつかの問題もあるのかもしれない。ひとつに訳者が気になるのは、従来の消費の理論の消化の仕方である。たとえばボードリヤールは人びとをファッションシステムに従うしかない「服を着たマネキン」

（本書八〇頁）にしてしまったとミラーは非難し、その記号論的消費の図式を超える可能性を探ろうとしている。しかしこうした非難は完全に正しいものとは思われない。たとえばボードリヤールは、人びとが広告に騙され消費しているといったガルブレイスの見方を批判し、その消費の理論を構築している。言葉を喋る人間が文法に従っているからといって受動的とはいえないように、記号的なシステムに従う人間をかならずしも受動的とはボードリヤールはみなしていないのである。

ただしミラーはこうした批判をあえておこなっているのだろう。たとえばミラーも、ジーンズが何も意味しないからポスト記号論的であるという本文の表現に対して、「意味していないことを意味している」という点で「ポスト記号論的なもの」は実は何もないと第四章の注二〇で、補足している。言い方を変えれば、ここでのジーンズは、記号を記号たらしめる「ゼロ記号」的役割をはたしているといえるが、それを知りつつミラーは、個人主義的、または快楽主義的ではない消費の意義を強調するために、あえて記号論的消費の図式に敵対的に論を進めているのだと考えられる。

加えてミラーは第五章で、量的データを経済や社会的行為を考える上でヴァーチャル（＝空想的）なものとみなしているが、こうした主張にも一定の留保を付けておきたい。訳者自身、歴史を扱うことを一つの柱としてきた研究者として質的な分析の重要性はよくわかっているつもりだが、他方で大量の量的データを扱い集団の動向や傾向を把握する定量的分析にも敬意を抱いている。虫の目と鳥の目といわれることもあるが、その両者が場合によっては衝突し、互いに矛盾しながらも、交差する不思議な場こそが訳者が専門とする社会学の対象であり、にもかかわらず定量的分析を無意味なものとすることは、（助成金に対する不満など分かる部分はあるものの）行き過ぎのように思われる。

ただしこれも本文中に触れられているように、「実際の物ごとは境界線上ではどっちつかず」（本書一七七頁）で、「振り子を一方の極に揺らしすぎないように」（本書一六八頁）することが重要なのだろう。定量的な研究者と定性的な研究者がお互いの仕事を読みあっていないことが問題とミラーは指摘しているのであり、ある意味ではミラーのここでの仕事そのものがその壁を打破し、経済学者の書いたものを読みながらそれを作り変えていこうとする試みとしてある。だとすれば、定量的なものと定性的なもののあいだにいかに橋をかけ、衝突させていくかという古くて新しい問題が、ここではいささか後者に重みがかけられながら問われているともいえる。

以上のように訳者としては対話を開いておきたい部分もあるが、本書が消費の可能性と問題に誠実に向き合った本であることについてはいささかの疑問もない。そもそも消費に関していえば、一九七〇年代にボードリヤールによって華やかな理論が展開されて以降、それを刷新しようとする試みはほとんど成功してこなかった。日本ではなおさらである。それに対し、これまでの消費論の陥穽を手短にまとめた上で、消費について考えるあらたな道筋を開いているという意味で、本書は消費社会論の最新のかたちを知るための入門書としても、類書のないものとしてお勧めできる。

文化人類学者でもなく、そもそもこれまで日本社会における消費の歴史をおもに考えてきたドメスティックな研究者である筆者が本書の訳書を手掛けることになった端的な理由は、コロナ禍にある。二〇二〇年に予定していたイギリスでの研究留学を取りやめざるを得なくなった代償として始めたのがこの訳業だったからである。その意味では本書は訳者にとってコロナ禍によって物理的に切り離された世界とのつながりを補う代償としてあったが、読者の方々にとってもあらたな仕方で消費や世界についで考えるひとつの橋になれれば幸いである。

恵泉女学園大学講師の浅岡みどり氏には訳稿に目を通し、適時、適切な指摘を頂くなどして助けていただき心から感謝している。また法政大学出版局の高橋浩貴氏には、適切な指示をいただいたことに加え、昨今の厳しい状況のなかで、こうして意味ある書の出版に助力いただいたことに対し、深く感謝する次第である。

貞包英之

索　引

さ行

た行

な行

は行

ま行

や行

ら行

原　注

はじめに

(1)『もの (*stuff*)』を執筆していたときに用意していた第二巻のタイトルは『疑いにかられて (*Consumed by Doubt*)』でしたが、あたらしいタイトルに変更しました。

第１章　消費の何が悪いの？

(1) D. Meadows et al., *The Limits to Growth: A Report for the Club of Rome's Project on the Predicament of Growth* (New York: New American Library, 1972)〔ドネラ・H・メドウズ他『成長の限界――ローマ・クラブ「人類の危機」レポート』大来佐武郎他訳、ダイヤモンド社、1972年〕.
(2) L. Grant, *We Had it So Good* (London: Virago, 2011).
(3) Intergovernmental Panel on Climate Change, *Fourth Assessment Report: Climate Change 2007*, 3 vols (Cambridge: Cambridge University Press, 2007).〔要旨の日本語訳は、『気候変動2007――統合報告書 政策決定者向け要約』文部科学省・経済産業省・気象庁・環境省確定訳、https://www.env.go.jp/earth/ipcc/4th/syr_spm.pdf〕. N. Stern, *The Economics of Climate Change* (Cambridge: Cambridge University Press, 2006).〔要旨の日本語訳は、『気候変動の経済学』(独) 国立環境研究所AIM開発チーム訳、http://www.env.go.jp/press/files/jp/9176.pdf〕.
(4) M. Hulme, *Why We Disagree about Climate Change* (Cambridge: Cambridge University Press, 2009). またG. Monbiot, *Heat: How to Stop the Planet Burning* (London: Allen Lane, 2006)〔ジョージ・モンビオ『地球を冷ませ！――私たちの世界が燃えつきる前に』柴田譲治訳、日本教文社、2007年〕.
(5) B. Latour, *We Have Never Been Modern* (Hemel Hempstead: Harvester Wheatsheaf, 1993)〔ブルーノ・ラトゥール『虚構の「近代」――科学人類学は警告する』川村久美子訳、新評論、2008年〕.
(6) R. Layard, *Happiness: Lessons for a New Science* (2nd edn, London: Penguin, 2011).
(7) R. Easterlin, 'Does economic growth improve the human lot?', in P. David and M. Reder, eds, *Nations and Households in Economic Growth: Essays in Honor of Moses Abramovitz* (New York: Academic Press, 1974).
(8) 概要については、以下を参照。A. Oswald, 'The well-being of nations', *Times Higher Education*, 19 May 2011, pp. 35–9.
(9) フィリピン移民に関するわたし自身の研究としては、M. Madianou and D. Miller, *Migration and New Media. Transnational Families and Polymedia* (London:

Routledge, 2012）を参照。
（10） E. Shove, *Comfort, Cleanliness and Convenience*（Oxford: Berg, 2003）.
（11） A. Clarke, 'As seen on TV: design and domestic economy', in M. Andrews and M. Talbot, eds, *All the World and her Husband: Women in Twentieth-Century Consumer Culture*（London: Cassell, 2000）, pp. 146–61.
（12） H. Hubert and M. Mauss, *Sacrifice: Its Nature and Function*（Chicago: University of Chicago Press, 1964）〔マルセル・モース、アンリ・ユベール『供犠』小関藤一郎訳、法政大学出版局、1983年〕. D. Miller, *A Theory of Shopping*（Cambridge: Polity, 1998）, pp. 73–110も参照。
（13） K. Humphrey, *Excess: Anti-Consumerism in the West*（Cambridge: Polity, 2010）.
（14） たとえば、J. de Graaf, D. Wann and T. Naylor, *Affluenza. All-Consuming Epidemic*（San Francisco: Berrett-Koehler, 2001）.
（15） 典型的には、Z. Bauman, *Consuming Life*（Cambridge: Polity, 2007）やJ. Schor, *The Overspent American*（New York: Harper Perennial, 1999）〔ジュリエット・B・ショア『浪費するアメリカ人――なぜ要らないものまで欲しがるか』森岡孝二監訳、岩波書店、2011年〕がある。
（16） たとえば、K. Soper and F. Trentmann, eds, *Citizenship and Consumption*（London: Palgrave, 2008）.
（17） R. Wilk, 'Consuming ourselves to death', in S. Crate and M. Nuttall, eds, *Anthropology and Climate Change*（Walnut Creek, CA: Left Coast Press, 2009）, pp. 265–76で引用されているU. Sonesson, B. Mattsson, T. Nybrant and T. Ohlsson, 'Industrial processing versus home cooking: an environmental comparison between three ways to prepare meal', *Ambio*, 34/4–5（2005）: 414–42参照。
（18） Davidson, *Courtesans and Fishcakes*（London: Fontana, 1998）.
（19） T. Veblen, *The Theory of the Leisure Class: An Economic Study of Institutions*（New York: Mentor, 1899）〔ソースタイン・ヴェブレン『有閑階級の理論』村井章子訳、筑摩書房、2016年〕.
（20） 米国の消費にかんする著作が道徳を中心としていることについての優れたレビューは、D・ホロヴィッツによる全2巻の歴史、D. Horowitz, *The Morality of Spending: Attitudes Toward the Consumer Society in America, 1875–1940*（Chicago: Ivan R. Dee, 1992）、また*The Anxieties of Affluence: Critiques of American Consumer Culture, 1939–1979*（Amherst: University of Massachusetts Press, 2005）参照。
（21） M. Douglas and B. Isherwood, *The World of Goods*（London: Allen Lane, 1979）〔メアリー・ダグラス、バロン・イシャウッド『儀礼としての消費――財と消費の経済人類学』浅田彰・佐和隆光訳、講談社、1984年）。
（22） M. Douglas and M. Nicod, 'Taking the biscuit', *New Society*, 19 December 1974, pp. 774–7.
（23） P. Bourdieu, *Distinction: A Social Critique of the Judgement of Taste*（London: Routledge & Kegan Paul, 1984）〔ピエール・ブルデュー『ディスタンクシオン

——社会的判断力批判』全2巻、石井洋二郎訳、藤原書店、1989年〕.

(24) おそらく、社会科学の分野における消費の研究への現在の最高の入門書は、R. Sassatelli, *Consumer Culture: History, Theory and Politics* (London: Sage, 2007) である。

(25) R. Wilkinson and K. Pickett, *The Spirit Level: Why More Equal Societies Almost Always Do Better* (London: Penguin, 2010).〔リチャード・ウィルキンソン、ケイト・ピケット『平等社会——経済成長に代わる、次の目標』酒井泰介訳、東洋経済新報社、2010年〕.

(26) 同様の評価については、D. McCloskey, *Bourgeois Dignity: Why Economics Can't Explain the Modern World* (Chicago: University of Chicago Press, 2010), pp. 60–5を参照。

(27) 同上、p. 13.

(28) 同上、p. 218.

(29) ヘイ・アンド・ワイ・フェスティバルにて、'How the light gets in', June 2011。

(30) A. Sen, *The Idea of Justice* (London: Allen Lane, 2009)〔アマルティア・セン『正義のアイデア』池本幸生訳、明石書店、2011年〕.

(31) F. Padel and S. Das, *Out of This Earth: East India Adivasis and the Aluminium Cartel* (New Delhi: Orient Black Swan, 2010).

(32) BBC Radio, 4 June 2011.

(33) P. Hanson, *Advertising and Socialism* (New York: International Arts and Sciences Press, 1974) と、S. Drakuli, *How We Survived Communism and Even Laughed* (New York: Harper Perennial, 1992) を比較してみてください。

第2章　消費社会

(1) この本では「文化」という言葉が頻繁に使われています。わたしはこの言葉を、客体化 (objectification) という概念の同義語として使用しています。その背景にある理論は、D. Miller, *Material Culture and Mass Consumption* (Oxford: Blackwell, 1987) で示し、D. Miller, *Stuff* (Cambridge: Polity, 2010) で要約しています。

(2) この国はトリニダード島とトバゴ島の2つの島で構成されていますが、トバゴ島は歴史も人口も大きく異なりますので、ここでは話をトリニダード島に限定します。

(3) V. S. Naipaul, *The Mimic Men* (London: André Deutsch, 1967).

(4) 'Coca-Cola: a black sweet drink from Trinidad', in D. Miller, ed. *Material Cultures* (Chicago: University of Chicago Press, 1998), pp. 169–88参照。これらの飲み物のローカルな意味についての人類学者の研究にかんしては、R. Foster, *Coca-Globalization: Following Soft Drinks from New York to New Guinea* (New York: Palgrave Macmillan, 2008) や、D. Gewertz and F. Errington, 'On PepsiCo and piety in a Papua New Guinea "modernity"', *American Ethnologist*, 23/3 (1996):

476–93参照。

(5) 歴史としては、M. Pendergrast, *For God, Country and Coca-Cola* (London: Weidenfeld & Nicolson, 1993) が役に立ちます。

(6) こう書くにあたって、進化人類学はこうした類推を文字通りに受け取りがちであることを痛感しています。わたしはそうではありません。進化の研究をしても、人間と消費については何もわかりません。たんなる比喩にすぎないのです

(7) 本章の内容の多くは、D. Miller, *Modernity: An Ethnographic Approach* (Oxford: Berg, 1994) やD. Miller, *Capitalism: An Ethnographic Approach* (Oxford: Berg, 1997) を前提にしています。またこの節に関しては、D. Miller, ed., *Car Cultures* (Oxford: Berg, 2001) も参照。

(8) S. Vertovec, *Hindu Trinidad* (London: Macmillan, 1992) 参照。

(9) 同じ内容は、すでに『もの』(pp. 99–106) で紹介していますが、今回はいくつかの異なることも指摘しています。

(10) *The Bomb*, 21 December 1990.

(11) こうした結論を裏付けるより広範な証拠は、以下に登場する家のより詳細な分析で挙げておきました。Miller, *Modernity: An Ethnographic Approach*, pp. 206–19.

(12) これらの議論のいくつかは、Miller, *Material Culture and Mass Consumption* に遡ります。

(13) J. Baudrillard, *For a Critique of the Political Economy of the Sign* (St Louis, MO: Telos Press, 1981)〔ジャン・ボードリヤール『記号の経済学批判』今村仁司・宇波彰・桜井哲夫訳、法政大学出版局、1982年〕.

(14) S. Drakuli, *How We Survived Communism and Even Laughed* (London: Hutchinson, 1992).

(15) Baudrillard, *For a Critique of the Political Economy of the Sign*〔前掲、ボードリヤール『記号の経済学批判』〕.

(16) この節はおもにD. Miller, 'Christmas against materialism in Trinidad' を参照しましたが、D. Miller, 'A theory of Christmas', both in D. Miller, ed., *Unwrapping Christmas* (Oxford: Oxford University Press, 1993), pp. 3–37, 134–53も前提としています。

(17) Trinidad's *Sunday Guardian magazine*, 16 December 1990.

(18) R. Belk, 'Materialism and the making of the modern American Christmas', in Miller, ed., *Unwrapping Christmas*, pp. 75–104.

第3章　なぜ買い物をするの？

(1) 本節の多くは、D. Miller, *The Dialectics of Shopping* (Chicago: University of Chicago Press, 2001)、とくに17–56頁から取られています。

(2) 典型的には、P. Underhill, *Why We Buy. The Science of Shopping* (New York: Si-

mon & Schuster, 1999)〔パコ・アンダーヒル『なぜこの店で買ってしまうのか――ショッピングの科学』鈴木主税訳、早川書房、2001年〕.

(3) 現在はウィーンでデザイン史の教授を務めており、このプロジェクトや他のプロジェクトをもとにした著書も多数あります。

(4) ランダムに通りを選ぶ際、通常、わたしと協力者の両者に便利な場所を決めます。とはいえそのなかでも選択肢があり、全体的に裕福そう、または貧乏そうにみえる通りは避けるようにしています。今回の買い物の研究では一方の端に大家族の家があり、他方の端には当時公有地があった収入の幅が広そうな通りを選びました。

(5) D. Miller, 'How infants grow mothers in North London', *Theory, Culture and Society*, 14/4 (1997): 67–88.

(6) B. Simpson, 'On gift, payments and disputes: divorce and changing family structures in contemporary Britain', *Journal of the Royal Anthropological Institute*, 3 (1997): 731–45.

(7) この節の多くは、D. Miller, *A Theory of Shopping* (Cambridge: Polity, 1998) からとられています。

(8) L. Layne, ed., *Transformative Motherhood* (New York: Routledge, 1999). またLayne, 'He was a real baby with baby things: a material culture analysis of personhood, parenthood and pregnancy loss', *Journal of Material Culture*, 5 (2000): 321–45、加えてD. Miller, *Stuff* (Cambridge: Polity, 2010), p. 136も参照のこと。

(9)『もの』でも議論されました。でも読者のなかには、その本を読んでいない人もいるでしょう。

(10) D. Miller, *The Dialectics of Shopping* (Chicago: University of Chicago Press, 2001), pp. 42–4.

(11) P. Bourdieu, *Distinction: A Social Critique of the Judgement of Taste* (London: Routledge & Kegan Paul, 1979)〔前掲、ブルデュー『ディスタンクシオン』全2巻〕.

(12) この節はD. Miller, P. Jackson, N. Thift, N. B. *Holbrook and M. Rowlands, Shopping, Place, and Identity* (London: Routledge, 1998) によっています。

(13) この節は、Miller, *A Theory of Shopping*によっています。

(14) H. Hubert and M. Mauss, *Sacrifice: Its Nature and Function* (Chicago: University of Chicago Press, 1964)〔前掲、モース、ユベール『供犠』〕. 人類学における重要な議論は、他に、L. de Heusch, *Sacrifice in Africa* (Manchester: Manchester University Press, 1985)〔リュック・ド・ウーシュ『アフリカの供犠』浜本満・浜本まり子訳、みすず書房〕、M. Detienne and J. Vernant, eds, *The Cuisine of Sacrifice among the Greeks* (Chicago: University of Chicago Press, 1989), V. Valeri, *Kingship and Sacrifice* (Chicago: University of Chicago Press, 1985) などがあります。

(15) とくにS. Gudeman and A. Rivera, *Conversations in Colombia* (Cambridge: Cam-

bridge University Press, 1990）を参照。

（16）この節の多くは、Miller, *The Dialectics of Shopping* のとくに120–44頁から取られています。

（17）N. Gregson, L. Crewe and K. Brooks, 'Shopping space and practice', *Environment and Planning D: Society and Space*, 20（2002）: 597–617.

第4章　なぜデニムなの？

（1）本章の材料は、D. Miller and S. Woodward, 'A manifesto for study of denim', *Social Anthropology*, 15/3（2007）: 335–51、D. Miller and S. Woodward, eds, *Global Denim*（Oxford: Berg, 2011）、S. Woodward and D. Miller, 'Unravelling denim', *Textile*, 9/1（2011）: 7–10、また D. Miller and S. Woodward, *Blue Jeans: The Art of Ordinary*（Berkeley: University California Press, 2012）などの出版物から取られています。

（2）これが、D. Miller, ed., *Acknowledging Consumption*（London: Routledge, 1995）で一番言いたかったことです。

（3）D. Miller, *Material Culture and Mass Consumption*（Oxford: Blackwell, 1987）, pp. 85–108.

（4）イギリスや世界におけるジーンズ購入に関するさまざまな統計は、Miller and Woodward, eds, *Global Denim* の序章に記載されています。

（5）D. Miller, "The little black dress is the solution - but what's the problem?", in K. Ekstrom and H. Brembeck, eds, *Elusive Consumption*（Oxford: Berg, 2004）, pp. 113–27.

（6）S. Woodward, *Why Women Wear What they Wear*（Oxford: Berg, 2007）.

（7）以下の節はD. Miller, 'Buying time', in E. Shove, F. Trentmann and R. Wilk, eds, *Time, Consumption and Everyday Life*（Oxford: Berg, 2009）, pp. 157–70から取られています。

（8）M. Akgun et al., 'Silicosis caused by sandblasting of jeans in Turkey: a report of two concomitant cases', *Journal of Occupational Health*, 47（2005）: 346–9. A. Cimrin et al., 'Sandblasting jeans kills young people', *European Respiratory Journal*, 28/4（2006）: 885–6.

（9）わたしはかつて、ディーゼルのジーンズを2年間、洗わずに履いていました。誰も臭いに文句を言わず、犬がとくに寄ってくることもありませんでした。講義でこのことに触れると、学生たちから恐怖の叫び声が上がったのですが、それだけの価値はあったのです。

（10）www.ucl.ac.uk/global-denim-project/.

（11）研究のための資金援助の申請に成功したことはほとんどありませんが、デニムに関する提案に対し、芸術人文科学審議会は規定のなかで、そしてわたしが知りうるかぎり、最低の評価をつけました。こうしてほとんど資金が提供されていなかった研究が、わたしのもっとも成功したプログラムのひとつに

なったとき、嬉しくなったものです。

（12）これらの論文はすべて、Miller and Woodward, eds, *Global Denim*、または Woodward and Miller, 'Unravelling denim' に掲載されています。

（13）S. Comstock, 'The making of an American icon: the transformation of blue jeans during the Great Depression', in Miller and Woodward, eds, *Global Denim*, pp. 23–50.

（14）おそらくもっとも優れた基本的な歴史は、J. Sullivan, *Jeans: A Cultural History of an American Icon*（New York: Gotham Press, 2006）です。

（15）J. Balfour-Paul, *Indigo*（London: British Museum Press, 1998）.

（16）M. Taussig, 'Redeeming indigo', *Theory, Culture and Society*, 25/3（2008）: 1–15.

（17）D. Miller, 'The limits of jeans in Kannu', in Miller and Woodward, eds, *Global Denim*, pp. 87–101.

（18）ロンドンでのエスノグラフィーのおもな成果は、Miller and Woodward, *Blue Jeans: The Art of Ordinary* です。

（19）たとえば、R. Barthes, *The Fashion System*（London: Cape, 1967）〔ロラン・バルト『モードの体系――その言語表現による記号学的分析』佐藤信夫訳、みすず書房、1972年〕、M. Sahlins, *Culture and Practical Reason*（Chicago: University of Chicago Press, 1976）〔M・サーリンズ『人類学と文化記号論――文化と実践理性』山内昶訳、法政大学出版局、1987年〕.

（20）厳密にいえば、いかなるものもポスト記号論的なものにはなれません。なぜなら、その何かは意味していないことを意味しているからです。さらなる矛盾も認める必要があります。ジーンズが普通の状態を具体的に象徴しているという場合、普通も特定の状態であるため、ポスト記号論的とはいえないのです。論理的にいえばこうしてまちがっているのですが、それでもポスト記号論的という言葉をわたしが使ったことには一定の正当性もあります。そうした視点からみることは、今日、ジーンズを履くことの重要性とその問題について理解するうえで非常に効果的だからであり、またそれをあきらかにすることこそ本研究プロジェクトの大きな目的だからです。

（21）R. Johnston, J. Forrest and M. Poulsen, 'Are there ethnic enclaves/ghettos in English cities', *Urban Studies*, 39（2002）: 591–618、C. Peach, 'Does Britain have ghettos?', *Transactions of the Institute of British Geographers*, 21（1996）: 216–35、また L. Simpson, 'Ghettos of the mind: the empirical behaviour of indices of segregation and diversity', *Journal of the Royal Statistical Society: Series A*, 170（2007）: 405–24.

（22）D. Miller, *The Comfort of Things*（Cambridge: Polity, 2008）, pp. 179–85.

（23）アフリカやインドなどの地域との古着貿易については、K. Hansen, *Salaula: The World of Secondhand Clothing and Zambia*（Chicago: University of Chicago Press, 2000）また L. Norris, *Recycling Indian Clothing*（Bloomington: University of Indiana Press, 2010）を参照。

（24）本書で何度も指摘しているように、これが仮説やテストを用いて社会を研究

しようとすべきではないもうひとつの理由です。

(25) Miller and Woodward, *Blue Jeans: The Art of Ordinary*. またD. Miller, 'Anthropology in blue jeans', *American Ethnologist*, 37/3 (2010) も参照。

(26) 同上。

第5章　なんと愚かな経済

(1) J. Baudriallard, *For a Critique of the Political Economy of the Sign* (St Louis, MO: Telos Press, 1981) 〔前掲、ボードリヤール『記号の経済学批判』〕.

(2) N. McKenrick, J. Brewer and J. H. Plumb, *The Birth of a Consumer Society* (London: Hutchinson, 1983).

(3) D. Miller, *Material Culture and Mass Consumption* (Oxford: Blackwell, 1987).

(4) 以下の節の多くは、D. Miller, *Capitalism: An Ethnographic Approach* (Oxford: Berg, 1997) から取られています。

(5) 同上。

(6) ライオンズゲートが制作するテレビシリーズで、1950年代から1960年代のアメリカの広告業界が描かれ、当時の最高のランジェリーが登場します。

(7) カリブ海における構造調整の影響については、K. McAfee, *Storm Signals: Structural Adjustment and Development Alternatives in the Caribbean* (London: Zed Books, 1991).

(8) H.-J. Chang, *23 Things They Don't Tell You about Capitalism* (London: Allen Lane, 2010), pp. 74–87 〔ハジュン・チャン『世界経済を破綻させる23の嘘』田村源二訳、徳間書店、2010年〕.

(9) K. Ho, *Liquidated: An Ethnography of Wall Street* (Durham, NC: Duke University Press, 2009), p. 209。金融に関するエスノグラフィックな研究としては、他に、D. Stark, *The Sense of Dissonance* (Princeton, NJ: Princeton University Press, 2009), pp. 118–62 〔デヴィッド・スターク『多様性とイノベーション――価値体系のマネジメントと組織のネットワーク・ダイナミズム』中野勉・中野真澄訳、マグロウヒル・エデュケーション、2011年〕や、C. Zaloom, *Out of the Pit: Traders and Technology from Chicago to London* (Chicago: University of Chicago Press, 2006) などがある。

(10) A. Ouroussoff, *Wall Street at War: The Secret Struggle for the Global Economy* (Cambridge: Polity, 2010).

(11) G. Bickerstaffe, ed., *Mastering Finance* (London: Pitman, 1998). この本は実際には一連の小論を編集したものですが、ここでは、全体としてひとつの書物として扱っています。

(12) 同上、p. 6.

(13) 同上、p. 13.

(14) H. Miyazaki, 'The materiality of finance theory', in D. Miller, ed., *Materiality* (Durham, NC: Duke University Press, 2005), pp. 165–81.

(15) 同上、p. 32.
(16) 同上、p. 9.
(17) 同上、pp. 167–168.
(18) 同上、p. 169.
(19) 同上、pp. 43–8.
(20) 同上、p. 47.
(21) 当時、わたしたちが読んでいた認識論にかかわる本の一例として、R. Bhaskar, *The Possibility of Naturalism* (Brighton: Harvester, 1979)〔ロイ・バスカー『自然主義の可能性――現代社会科学批判』式部信訳、晃洋書房〕があります。
(22) B. Latour, *We Have Never Been Modern* (Hemel Hempstead: Harvester Wheatsheaf, 1993)〔前掲、ラトゥール『虚構の「近代」』〕.
(23) T. Bayliss-Smith and S. Wanmali, *Understanding Green Revolutions* (Cambridge: Cambridge University Press, 1984) を参照。
(24) とはいえすでに完全なエスノグラフィーをおこなった場所に、短期間の研究のために訪れることは、わたしがトリニダードを拠点とした研究プロジェクトをくりかえしてきたように、慣行として認められています。
(25) D. McCloskey, *The Rhetoric of Economics* (2nd edn, Madison: University of Wisconsin Press, 1998)〔ドナルド・N・マクロスキー『レトリカル・エコノミクス――経済学のポストモダン』長尾史郎訳、ハーベスト社、1992年〕.
(26) たとえば、E. Fullbrook, ed., *Real World Economics: A Post-Autistic Economics Reader* (London: Anthem Press, 2007) や、雑誌 *The Real World Economics Review* を参照。
(27) この節の一部は、D. Miller, 'The unintended political economy', in P. du Gay and M. Pryke, eds, *Cultural Economy: Cultural Analysis and Commercial Life* (London: Sage, 2002), pp. 166–84から来ています。
(28) D. Henwood, *Wall Street* (London: Verso, 1998).
(29) 同上、p. 72.
(30) 同上、p. 3.
(31) 同上、p. 76、また p. 155も参照。
(32) 同上、p. 3.
(33) 同上、p. 187.
(34) M. Keynes, *The Collected Writings of John Maynard Keynes*, vol. 7, p. 159, cited ibid., pp. 206–7〔ケインズ『ケインズ全集第7巻　雇用・利子および貨幣の一般理論』塩野谷祐一訳、東洋経済新報社、1983年〕.
(35) B. Burrough and J. Helyar, *Barbarians at the Gate* (London: Arrow Books, 1990)〔ライアン・バロー、ジョン・ヘルヤー『野蛮な来訪者―― RJRナビスコの陥落』上下巻、鈴田敦之訳。パンローリング、2017年〕.
(36) M. Lewis, *Liar's Poker* (London: Hodder & Stoughton, 1989)〔マイケル・ルイス『ライアーズ・ポーカー』東江一紀訳、早川書房、2005年〕.
(37) M. Lewis, *The Big Short* (London: Penguin, 2010)〔マイケル・ルイス『世紀の

空売り――世界経済の破綻に賭けた男たち』東江一紀訳、文藝春秋、2010年〕.

(38) 同上、p. 105.

(39) 同上、p. 72.

(40) 同上、p. 225.

(41) G. Clark, *Pension Fund Capitalism* (Oxford: Oxford University Press, 2000). クラークは、その後の年金基金の規制やガバナンスについても、すぐれた関心を持ち続けています。G. Clark and R. Unwin, 'Innovative models of pension fund governance in the context of the global financial crisis', *Pensions*, 15/1 (2010): 62–7を参照。

(42) P. Drucker, 'Reckoning with the pension fund revolution', *Harvard Business Review* (1991), March-April: 106–14.

(43) Clark, *Pension Fund Capitalism*, p. 272.

(44) N. Thrift, 'The rise of soft capitalism', *Cultural Values*, 1 (1997): 29–57参照。

(45) J. O'Shea and C. Madigan, *Dangerous Company: The Consulting Powerhouses and the Businesses they Save and Ruin* (London: Nicholas Brealey, 1997)〔ジェームズ・オシーア、チャールズ・マーティン・マディガン『ザ・コンサルティングファーム――企業との危険な関係』関根一彦訳、日経BP社、1999年〕. 他の例としては、D. Craig, *Rip-off!: The Scandalous Inside Story of the Management Consulting Money Machine* (published by the author, 2005)〔デイヴィド・クレイグ『コンサルタントの危ない流儀――集金マシーンの赤裸々な内幕を語る』松田和也訳、日経BP社、2007年〕がある。

(46) 典型的な教科書としては、A. Rappaport, *Creating Shareholder Value: The New Standard for Business Performance* (New York: Free Press, 1986)〔A・ラパポート『株式公開と経営戦略――株主利益法の応用』古倉義彦訳、東洋経済新報社、1989年〕を参照。一般的な議論としては、J. Froud, C. Haslam, S. Johal and K. Williams, 'Shareholder value and the political economy of late capitalism', *Economy and Society*, 29/1 (2000): 1–12が参考になります。

(47) T. Copeland, T. Koller and J. Murrin, *Valuation: Measuring and Managing the Value of Companies* (2nd edn, New York: John Wiley, 1994)〔トム・コープランド、ティム・コラー、ジャック・ミュリン『企業評価と戦略経営――キャッシュフロー経営への転換』伊藤邦雄訳、日本経済新聞社、1996年〕.

(48) 同上、p. 3.

(49) 同上、p. 31.

(50) K. Ho, *Liquidated: An Ethnography of Wall Street* (Durham, NC: Duke University Press, 2009).

(51) 同上、p. 127.

(52) 同上、p. 157.

(53) このような短期主義的な傾向については、ホーをはじめ、W. Hutton, *The State We're In* (London: Jonathan Cape, 1995) などを参照。

(54) D. McCloskey, *The Rhetoric of Economics*〔前掲、マクロスキー『レトリカル・エコノミクス』〕.

(55) Chang, *23 Things They Don't Tell You about Capitalism*, pp. 17–22〔前掲、チャン『世界経済を破綻させる23の嘘』〕.

(56) H. Davies, *The Financial Crisis: Who Is to Blame?*（Cambridge: Polity, 2010）.

(57) 同上、pp. 177–84。

(58) www2.lse.ac.uk/fmg/researchProgrammes/paulWoolleyCentre/home.

(59) 多くの弊害があるにもかかわらず、すべての可能なもののうち経済学者が描く世界がもっとも優れているという信念のことです。

(60) たとえば、A. Sen, 'Rational fools: a critique of the behavioural foundations of economic theory', *Philosophy and Public Affairs*, 6/4（1977）: 317–44。

(61) これについては、D. Miller, *The Dialectics of Shopping*（Chicago: University of Chicago Press, 2001）, pp. 176–205でより詳しく述べています。

(62) この節の多くは、D. Miller, 'The virtual moment', *Journal of the Royal Anthropological Institute*, 9（2003）: 57–75から取っています。

(63) これらの文字が何を表しているのか、もはやわからなくても気にも留めないということそのものが、監査の影響の表れです。それが何を意味するかよりも、今やわたしたちがおもに頭字語に応答するようになったこと自体が、おそらくより重要なのです。

(64) わたしの作品は、人類学者による監査に関するいくつかの作品のうちの1つです。M. Strathern, ed., *Audit Cultures: Anthropological Studies in Accountability, Ethics and the Academy*（London: Routledge, 2000）やM. Power, *The Audit Society: Rituals of Verification*（Oxford: Oxford University Press, 1997）〔マイケル・パワー『監査社会』国部克彦・堀口真司訳、東洋経済新報社、2003年〕を参照。

(65) S. Martin, 'Implementing Best Value: Local Public Services intransition', *Public Administration*, 78/1（2000）: 209–27を参照。

(66) M. Weber, 'Politics as a vocation', in From *Max Weber*, ed. H. H. Gerth and C. Wright Mills（London: Routledge & Kegan Paul, 1948）〔マックス・ヴェーバー『職業としての政治』脇圭平訳、岩波書店、2020年〕.

(67) www.idea.gov.ukから取られたものですが、正確な日付を記録していません。申し訳ありません。

(68) この節の多くは、以下から取られています。D. Miller, 'A theory of virtualism', in J. Carrier and D. Miller, eds, *Virtualism: A New Political Economy*（Oxford: Berg, 1998）, pp. 187–215.

(69) 消費者の権威が意味することについてのより一般的な議論については、R. Keat, N. Whiteley and N. Abercrombie, eds, *The Authority of the Consume*r（London: Routledge, 1994）, pp. 189–206を参照。

(70) 用語の選択をまちがったことを後悔しています。というのもヴァーチャリズムの理論にかんするわたしの研究を引用したいくつかの出版物が、この二つ

を混同し、ヴァーチャルとはデジタルのことを意味していると思い込んでしまったからです。できればこれをまた二つに分けたいと考えています。

(71) 計算行為を物質であるかのように客体化することによって市場をつくりだす方法については、マッケンジーの著書がとくに役に立ちます。それをまったく意図的におこなったひとつの例が、最近の炭素市場の創造なのです。D. MacKenzie, *Material Markets: How Economic Agents are Constructed* (Oxford: Oxford University Press, 2009)〔ドナルド・マッケンジー『金融市場の社会学』岡本紀明訳、流通経済大学出版会、2013年〕. また、M. Callon, ed., The Laws of the Market (Oxford: Blackwell, 1998) も参照。

(72) N. Thrift, *Knowing Capitalism* (London: Sage, 2005).

(73) この節の多くは、D. Miller, 'The uses of value', *Geoforum*, 39 (2008): 1122–32 から取られています。

(74) K. Marx, *Capital*, Vol. 1 (London: Lawrence & Wishart, 1970), p. 97〔カール・マルクス『資本論〈第1巻〉』上下巻、今村仁司他訳、筑摩書房、2005年〕.

(75) これと並行するビジネスの世界についての興味深い議論としては、D. Stark, *The Sense of Dissonance* (Princeton, NJ: Princeton University Press, 2009)〔前掲、スターク『多様性とイノベーション』〕参照。

(76) V. Zelizer, *Pricing the Priceless Child* (New York: Basic Books, 1985).

(77) V. Zelizer, *The Purchase of Intimacy* (Princeton, NJ: Princeton University Press, 2005).

(78) たとえば消費者協会の雑誌『どれ (*Which?*)』の調査では、John Lewisは2009年の一般大衆向けのベストリテーラーに選ばれています。

(79) ジョン・ルイス・パートナーシップの分析に関して、その産業関係については、A. Flanders, R. Pomeranz and J. Woodward, *Experiments in Industrial Democracy* (London: Faber, 1968)、ビジネスパフォーマンスについては、K. Bradley and S. Taylor, *Business Performance in the Retail Sector* (Oxford: Clarendon Press, 1992) を参照。

(80) M. Rojas, *The Rise and Fall of the Swedish Model* (London: Social Market Foundation, 1998).

(81) どちらも裕福な社会の話です。マルクスの言葉を転倒させると、社会主義に基づく不平等の解消は、社会民主主義的な資本主義への移行に必要な先駆けになると考えられます。たとえばブラジルのルーラ大統領やインドのケーララ州のかつての共産党政権ではそうした移行がみられました。

(82) 政治経済学と全体的なものとしてある人類学との親近性は、人類学者が経済人類学の教科書を書く場合にもっともあきらかになります。経済的合理性を重視する形式主義者と、文化的背景を重視する実質主義者との争いが続けられてきましたが、そのあいだで、道徳的・社会的な関心と経済学を和解させようとする試みもおこなわれてきたのです。わたしのお気に入りの例は、R. Wilk, *Economics and Culture* (Boulder, CO: Westview Press, 1996) ですが、K. Hart, *The Memory Bank* (London: Profile, 2000)、C. Hann and K. Hart, *Eco-*

nomic Anthropology (Cambridge: Polity, 2011)〔クリス・ハン、キース・ハート『経済人類学——人間の経済に向けて』深田淳太郎・上村淳志訳、水声社、2017年〕も参照してください。

第6章　地球を救う別のやり方

(1) マイクの議論は、D. Miller, 'Could the internet de-fetishise the commodity?', *Environment and Planning D: Society and Space*, 21/3 (2003): 359–72 または、S. O'Neill and M. Boykoff, 'The role of new media in engagement the public with climate', L. Whitmarsh, S. O'Neill and I. Lorenzoni, eds, *Engaging the Public with Climate Change* (London: Earthscan, 2011), pp. 233–51参照。

(2) D. Miller, 'Buying time', in E. Shove, F. Trentmann and R. Wilk, eds, *Time, Consumption and Everyday Life* (Oxford: Berg, 2009), pp. 157–70.

(3) 廃棄物の問題については、第4章（注22）や、ニッキー・グレグソン（Nicky Gregson）が主導する「世界の廃棄物（Waste of the World）」プロジェクトに関連した他の研究を参照。また、G. Hawkins, *The Ethics of Waste* (Lanham, MD: Rowman & Littlefield, 2006）も参照。

(4) トムはもちろんわたしの博士課程の学生です。そこがフィールドワークのために素晴らしい場所だっただけでなく、トムは語学が流暢で、誰とでも親しくなれる優れたエスノグラフィーのフィールドワーカーでした。中国の私的、かつ公的な街の日常を驚くほど詳細にみせてくれたのです。

(5) A. Mol, 'Environmental reform in modernizing China', in M. Redclift and G. Woodgate, eds, *The International Handbook of Environmental Sociology* (2nd edn, Cheltenham: Edward Elgar, 2010), pp. 378–93.

(6) もっとも入手しやすいのは、the Intergovernmental Panel on Climate Change, *Fourth Assessment Report: Climate Change 2007*, 3 vols (Cambridge: Cambridge University Press, 2007）ですが、その要旨については以下をご覧ください。www.ipcc.ch/publications_and_data/publications_ipcc_fourth_assessment_report_synthesis_report.htm〔要旨の日本語訳は、前掲『気候変動2007』、https://www.env.go.jp/earth/ipcc/4th/syr_spm.pdf〕.

(7) D. Meadows et al., *The Limits to Growth: A Report for the Club of Rome's Project on the Predicament of Growth* (New York: New American Library, 1972)〔前掲、メドウズ他『成長の限界』〕.

(8) ガーディアン紙に毎週連載されているモンビオのコラムによくみられるテーマです。

(9) ファッションにかかわる商品連鎖のあり方は、L. Siegle, *To Die For: Is Fashion Wearing out the World?* (London: Fourth Estate, 2011）であきらかにされています。

(10) これらの点を指摘した最近の著作としては、D. Harvey, *A Brief History of Neoliberalism* (Oxford: Oxford University Press, 2005)〔デヴィッド・ハーヴェイ

『新自由主義——その歴史的展開と現在』森田成也他訳、作品社、2007年〕、D. Harvey, *The Enigma of Capital: And the Crises of Capitalism* (London: Profile, 2011)〔デヴィッド・ハーヴェイ『資本の「謎」——世界金融恐慌と21世紀資本主義』森田成也他訳、作品社、2012年〕を参照。

(11) T. Jackson, *Prosperity without Growth: Economics for a Finite Planet* (London: Earthscan, 2009)〔ティム・ジャクソン『成長なき繁栄——地球生態系内での持続的繁栄のために』田沢恭子訳、一灯舎、2012年〕.

(12) これについての非常に興味深い説明として、Donald MacKenzie, *Material Markets* (Oxford: Oxford University Press, 2009), pp. 137–76〔前掲、マッケンジー『金融市場の社会学』〕. 炭素市場には、京都議定書で認められているクリーン開発メカニズム（CDM）や、ノルウェーなどが支援する国連のREDDなど、実際にはいくつかのバージョンがありますが、いずれも二酸化炭素の直接的な削減ではなく、被害を緩和することを目的とした取り引きや主張です。

(13) N. Stern, *The Economics of Climate Change* (Cambridge: Cambridge University Press, 2006).〔要旨の日本語訳は、前掲『気候変動の経済学』、http://www.env.go.jp/press/files/jp/9176.pdf〕

(14) 同上、pp. 368–92, 530–54.

(15) 同上、pp. 351–67.

(16) 同上、p. 399.

(17) 同上、p. 409.

(18) 同上、p. 427.

(19) 同上、pp. 49–58.

(20) 同上、p. 492. 最近行った旅行では、アイスランドの誰もがこの提案を歓迎しているわけではないことがわかりました。

(21) *The Economist*, 30 April 2011, p. 62.

(22) George Monbiot, 'Cameron's "green growth" policy looks naïve today. It will look cynical in 2027', *The Guardian*, 24 May 2011, p. 27.

(23) C. Isenhour, 'Building sustainable societies: exploring sustainability policy and practice in the age of high consumption', PhD dissertation, University of Kentucky. また C. Isenhour, 'Building sustainable societies: a Swedish case study on the limits of reflexive modernization', *American Ethnologist*, 37/3 (2010): 511–25, 加えて C. Isenhour, 'On conflicted Swedish consumers: the effort to stop shopping and neoliberal environmental governance', *Journal of Consumer Behaviour*, 9/6 (2010): 454–69.

(24) Isenhour, 'Building sustainable societies: exploring sustainability policy and practice in the age of high consumption', p. 20.

(25) K. Norgaard, *Living in Denial: Climate Change, Emotions, and Everyday Life* (Cambridge, MA: MIT Press, 2011).

(26) F. DeBrabander, 'The Green Revolution backfires: Sweden's lesson for real sustain-

ability', 10 June 2011, www.commondreams.org/view/2011/06/10–3.

(27) G. Monbiot, *Heat* (London: Allen Lane, 2006)〔前掲、モンビオ『地球を冷ませ！』〕.

(28) グリーンウォッシュについては、T. Lewis and E. Potter, eds, *Ethical Consumption* (London: Routledge, 2011) のいくつかの論文で議論されています。たとえば、J. Littler, 'What's so wrong with ethical consumption?', pp. 27–39を参照。

(29) 経済学者が消費者に権限を譲るのではなく、譲ったようにみせかける方法をみつけていることについては、D. Miller, 'A theory of virtualism', in J. Carrier and D. Miller, eds, *Virtualism: A New Political Economy* (Oxford: Berg, 1998), pp. 187–215.

(30) A. Giddens, *The Politics of Climate Change* (Cambridge: Polity, 2010).

(31) A. Sen, 'Capability and well-being', in M. Nussbaum and A. Sen, eds, *The Quality of Life* (Oxford: Clarendon Press, 1993), pp. 30–53〔マーサ・ヌスバウム、アマルティア・セン編著『クオリティー・オブ・ライフ――豊かさの本質とは』水谷めぐみ訳、里文出版、2006年〕.

(32) H. Wilhite, *Consumption and the Transformation of Everyday Life: A View from South India* (London: Palgrave Macmillan, 2008).

(33) H. Girardet and M. Mendonca, *A Renewable World* (London: Green Books, 2009) には、そのようなシナリオが多数掲載されています。

(34) R. Baron, D. Montgomery and S. Tuladhar, 'Black carbon migration', in B. Lomborg, ed., *Smart Solutions to Climate Change* (Cambridge: Cambridge University Press, 2010), pp. 142–58.

(35) B. Bilger, 'Hearth surgery', *New Yorker*, 21 December 2009, repr. In J. Dibbell, ed., *The Best Technology Writing 2010* (New Haven, CT: Yale University Press, 2011), pp. 137–64.

(36) 本書がデジタル・サステナビリティという考え方について議論しないもうひとつの理由は、これについては別の場所で詳しく書きたいと思っているからです。

(37) 当時の学生たちに人気があったのは、A. J. Ayer, *Language, Truth and Logic* (London: Gollancz, 1936)〔A・J・エイヤー『言語・眞理・論理』吉田夏彦訳、岩波書店、1955年〕で、議論もそれにしばしば元にしていました。

(38) たとえば、B. Latour, *Pandora's Box* (Cambridge, MA: Harvard University Press, 1999)〔ブルーノ・ラトゥール『科学論の実在――パンドラの希望』川崎勝・平川秀幸訳、産業図書、2007年〕参照。

(39) D. Victor, *Climate Change: Debating America's Policy Options* (New York: Council on Foreign Relations, 2004), p. 11.

(40) R. Pielke, *The Climate Fix* (New York: Basic Books, 2010), pp. 1–34.

(41) M. Berners-Lee, *How Bad are Bananas? The Carbon Footprint of Everything* (London: Profile Books, 2010), p. 17、によれば、紙タオルのCO_2フットプリントは、ペーパータオルが10gmであるのに対し、ドライヤーは20gmです。

(42) 同上、p. 135.

(43) ウェブカムとその影響については、デジタル・サステナビリティに関するより幅の広いプログラムの一部になる可能性も含め、わたしの現在の研究プロジェクトになっています。

(44) P. Ghemawat, *World 3.0: World Prosperity and How to Achieve it* (Boston: Harvard Business Review Press, 2011), p. 116.

(45) さらなる研究を促す模範的な書籍としては、E. Shove, *Comfort, Cleanliness and Convenience* (Oxford: Berg, 2003)、先行する人類学的研究としては、R. Wilk and H. Wilhite, 'Why don't people weatherize their homes? An ethnographic solution', *Energy*, 10/5 (1985), pp. 621–9があります。

(46) このようなグリーン・リベラリズムの典型的な例としては、R. Paehkle and D. Torgerson, 'Environmental politics and the administrative state', in R. Paehkle and D. Torgerson, eds, *Managing Leviathan* (Peterborough, Ontario: Broadview Press, 2005), pp. 313–26があります。

(47) 気候変動の政治に関する書籍としては、Giddens, *The Politics of Climate Change*. またM. Howes, *Politics and the Environment: Risk and the Role of Government and Industry* (Crows Nest, NSW: Allen & Unwin, 2005) があります。

(48) Pelke, *The Climate Fix*, pp. 191–216.

(49) ICANNは、Internet Corporation for Assigned Names and Numbersの略です。

(50) 世界知的所有権機関（WIPO, The World Intellectual Property Organisation）は、1970年に国連によって設立されました。

(51) これらの指摘にかんしては、リック・ウィルク氏に感謝します。

(52) たとえば、G. Hosein, 'Food, Family, Art and God: aesthetics authority in public life in Trinidad', in D. Miller, ed., *Anthropology and the Individual* (Oxford: Berg, 2009), pp. 159–77を参照。

(53) A. Sen, *The Idea of Justice* (London: Allen Lane, 2009)〔前掲、セン『正義のアイデア』〕.

(54) W. Hutton, *Them and Us* (London: Little, Brown, 2010).

(55) BRICは、ブラジル、ロシア、インド、中国の略です。

(56) Ghemawat, *World 3.0.*, pp. 25–9, and Giddens, *The Politics of Climate Change*, pp. 207–12.

(57) CAMRA（Campaign for Real Ale）の会員向け割引カードは、英国の良質なビールが好きな人に、かなりのメリットがあります。消費を改善する実用的な指針をひとつは含めなければと思い、この本の最後に紹介します。

消費は何を変えるのか
環境主義と政治主義を越えて

2022年7月11日　初版第1刷発行

ダニエル・ミラー
貞包英之 訳
発行所　一般財団法人　法政大学出版局
〒102-0071 東京都千代田区富士見2-17-1
電話 03(5214)5540　振替 00160-6-95814
組版：HUP　印刷・製本：日経印刷

Printed in Japan
ISBN978-4-588-64205-0

著　者

ダニエル・ミラー（Daniel Miller）
1954年生まれ。ケンブリッジ大学で人類学と考古学を学び、博士号を取得。ユニバーシティ・カレッジ・ロンドン（UCL）人類学教授。2009年にはUCLにデジタル人類学プログラムを創設。2017年より研究プロジェクト「スマートフォンとスマート・エイジングの人類学（ASSA）」を開始。世界各地でソーシャルメディアに関わる人類学的調査をおこなっている。主著に *Material Culture and Mass Consumption*（Basil Blackwell: Oxford, 1987), *A Theory of Shopping*（Cambridge: Polity Press/Cornell University Press, 1998), *Stuff*（Cambridge: Polity, 2010）などがある。

訳　者

貞包英之（さだかね・ひでゆき）
1973年生まれ。東京大学大学院総合文化研究科博士課程単位取得退学。現在、立教大学社会学部現代文化学科教授。社会学、歴史社会学、消費社会論専攻。著書に『地方都市を考える――「消費社会」の先端から』（花伝社、2015年）、『消費は誘惑する　遊廓・白米・変化朝顔――一八、一九世紀日本の消費の歴史社会学』（青土社、2015年）、『サブカルチャーを消費する―― 20世紀日本における漫画・アニメの歴史社会学』（玉川大学出版部、2021年）、共著に『自殺の歴史社会学――「意志」のゆくえ』（青弓社、2016年）、『多様な子どもの近代――稼ぐ・貰われる・消費する年少者たち』（青弓社、2021年）などがある。